U0664012

河北经贸大学学术出版基金资助
河北省理论经济学重点学科资助
河北经贸大学财税研究所科研基金资助

GAOSU GONGLU ZICHAN
YUNYING PINGJIA YU GUANLI

高速公路资产
运营评价与管理

王素君 姜万庆◎著

人民出版社

策划编辑:吴炽东
责任编辑:吴炽东　王晓梵
封面设计:肖　辉

图书在版编目(CIP)数据

高速公路资产运营评价与管理/王素君　姜万庆　著.
-北京:人民出版社,2010.4
ISBN 978-7-01-008864-8

Ⅰ.高⋯　Ⅱ.①王⋯②姜⋯　Ⅲ.高速公路-资本经营-研究　Ⅳ.F540.5

中国版本图书馆 CIP 数据核字(2010)第 069557 号

高速公路资产运营评价与管理

GAOSU GONGLU ZICHAN YUNYING PINGJIA YU GUANLI

王素君　姜万庆　著

人民出版社 出版发行
(100706　北京朝阳门内大街 166 号)

北京龙之冉印务有限公司印刷　新华书店经销

2010 年 4 月第 1 版　2010 年 4 月北京第 1 次印刷
开本:710 毫米×1000 毫米 1/16　印张:21.5
字数:340 千字　印数:0,001-3,000 册

ISBN 978-7-01-008864-8　定价:45.00 元

邮购地址 100706　北京朝阳门内大街 166 号
人民东方图书销售中心　电话 (010)65250042　65289539

点问题提出并与高校联合攻关的项目(本书即在课题研究的基础上加工而成,书中例举多为联系河北省具体情况)。

三是条理清晰、内容丰富。全书共分五个部分,包括基础理论概述、高速公路资产评价、高速公路资产管理、高速公路资产保护和高速公路资产运营评价与管理的改进措施,展现给读者的是一套较为系统的高速公路资产运营评价与管理的理论与方法体系。

四是实用性强。本书提供的高速公路资产运营评价体系与综合评价模型,以及最后的政策建议和管理办法,既是对基础理论的升华,又是对国内外实践经验的总结和提高,可谓源于实践,回归实践,指导实践。

本书由河北经贸大学和河北省高速公路管理局共同撰写,人员既有高校中具有多年经济管理教学和科研经验的管理学博士、教授,又有长期在高速公路运营管理单位从事实际管理工作的专家。

具体分工如下(排名不分先后):本书大纲、第一章由王素君编写;第二章由姜万庆编写;第三章、第八章由王晓洁编写;第四章、第十一章第二节由王振猛编写;第五章由王晓洁、单海鹏编写;第六章由马莉编写,第九章由马莉、姜万庆编写;第七章、第十章第一和三节、第十一章第一和三节、第十二章第一节由单海鹏编写;第十章第二节、第十二章第二节由康丽编写;第十章第四节、第十一章第四节由陈贵民编写;第十三章由王素君、林丙峰、杨伟编写;附录1、附录2由孙桂珍编写。全书由王素君、姜万庆统稿,由陈贵民主审,单海鹏负责校对、排版。

在课题研究和本书的编写过程中,河北省高速公路管理局的领导给予了大力支持和帮助,对他们同时也对本书所用参考文献的作者,在此一并表示感谢!

本书既可作为公路行业的管理用书和培训教材,也可作为高等院校经济管理专业的师生,以及从事学术研究、从事资产管理工作等人员的参考用书。

由于作者水平和时间所限,难免会有疏漏和不足,敬请读者指正!

编著者

2009 年 8 月于石家庄

目　录

第一部分　理论概述

第二部分　高速公路资产运营评价

第三部分　高速公路资产运营管理

第四部分　高速公路资产保护

第五部分　高速公路资产运营评价与管理措施

第一部分

理 论 概 述

第一章　绪　论

　　高速公路是 20 世纪 30 年代在西方发达国家开始出现的为汽车交通提供特别服务的基础设施,经过 70 多年的持续发展,目前全世界已有 80 多个国家和地区拥有高速公路,通车里程超过了 20 万公里,其中美国、日本、德国、加拿大等发达国家已经构筑起与本国经济和社会发展相适应的高速公路网。高速公路不仅是交通运输现代化的重要标志,同时也是一个国家现代化的重要标志。审视世界高速公路发展史,我们不难发现,以"快速、安全、经济、舒适"为特征的高速公路如同汽车一样,从诞生的那一刻起,就深刻影响着它所服务的每一个人和触及的每一寸土地,高速公路的发展不仅仅是经济发展的需要,也是人类文明和现代生活的一部分。

　　近十年来,伴随着国家综合国力的全面提升,我国陆路、航空、水路交通建设实现了历史性的跨越式发展。1988 年 10 月,中国大陆首条高速公路沪嘉高速公路建成通车,从此,中国的高速公路建设事业进入了一个全新的发展时期。2009 年 1 月 15 日,中国交通运输部部长李盛霖披露,中国 2008 年新修通高速公路 6 433 公里,高速公路通车总里程达到 6.134 1 万公里(中国大陆地区高速公路突破 6 万公里,为 6.014 5 万公里),居世界第二位。我国用短短的 20 年时间走过了发达国家 40 年的历程。根据交通部的规划,到 2020 年,中国将建成国家骨架高速公路网,全国高速公路总里程预计将达到 8.5 万公里。目前,中国高速公路、水路交通运输成为基础设施建设领域最活跃的市场之一。为适应国民经济和社会发展的需要,自 1990 年以来,交通部开始实施建设全国高速公路主骨架、水运主通道、港站主枢纽的总体发展规划。目前,除西藏外,各省、自治区和直辖市都已拥有高速公路,有 23 个省份的高速公路里程超过 1 000 公里。2008 年底各省区市高速公路通车里程排名见表 1 - 1。辽宁省和山东省已实现了省会到地市全部由高速公路连接,长江三角洲、珠江三角洲、环渤海等经济发达地区的高速公路网络也正在形成。随着高速公路里程的不断延伸,规模效益逐步发挥,人们切身感受到高速公路带来的时间、空间观念的变化。在山东、辽宁、广东、江苏等地,省会到地市当天可以往返,这在过去难以想象。北京提出"迎奥运1小时交通"的构想,重庆提出建设"8小时重庆",浙江的"4小时高速公路交通圈",都正在逐步变成现实。自1998年以来,由于投资规模大幅度增加,高速公路基础设施建设进入新中国成立以来发展最快的时期,每年的总投资额在3 000亿元人民币以上,国道主干线规划有望在2010年以前实现。

随着高速公路硬件的建设,高速公路的管理问题日益成为交通主管部门的工作重点,而高速公路资产的界定、运营、评价和管理等问题,更成为重中之重。作为一种重要基础设施的高速公路,必须首先明确其资产的特性、经营管理方式,才能有效地按照市场经济的机制去运作和发展,提高高速公路资产的使用效率,同时也为外资和社会资金投资高速公路提供畅通的途径。

表1-1　2008年底各省区市高速公路通车里程排名

单位:公里

序　号	省　份	高速公路里程
1	河南	4 800
2	山东	4 333
3	广东	3 800
4	江苏	3 745
5	河北	3 304
6	浙江	3 110
7	辽宁	2 758
8	云南	2 605
9	安徽	2 514
10	陕西	2 468
11	湖北	2 365

续表

序　号	省　份	高速公路里程
12	江西	2 206
13	四川	2 174
14	广西	2 113
15	湖南	1 992
16	山西	1 955
17	内蒙古	1 837
18	福建	1 580
19	甘肃	1 296
20	重庆	1 168
21	新疆	1 075
22	黑龙江	1 053
23	宁夏	1 003
24	台湾	980
25	贵州	975
26	吉林	877
27	天津	813
28	北京	778
29	海南	660
30	上海	578
31	香港	216
32	青海	210
33	西藏	0
34	澳门	0
合　计		61 341

资料来源:中国高速公路网。

第一节　研究背景

一、中国高速公路网的迅猛发展

中国拥有 13 亿人口,960 万平方公里的国土面积,国土面积仅次于加拿大又略大于美国;中国公路通车里程达 185 万公里,铁路里程达 7.43 万公里。

在过去的 20 年里,我们在经济领域取得了巨大的成就,保持了强劲快速的增长态势。

单位：%

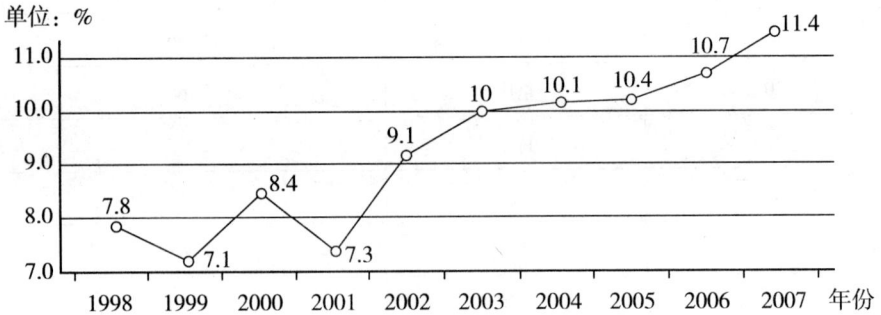

图 1-1　中国经济发展走势

资料来源:相关资料整理。

在中国经济增长的带动下,中国高速公路客运交通获得了快速发展,并以每年 7%~8% 的速度持续增长。与此同时,中国汽车拥有量和驾车者也都有爆发性增长;而物流运输、集装箱运输在过去的 10 年里增长了 30%。从 1993 年到 2001 年的 8 年时间里,我们的汽车产销量从 100 万辆增长到了 200 万辆;而后的两年时间里,达到了 300 万辆;2004 年汽车产销量猛增到了 430 万辆;2007 年,我国汽车产销分别超过和接近 880 万辆,创历史新高。由此可以看出,汽车产业和高速公路建设呈现高度相关关系。

中国经济虽然取得飞速发展,但是发展却是不平衡的。在中国的东部,中国经济一直保持持续稳定的快速增长,而西部省份发展仍旧缓慢,中国的东西部间、城乡间的差距正在加大。我国现有的高速公路网和高速公路条件很难满足经济发展的需要。

我国在过去 10 多年中,高速公路的建设取得了巨大成就。正如图 1-2 中所示,在 1991 年时几乎还没有一条高速公路,而到了 2003 年高速公路里程已经达到了 3 万公里。

单位:公里

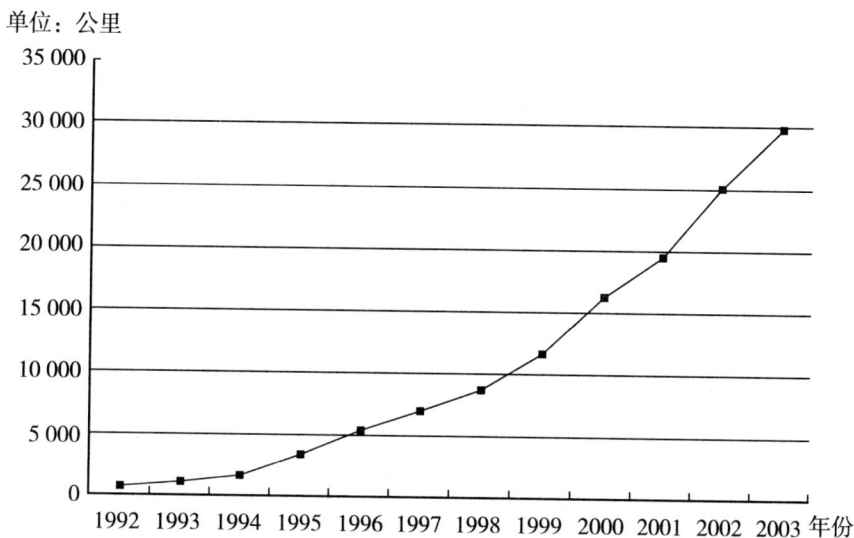

图 1-2 1992~2003 年中国高速公路通车里程

2003 年我国高速公路建成通车 4 650 公里,2004 年新增了 4 476 公里的高速公路建设。2008 年,新修通高速公路 6 433 公里,高速公路通车总里程达到 6.134 1 万公里,居世界第二位。高速公路逐步连线成网,规模效益凸显。其中,河南、山东两省高速公路里程突破 4 000 公里,江苏、河北、浙江、广东四省高速公路里程均突破 3 000 公里,还有 17 个省份的高速公路里程超过 1 000 公里。

由图 1-3 可见,1996~2003 年,我国高速公路的通车里程由 5 000 多公里增加到 3 万公里;投资总额由 126 亿元人民币增加到 421 亿元人民币。2004 年、2005 年、2006 年、2007 年我国高速公路的通车里程分别为 3.4 万公里、4.1 万公里、4.6 万公里、5.4 万公里,2005 年,全国高速公路投资总额达到 530 亿元人民币。其中河北省 2004~2007 年高速公路投资额为 126.9 亿元、171.6 亿元、194.4 亿元,高速公路进入了一个全新的发展时期。

单位：亿元

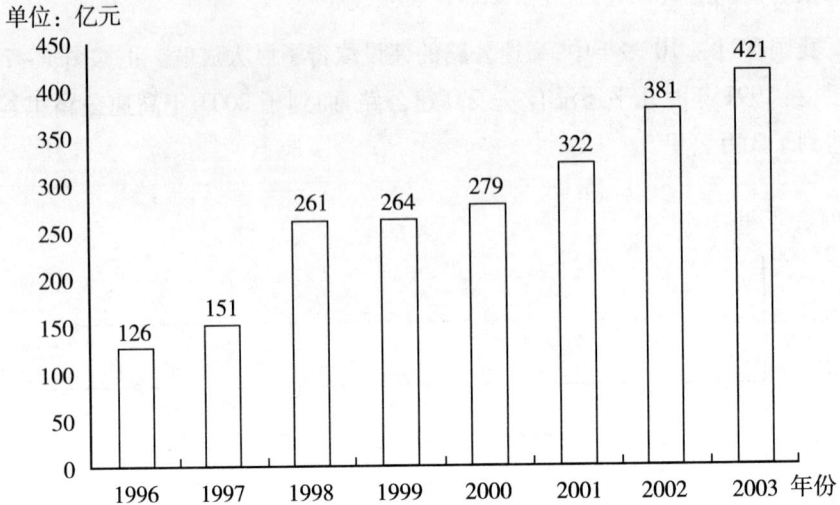

图1－3　1996～2003年中国高速公路年投资总额

　　我国高速公路投资总额逐年大幅度增加,形成了数以千亿计的高速公路资产,而高速公路管理又是一个崭新的领域,出现了多样化的管理模式,包括中外合资、外商独资、公司制管理、事业单位管理、事业单位企业化管理等。由于管理方式的不同,高速公路资产使用效率各不相同:在西部欠发达地区,高速公路亏损严重,无法实现企业化管理;东部发达地区车流量很大,公司制管理模式资产使用效率较高。但是,通过对国内高速公路管理现状的大量调查研究发现,事业单位资产管理的低效率的弊端,被车流量大收入高的现象所覆盖,高速公路事业管理(或企业化管理)单位,由于缺乏资产评价机制、缺乏激励与约束机制,使得高速公路资产在运营过程中,造成了大量的流失和浪费,增加了高速公路运营成本,降低了高速公路资产的使用。为了中国高速公路网的健康发展,则需要设计出一套高速公路资产运营评价指标和模型,以及高速公路资产运营与管理的实施办法,形成对高速公路事业单位资产运营的规范化和制度化的管理,提高高速公路资产运营效率和使用效率,以达到国有资产保值增值的目的。

二、中国高速公路的未来发展前景

根据交通部2004年12月17日公布的《国家高速公路网规划》,2005～

2030 年,国家将斥资 2 万亿元人民币,新建 5.1 万公里高速公路,使中国高速公路里程达到 8.5 万公里(其中一半在我国西部),接近美国目前高速公路的长度;形成由中心城市向外放射以及横连东西、纵贯南北的大通道。这个公路网由 7 条首都放射线、9 条南北纵向线和 18 条东西横向线组成,简称为"7918网",总规模约 8.5 万公里,其中主线 6.8 万公里,地区环线、联络线等其他路线约 1.7 万公里;将用 30 年时间建成。具体如下:

首都放射线(7 条):北京—上海、北京—台北、北京—港澳、北京—昆明、北京—拉萨、北京—乌鲁木齐、北京—哈尔滨;

南北纵向线(9 条):鹤岗—大连、沈阳—海口、长春—深圳、济南—广州、大庆—广州、二连浩特—广州、包头—茂名、兰州—海口、重庆—昆明;

东西横向线(18 条):绥芬河—满洲里、珲春—乌兰浩特、丹东—锡林浩特、荣成—乌海、青岛—银川、青岛—兰州、连云港—霍尔果斯、南京—洛阳、上海—西安、上海—成都、上海—重庆、杭州—瑞丽、上海—昆明、福州—银川、泉州—南宁、厦门—成都、汕头—昆明、广州—昆明;

规划方案还包括辽中环线、成渝环线、海南环线、珠三角环线、杭州湾环线等 5 条地区性环线,2 段并行线和 30 余段联络线。

国家高速公路网规划建成后,可以形成"首都连接省会、省会彼此相通、连接主要地市、覆盖重要县市"的高速公路网络。这个网络能够覆盖 10 亿多人口,直接服务区域 GDP 占全国总量的 85% 以上;实现东部地区平均 30 分钟、中部地区平均 1 小时、西部地区平均 2 小时抵达高速公路,总里程约为 8.5 万公里。规划国家高速公路网的主要目标是:连接所有目前城镇人口在 20 万以上的城市;连接首都与各省会、自治区首府和直辖市;连接各大经济区和相邻省会级城市,覆盖全国 10 亿多人口;完善省会级城市与地市之间、城市群内部的连接,包括铁路枢纽 50 个、航空枢纽 67 个、高速公路枢纽 140 多个和水路枢纽 50 个,形成综合运输大通道和较为完善的集疏运系统;强化长江三角洲、珠江三角洲和环渤海三大经济区之间及与其他经济区之间的联系。如果同台湾实现三通,可以驾车从北京直达台北(通过建造隧道或其他工程)。

《国家高速公路网规划》是一项庞大的工程,静态投资 2 万亿元人民币,投资的力度将随计划建设进度而变化。规划计划用 30 年的时间完成,2010 年前,年均投资约为 1 400 亿～1 500 亿元人民币,年增加高速公路 3 000 公里左右,2010 年到 2020 年之间,年均投资约为 1 000 亿元人民币。迅猛发展的高速公路将拉动我国国民经济高速发展。

三、发展高速公路的经济意义

促进了运输业、物流业的发展。高速公路的出现,使汽车运输的经济运距大幅度增加,充分发挥灵活、机动、"门到门"的运输优势,为体积小、附加值高、时间性强的货物提供安全、快速、直达的运输服务。高速公路长距离、远辐射的运输优势进一步使各种不同运输方式在更高水平上紧密衔接,提高综合运输水平。

促进沿线产业的发展。建成一条高速公路就会在路的两旁形成产业带。上海沪嘉高速通车以来,2 年内几十家中外企业在嘉定落户。1988～1993 年沪嘉高速沿线的 GDP 年平均增长速度为 24.8%,同期嘉定区的增长速度为 18.3%。京津塘高速公路也是这样,从北京到塘沽 11 个出口附近区域,形成了 11 个新兴技术开发区。

促进和带动其他产业发展。如带动汽车产业发展:2006 年我国销售近 400 万辆轿车,其中 80% 为私人购买。又如带动旅游业的发展:截至 2007 年年底,全国共完成旅客运输 223.65 亿人次,累计同比增长 11.4%;旅客周转量合计为 21 515.81 亿人公里,累计同比增长 12.1%。据专家测算,每亿元高速公路的建设投资,能直接带动社会总产出近 3 亿元。

高速公路网在交通安全上也发挥了重要作用。很多高速公路吸引了其他高速公路多达 70% 的交通量,而这些低等级高速公路的事故率通常比高速公路要高得多,交通分流大量降低了现有高速公路的事故件数。以京珠高速公路的部分路段为例,世行的竣工报告显示,湖南省和湖北省原有高速公路的事故件数下降了 2/3,广州段的原有高速公路事故件数则下降了 40%。

高速公路的发展还带动了一系列技能的发展,包括咨询、规划、融资、管理、建设和道路运营等,这些在过去 15～20 年中获得的技能和知识,将在未来可持续发展的道路系统上发挥重要的作用。

第二节 研究方法

一、动态分析与静态分析

动态分析法是研究发展问题的基本方法,是一种将客观事物置于运动和发展过程中,来总结规律认识事物的思维分析方法。随着我国市场经济的发展与完善,高速公路资产运营的内外环境也随之发生了变化,其所拥有的资源与能力等也必然会经历巨大的变化,作为高速公路资产的运营与管理也应及时调整自身的管理模式和发展战略。

二、定性分析和定量分析相结合的方法

虽然高速公路进入我国的时间不长,但已成为国民经济的一个重要组成部分,在对高速公路资产的研究中,既要针对高速公路资产的属性和特点进行定性分析,也要对高速公路资产的投融资、建设和运营进行定量分析。例如在高速公路的国民经济评价和财务评价等方面,就需要大量的数据和计算公式来说明问题。

三、宏观分析和微观分析相结合的方法

高速公路具有一定的社会公益性,政府在高速公路行业资源配置中发挥着较大的作用。从宏观方面分析高速公路资产的特性和一般理论,也从微观方面提出高速公路资产的财务管理办法、固定资产的实物管理办法,以及运营评价模型和高速公路资产管理办法等。

四、实证分析与规范分析

实证分析是对经济活动的客观描述,分析经济是如何运行的或实际"是什么";规范分析是研究经济活动"应该是什么"的问题。实证分析是规范分析的基础,而规范分析是实证分析的结果,二者是相辅相成的。首先采用实证分析的方法对高速公路资产的特征、评价、管理现状及发展过程等进行了客观的考察和分析,进而提出了高速公路资产运营的综合模型和高速公路资产运营与管

理实施办法(建议稿),从而为我国高速公路资产运营评价提供理论依据和实践指导。

五、案例分析法

不同的高速公路运营与管理单位,其自身的特色、所处的经营环境及历史条件是千差万别的。但是,个性中体现着共性,现象中可以抽象出共同规律来,不同的典型案例为探索规律提供了鲜活的例证。我们以河北省某高速公路管理处为主要调查对象,对其资产运营、评价与管理的现状进行了系统的分析和研究,总结出具有实际应用和推广价值的高速公路资产运营评价原则和具有实践指导意义的高速公路评价模型及高速公路资产运营与管理实施办法。

第二章 高速公路资产运营管理理论

高速公路资产管理就是运用经济学和管理学原理,利用科学的管理方法,经济而有效地维护、改善和经营高速公路交通物理资产及其衍生资产的系统过程。该过程以提升高速公路资产的整体性能和实现最大经济、社会效益为目标,其核心是保证高速公路资产的安全性、完整性、真实性,实现资产的保值增值。高速公路资产管理系统将及时监控实现目标过程中的进展情况,评估与目标相关的工作过程,进而确定管理方案与投资决策在实现目标过程中的作用。

第一节 高速公路资产概论

一、高速公路资产概念界定

(一)资产

资产是相对于资本和财产而言,是一个复合的概念。《资产评估》对资产的定义为"资产是指特定权利主体拥有或控制的并能为其带来未来经济利益的经济资源"。中国《企业会计准则》对资产的定义为"资产是企业所拥有或控制的能以货币计量的经济资源,包括各种财产、债权和其他权利"。从上述两个定义可见,对如何定义资产各有侧重。第一个定义的本质特征是资产的"未来经济利益",也就是资产必须能够直接地或间接地为其拥有者或控制者带来现金流入。第二个定义侧重于从会计计量角度来规范。会计计量一般包括三个要素,即价值尺度、计量单位和计量属性。从内容上讲,它定义的比第一个要广;从范围上讲,它比第一个定义要窄,更侧重于企业的资产。本书所指的资产更侧重于国有资产,因此,引用第一个定义,是指特定权利主体拥有或控制的,能以货币计量的,能够给经济主体带来经济利益的经济资源。

　　无论是《资产评估》中的概念，还是《企业会计准则》的定义，资产都应该具有以下基本特征：

　　1. 资产是能够给经济主体带来经济利益的资源，即可望给经济主体带来现金流入的资源。也就是说，资产具有能够带来未来收益的潜在能力。如果被恰当使用，资产的获利能力就能够实现，进而使资产具有使用价值和交换价值。具有使用价值和交换价值，并能给经济主体带来未来效益的经济资源，才能作为资产确认。

　　2. 资产必须是经济主体拥有或控制的。依法取得财产权利是经济主体拥有并支配资产的前提条件。经济主体通过非法途径获得的财产不属于其资产。对于一些以特殊方式形成的资产，经济主体虽然对其不拥有完全的所有权，但依据合法程序能够实际控制的，如融资租入固定资产、土地使用权等，按照实质重于形式原则的要求，也应该将其作为经济主体资产予以确认。

　　3. 资产必须能以货币计量。也就是说资产价值能够运用货币进行计算。

　　(二) 高速公路属性

　　高速公路是指按照国家规定的《高速公路工程技术标准》修建，并经高速公路主管部门验收认定的城间、城乡间、乡间可供汽车行驶的公共道路，包括高速公路桥梁、高速公路隧道和高速公路渡口。按《高速公路法》的规定，目前我国存在三种运营形式的高速公路：①非收费高速公路；②由县级以上地方人民政府交通主管部门利用贷款或者向企业和个人集资建成的高速公路（即我们通常所讲的收费还贷高速公路）；③由国内外经济组织依法受让高速公路收费权的高速公路，以及由国内外经济组织依法投资建成的高速公路（即通常所讲的收费经营高速公路），因此有必要界定我国高速公路的经济属性和社会属性。

　　1. 高速公路的经济属性

　　(1) 高速公路属于准公共物品，即介于纯公共产品和私人产品之间的公共物品。

　　纯公共产品作为一个经济学概念，包括公共产品与服务两个方面，具有以下两个基本特征：一是非竞争性，二是非排他性。非竞争性是指消费者的增加不引起生产成本的增加，即每一个消费者引起的社会边际成本为零；非排他性是指无法排除他人从公共物品获得利益或经技术处置可具排他性，但因交易成本太高而导致经济上不可行。私人物品，则是与纯公共物品完全对立的一种物品,具有竞争性和排他性。因此,准公共物品不是完全意义上的公共物品,也就是说,不能同时满足纯公共物品所具有的"消费非竞争性"和"受益非排他性"的公共物品。它一般分为两类:一类是指具有受益排他性但不具消费竞争性的公共物品,也称为"拥挤性公共物品";另一类是具有消费竞争性但不具受益排他性的公共物品,又称为"共同资源"。准公共物品具有不确定性的特征,随着时间、技术以及制度安排等变化,准公共物品也会发生变化,或转变为纯公共物品,或转变为私人物品。

由于准公共物品的不确定性特征,对高速公路的准公共物品属性必须予以辩证发展的认识,力求准确地把握其变化规律。从实践分析来看,影响高速公路的准公共物品属性的因素有以下三点。①拥挤程度。当高速公路上出行者人数超过"拥挤点"(即拥挤的临界状态)以后,随着出行者人数的不断增加,会减少每个出行者所获得的效益,高速公路的边际使用成本将随之上升,这必将导致消费上的竞争。此时,高速公路的准公共物品属性将完全丧失,从而转变为私人物品。②经济发展水平的影响。高速公路拥挤性公共物品的属性首先是建立在消费的基础上,消费能力的变化会改变物品的经济属性,而消费能力是要受到经济发展水平制约的。一般来说,经济发展水平越高,出行者的消费能力就越强,高速公路服务的排他性上升;反之,经济发展水平越低,出行者的消费能力就越弱,高速公路服务的排他性下降,从而趋向于纯公共物品。我国的实践就充分验证了这一点,即高速公路的准公共物品属性是受经济发展水平的影响,在不同的发展阶段和不同的地区会呈现不同的经济属性。在改革开放初期,我国经济基础比较薄弱,高速公路完全由国家提供,具有纯公共物品属性;但随着经济实力的提高,高速公路的排他性特征上升,从而转变为准公共产品。同样,不同地区间的经济差异,也会使高速公路呈现出不同的物品属性,比如,贫穷、偏远地区的高速公路就具有纯公共物品的性质,而经济发达地区的高速公路则明显具有准公共物品的特征。这完全符合世界银行的研究结论,即干线高速公路的商品性指数为2.4,具有较强的商品性;乡村高速公路的商品性指数为1,商品性最低,基本上是纯公共物品。③高速公路服务供求水平的影响。由于高速公路服务的非竞争性,使得出行者享用高速公路服务的机会成本为零,这样就很容易产生道德风险问题,出现"免费乘车者"。在高速公路服务供大于求时,这种问题表现得尤为突出,导致排他性下降,从而趋向于纯公共物品;反之,当高速公路服务供小于求时,排他性上升,其准公共物品属性明显。

(2)高速公路具有垄断性特征。

高速公路建设的一次性固定投入很大,形成很高的固定成本,其维护和运营成本相对总成本而言所占的比例就很小。这样,随着出行者数量的增加,出行者数量增加的倍数会超过成本增加的倍数,形成规模经济,使高速公路服务的平均成本持续下降,边际成本曲线就会始终位于平均成本曲线的下方,因此,高速公路服务的提供者就可以充分利用高速公路的排他性来控制出行者数量,获取垄断价格,形成自然垄断。这种垄断是自由竞争形成的自然结果,是由于行业的规模经济性所决定的,但有利于降低产品成本和节约社会资源,这种优势在具有网络特性的高速公路产品中体现得尤为突出。

(3)高速公路具有外部性特征。

高速公路的外部社会收益主要包括两个方面:①高速公路的建设运营将会带动沿路的土地、房产价格上升;②高速公路的建设运营将会带动沿路区域的就业和投资,促进区域经济发展。这部分社会收益是高速公路设施和高速公路服务的供应者所无法获得的外在收益,是惠及大众的社会福利。高速公路的外部社会成本主要包括三个方面:①高速公路建设对区域生态环境的破坏;②高速公路建设运营期间对沿路区域所造成的噪声污染;③高速公路运营期间汽车排放的尾气所制造的空气污染。这部分社会成本是高速公路设施和高速公路服务的供应者,以及高速公路服务的使用者所无须支付的外在成本,是由社会承担的部分。

2. 高速公路的社会属性

高速公路的社会属性主要是指其社会公益性的特征,主要表现在两个方面:一是服务功能的基础性;二是服务对象的公共性。

(1)服务功能的基础性是指高速公路设施系国民经济运营的基本载体。高速公路的出现和使用是经济发展的派生需求,但同时它又促进了经济的发展。建立在高度专业化和分工协作基础上的现代市场经济,是不能独立于高速公路服务而存在的。因此,适度超前的发展高速公路基础建设,可以支撑和促进经济发展,避免滞后于经济发展而导致的瓶颈约束。

(2)服务对象的公共性是指高速公路服务对象的广泛性,不仅服务于物质生产、流通和消费部门,而且服务于社会政治、军事、文化、教育等领域。该属性决定了有关高速公路决策的目标的多元化,而不能单纯以经济利益为导向。

(三)高速公路资产

1. 高速公路资产分类

(1)按照实物形态可分为高速公路有形资产和高速公路无形资产。高速公路有形资产主要是指实物形态的高速公路资产,包括高速公路、高速公路设施和高速公路用地;高速公路无形资产包括高速公路的经营权、专利权、土地使用权、非专利技术、商誉、高速公路冠名权、出让媒体权等。

(2)按照投资主体标准划分,高速公路资产可分为中央投资高速公路资产与地方投资高速公路资产。中央投资高速公路资产是国家财政、交通部直接投资或补助建设的跨省(自治区、直辖市)的国家高速公路主干线而形成的资产。地方投资高速公路资产是指省市县政府投资,或其授权交通高速公路部门投资而形成的高速公路资产。

(3)按照经济属性的标准划分,高速公路资产可分为经营性高速公路资产和非经营性高速公路资产两大类。其中经营性高速公路即收费经营高速公路,非经营性高速公路又分收费还贷高速以路、免费高速公路,通常也称为"不收费的社会公益性高速公路",指由国家财政拨款投资、养路费投资、民工建勤、以工代赈或者个人及社会捐资修建的高速公路。

①非收费高速公路。这类高速公路的投资主体为各级政府交通主管部门,为交通主管部门拥有或控制,且能带来经济利益,因此,它符合资产的含义,属于资产的范畴。需要注意的是,这里的"经济利益"包括两个方面:一是为全社会带来宏观的经济效益和社会效益;二是为投资者带来间接收益。

②收费还贷高速公路。由县级以上地方人民政府交通主管部门利用贷款或者向企业、个人集资建成的高速公路。收费还贷高速公路的投资主体仍然是各级政府交通主管部门。交通主管部门将一部分自有资金和向企业或个人筹集来的资金,一并投入到高速公路建设中,将价值形态的资金转变为实物形态的高速公路;高速公路建成后投入使用,由交通主管部门授权有关高速公路事业单位进行收费,贷款偿还完毕,收费行为立即停止。随后实物形态的高速公路仍为交通主管部门拥有,所不同的是,此时高速公路的价值量远远大于交通主管部门当初投入的自有资金,多出的这部分即为交通主管部门作为投资者所获得的收益。由此可见,收费还贷高速公路为交通主管部门拥有或控制,并能

为投资者带来收益。因此,这类高速公路属于资产的范畴。

③收费经营高速公路。由国内外经济组织依法受让高速公路收费权的高速公路以及由国内外经济组织依法投资建成的高速公路。《高速公路法》规定:"受让高速公路收费权或投资建设高速公路的国内外经济组织应当依法成立开发、经营高速公路的企业。"高速公路经营企业依法对受让或建设的高速公路进行收费经营,收费的目的是"收取投资并有合理回报"。因此,这类高速公路具有很强的资产特性,属于资产的范畴是毋庸置疑的。综上所述,无论是非收费高速公路还是收费高速公路都属于资产,应将其纳入资产范畴进行管理。

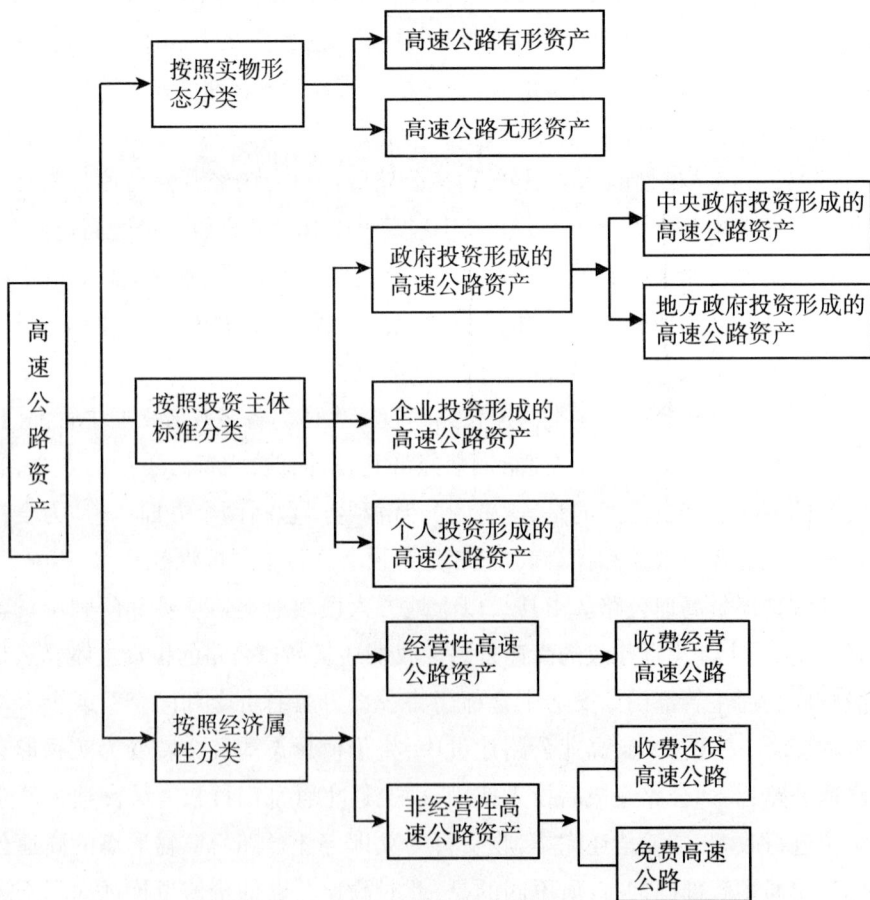

图2-1　高速公路资产分类

④收费还贷和收费经营高速公路的区别。通过前面的论述,我们知道高速公路分为收费高速公路和非收费高速公路,其中收费高速公路又可分为收费还贷高速公路和收费经营高速公路。现在争论的焦点是收费还贷高速公路是否算做经营性高速公路。这个概念界定不清,直接影响我们以后问题的分析。表2-1显示了二者之间的不同之处。

表2-1　收费还贷高速公路和收费经营高速公路的比较

比较内容	收费还贷高速公路	收费经营高速公路
投资与收费主体	交通(高速公路)主管部门	国内外经济组织
资金来源	贷款或集资	自有资本/融资
收费性质	行政事业费	企业经营型
收费用途	偿还贷款或集资	收回投资并取得回报
收费期限	有偿还贷款或集资本息规定:一般年限在20年以内	由协议双方根据收回投资并取得期望回报确定,一般20～30年
项目要求	具有一定经济效益	具有良好经济效益
设立标准	二级以上新改建高速公路	高速公路和一级高速公路
路政	高速公路主管部门	高速公路主管部门
养护	高速公路主管部门	项目经营者
税收政策	免缴营业税和所得税	按章缴纳营业税和所得税

由以上分析,收费还贷高速公路是指由交通主管部门利用贷款或集资建成的高速公路,属于行政事业性组织形式,高速公路主管部门或其所属机构是项目收费的行为主体,按照行政事业收费性质纳入财政管理体系,收支两条线,收费用途是偿还贷款和集资,不以营利为目的。根据交通部公报统计,2001～2005年我国高速公路建设到位资金中,国内贷款约7 215亿元,若加上有关资料提供的截至2000年底的累计贷款余额5 000亿元,扣除已还部分本金,2005年底全国高速公路建设国内贷款则达到11 000多亿元,每年需支付的利息达700亿元以上。目前,有很多地方不能偿还到期债务,甚至连贷款的利息都无能力支付。据西部某省收费站点还贷调研资料显示,仅有1/3收费高速公路能如期还贷,其余的站点均无法及时足额还贷。另据了解,某地级市高速公路部

门2006年底总负债15.3亿元,每年应付银行利息9 500多万元,但是几个直属收费站的通行费收入扣除基本费用,可用于还本付息的资金不足5 000万元,利息缺口4 500多万元。可见,目前收费还贷高速公路的现状不容乐观。因此,如果将收费还贷高速公路纳入或视为经营性或准经营性高速公路资产管理,其经济效益和社会效益将更加有保证,收费还贷期限会大大缩短。

收费经营高速公路,是指由国内外经济组织依法受让收费高速公路收费权的高速公路,或由其依法投资建成的高速公路,属于企业型组织形式,国内外经济组织是项目收费的行为主体,按照企业经营性质纳入工商管理体系,收费用途是收回投资并取得合理回报,以营利为目的。

按照目前的观点,很多人把收费还贷高速公路列作了非经营性的高速公路资产。其理由是这类高速公路带有鲜明政府投资特色,是为了满足或解决当地交通问题,带动沿线经济发展,收费以偿还贷款、集资为目的,只要把贷款本息偿还完毕,该高速公路就停止收费,无偿归还国家交通主管部门。我们认同这一观点,把收费还贷高速公路列为非经营性高速公路资产,这样就只有收费经营高速公路属于经营性高速公路资产的范畴。

2. 高速公路固定资产

高速公路资产是指通过建造所形成的高速公路基础设施资产,是国民经济总资产的重要组成部分,又是指高速公路管理单位所拥有或控制的,能以货币计量的经济资源,包括高速公路的各种财产、债权和其他权利。高速公路经营企业拥有的高速公路资产包括无形资产(高速公路收费权资产)和高速公路固定资产(实物资产)等。无形资产即高速公路收费权资产,是指企业拥有或控制的没有实物形态的可辨认非货币性资产,是依附于高速公路实物资产的一种资产。固定资产(实物资产)是指为生产、提供劳务、出租或经营管理而持有的,并且使用寿命超过一个会计年度的有形资产,包括路基(土方和石方)、路面、桥梁(跨线桥和跨河桥)、涵洞、隧道防护工程等高速公路及构筑物,以及与高速公路正常使用密切不可分割的安全设施;是高速公路经营企业取得的高速公路收费权所对应的实物资产。固定资产和无形资产最本质的区别就是固定资产是有形的,无形资产是没有实物形态的。但是高速公路企业的高速公路资产同时符合上述两种特征,无明显界线,也无法完全隔绝。高速公路经营企业通过自建形成的有形高速公路资产,如果通车之前不能取得物价、财政、交通部门联合下发收取车辆通行费的通知,是无法经营的。而通过有偿取得无形收费权的企业取得的不仅仅是收费的权利,还有收费权所依托的高速公路资产。

由于高速公路本身特征,固定资产在高速公路资产中占有绝对份额。因此正确地划分高速公路固定资产对高速公路资产健康运营至关重要。按照固定资产定义与划分条件,结合高速公路固定资产本身的特征,我们将高速公路固定资产具体分为八类:①高速公路工程:路基、桥梁、隧道、涵洞、路面等;②附属工程:标线、标志牌、隔音板、排水沟、边坡、蒸发池等;③防护设施:防护钢板、防护桩、防护栏、隔离栅等;④电子设备设施:监控设备、收费设备、计重设备、电脑、空调、拦道机等;⑤公益性生物资产:绿化苗木等;⑥交通运输工具类:工作、生产、生活需要的各类机动车辆(如轿车、客车、货车、吊车、清障车)等;⑦管理人员的办公设备类:包括办公及后勤服务使用的各种设备,即电器设备、电子及通讯设备、文体设备、办公家具、各种消防及保安设备等(如会议桌、投影仪、照相机、摄像机、计算机等);⑧其他设施(工程):收费大棚、收费亭、房屋、照明设施等。

目前,随着高速公路事业的快速发展,在对高速公路行业管理规律的认识进一步深化的前提下,按照分类管理的指导思想,高速公路行业出现了高速公路经营企业和高速公路事业单位的划分。两者有着相同的高速公路管理活动内容,只是基于融资需求的目的,组建了两种不同性质的管理活动主体。

与高速公路经营企业相比,高速公路事业单位的财务管理活动具有以下特点:①高速公路事业单位的经济活动不以营利为目的,属于非营利性经济组织;②高速公路事业单位的投资者(一般为财政部门或上级单位)对投资不追求投资回收和投资回报;③高速公路事业单位的固定资产不计提折旧;④高速公路事业单位的资产和资金之间存在一定的对应关系;⑤高速公路事业单位的负债,不仅有流动负债,也有长期负债;⑥高速公路事业单位与高速公路经营企业在固定资产核算内容和分类标准上有很大差异。

对于企业而言,单位价值在2 000元以上,并且使用年限超过2年的,应当作为固定资产。事业单位不同于企业和行政单位。事业单位一般指“一般设备单位价值在500元以上,专用设备单位价值在800元以上,为固定资产。单位价值虽未达到规定标准,但是使用时间在一年以上的大批同类物资,按固定资产管理”。

高速公路事业单位中实行企业化管理的高速公路管理单位,在固定资产分类及管理上的特性主要表现在以下方面:①固定资产的标准。一般需要执行企业固定资产标准,即固定资产是指使用期限超过一年和其他与生产经营有关的设备、器具、工具等。不属于生产经营主要设备的物品,单位价值在 2 000 元以上的并且使用年限超过 2 年的,也应当作为固定资产。②为了如实反映高速公路养护工程成本,又有必要计提固定资产折旧,但为了遵循事业单位的统一规定,因此采用以固定资产折旧额为尺度提取固定资产修购基金。

3. 高速公路特殊资产

在高速公路资产中,有一部分资产本身具有易损耗、技术上的升级带来易贬值等运营与管理特殊性,我们称其为特殊资产。这部分资产主要是高速公路机电工程类资产构成,具体分为下列几类:

(1)高速公路通信系统组成的通信类资产:主要由光纤传输系统、光纤综合业务接入网系统、数字程控交换系统、局域网系统等组成。

(2)高速公路监控系统组成的监控类资产:主要由信息采集子系统、监控中心及信息提供子系统三大部分组成。

(3)高速公路收费系统组成的收费类资产:主要由路段收费中心、收费站、收费车道三层系统组成。

以上三类设备,每一个设备系统都是一个整体设备,可以作为一个整体来管理,但系统中的一些单个设备如其中的一台电脑等,其单价均在 2 000 元以上,又可单独视为一个固定资产。因此,作为一个高速公路基层管理部门,如果上级管理部门没有一套有效的评价与管理办法,就会增加基层管理单位的管理难度和出现一些管理不善的问题。

二、高速公路资产的特征

(一)高速公路资产的规模收益递增性

规模经济是指在经济社会中因生产规模的变动而引起收益变动的规律。当产品或服务的所有生产要素同时增加或减少时,就意味着生产规模扩大或者减少,这会导致收益的变动。如果随着规模的扩大,产品或服务的收益增加幅度高于规模扩大幅度,则称为规模收益递增;反之,则称为规模收益递减;如果规模扩大与收益增加的幅度相等,则称为规模收益不变。

上述经济变化规律可用数学模型表示。设某产品或服务的生产函数是齐次方程,假如所有的物质投入要素表示为 K,各种劳动力投入要素表示为 L,则产出量是 K 和 L 的函数,设 λ 为非零常数,表示生产规模扩大的倍数,则以下公式可以表示规模收益变化的规律

$$F(\lambda k, \lambda L) = \lambda^r f(K, L)$$

当 $r > 1$ 时,规模收益递增,当 $r = 1$ 时,规模收益不变,当 $r < 1$ 时,规模收益递减。高速公路资产具有明显的规模收益递增的经济属性,其理由如下:

高速公路至少有双向 4 个行车道,还有 6 车道、8 车道甚至 16 车道的高速公路。高速公路提供的服务是使交通流量迅速安全地通过,其能力用每昼夜最大通行量表示,通过表 2-2 可知高速公路的车道数与通过的最大交通流量之间呈现的规模收益递增的关系。

表 2-2 高速公路车道数与通行能力表

高速公路车道数	通行能力(标准车/每昼夜)
4	2 500 左右
6	5 000 左右
8	10 000 以上

从表中可以看出,从 4 车道到 6 车道,规模增加到 1.5 倍,通行能力增加到 2 倍,从 4 车道到 8 车道,规模增加到 2 倍,通行能力增加到 4 倍,而在同等条件下通行能力的成倍增加意味着收取的车辆通行费也会成倍增加。当然,任何产品和服务的提供,在一定技术经济条件下都有一个适度规模的问题,所谓适度规模就是存在由规模收益递增转为规模收益不变的拐点。高速公路规模收益递增还表现在高速公路的长度和联网程度上,一般说来,随着高速公路长度的增加,车辆通行费收入呈显著递增状态,联通成网络状的高速公路比单纯连接两地的高速公路具有更显著的经济效益。

高速公路这种规模收益递增的经济属性决定了高速公路必须超前发展。一般来说,高速公路通车前期车流量处于不饱和状况,经济效益不能完全体现,但随着经济的增长,高速公路车流量会迅速增加,如果高速公路等级标准过低,就会在通车后很快形成车速慢和堵车的现象,不得不改扩建,而改扩建的费用

远远高于高速公路前期建设标准一次到位的费用,因此高速公路的建设规模应考虑长远发展的需要,按照十几年甚至几十年的经济发展和车流量的增长情况来确定。鉴于高速公路这种典型的规模经济效应,在建设期就应从长远考虑,按较高的标准和规模修建,这样才能适应高速公路规模收益递增的经济属性。

高速公路规模收益递增的经济属性也决定了高速公路网络化的重要性。一般来说,单独的一条高速公路经济效益有限,断头路会使高速公路经济效益锐减,而联网成片会使高速公路经济效益呈几何级数增加。这种情况的形成是由于高速公路具有全封闭、全立交、快速的特点,一旦形成网络,就能有效地形成点对点的快捷运输效应,增强高速公路影响力和扩散力,起到铁路、航空、水运所不能起到的作用。从世界各国发展情况看,目前集装箱高速货运和高档豪华高速客运已成为客货运输的发展潮流,这主要是由于各国高速公路联网的规模效应。

（二）高速公路资产的资金密集性

高速公路与铁路、航空等运输产业一样,属于资金密集型产业。目前每公里高速公路造价一般在1 700万~3 000万元人民币左右。以每公里平均造价比,高速公路超过了任何一种运输方式的线路造价。同时由于高速公路具有不可分割性,一条几十至上百公里的高速公路必须是一次性整段建设,具有资金密集性,所耗费的资金数以亿计,一般是十几甚至几十亿元,是典型的资金密集型产业。高速公路资金密集,形成了高速公路资产的资金密集性。

（三）高速公路资产使用的共同性

高速公路资产的共同性是指大多数高速公路资产都是一起使用来满足一个需求,比如收费系统资产就包括入口车道设备、出口车道设备、收费站设备等,其中,一个入口车道设备就包括IC卡读写器、雨棚信号灯、自动栏杆机、车辆检测器、收费键盘、显示器、操作系统等,如果其中任一个局部设备损坏,都会导致整个系统不能正常运转。

（四）高速公路资产的专用性

资产专用性理论首先由克莱因、克劳福德和阿尔钦等人提出。他们期望论证的命题是:可占用准租金越低,交易者依赖契约关系而不是共同所有的可能越大。德姆塞茨将之发展,指资产的专用性是资产转做他用带来的损失。他认为专用性既包括人力资本又包括实物资本,两者都可以在某种程度上被锁定而投入特定的贸易关系。简言之,资产专用性是指用于特定用途后被锁定,很难再移做他用性质的资产;若改做他用则价值会降低,甚至可能变成毫无价值的资产。

高速公路资产具有典型的专用性,这是因为每一条高速公路都是专门设计的,而且其附属设备也都是专用设备,不能挪做他用。比如当高速公路收费系统更换为计重收费后,更换下来的收费系统等资产就变成一堆废铜烂铁,毫无用处。

（五）所有权与经营权分离

高速公路资产的一个重要经济特征是道路与其所占用的土地密不可分。土地就其自然属性来看可以不依靠高速公路而存在,但对于高速公路资产而言,其形成必须依托于一定的土地。高速公路占用土地的开发成本不可避免地蕴涵在高速公路资产价值之中,土地的使用价值也只有通过高速公路资产来反映,二者在使用价值上存在相互依存的关系,因此对于高速公路资产的评估、运作都离不开对其所占用土地的评估,在实践中一般是将二者作为相互联系的整体综合考虑。

由于高速公路资产是依托于土地而形成的,土地的所有权属于国家,因此高速公路资产所有权属于国家,是国有资产。国内外的实践证明,高速公路的建设营运管理既可以完全由政府投资,也可以由政府授予特许权让私人生产者供给,当然也可以由政府和私人生产者共同投资供给,因而具有准公共物品的特征。同时,由于高速公路具有较强的公共性,社会效益显著,完全竞争的市场制度会导致路线的重复平行,造成社会资源的浪费,必须由政府颁布特许权加以限制,因而具有自然垄断特点。高速公路的自然垄断的准公共物品属性,决定了政府可以通过特许权经营的方式,将高速公路一定时期的经营权转让。也就是说,目前投资高速公路的外资、社会资金获得的仅仅是高速公路资产一定时期的经营权,高速公路资产的所有权属国家所有,特许经营期满后,整个高速公路资产应无偿交回政府。

（六）带状特性

高速公路资产一经形成,短则几十公里,长则上百公里,呈带状分布。这种带状分布会造成一条高速公路不同区间段的价格不同。这种价格的不同表现在两个方面:一是不同区段由于土地开发成本、路基条件等自身因素的差异,造成高速公路资产形成的价值不同;二是由于不同区段周围的经济发展水平不同,造成高速公路资产的使用价值不同。高速公路的这一特性,往往造成同一条高速公路资产的各区间段单位里程评估价格不一定相等。

（七）长期使用性

高速公路一经修建完成,其寿命长达几十年,我国高速公路的收费期限一般为 20～30 年,收费期满的高速公路,经过改扩建及大修后仍可申请继续收费。一般来说,高速公路资产一经形成,期限是相当长的,而且是可再生的,具有与其他资产所不同的经济特性。按照我国《宪法》和《土地管理法》及其他有关法律的规定,土地属于国家所有,其所有权不能出让,只能出让使用权,所以对于高速公路占用的土地而言,只具有对于国有土地的使用权,但这种使用权不同于一般的使用权,它包含了一定时期对土地处置、收益、使用的权益。由于土地使用权具有期限性,一般综合用地的期限为 50 年,因此与土地使用权期限长的特点相适应,依托于土地所产生的高速公路资产也具有长期使用性的特点。

（八）位置的固定性

由于高速公路占用的土地具有不可移动性,因此依附于土地之上的高速公路资产也是不可移动的,这是高速公路资产最显著的特征之一。高速公路资产位置的固定性,导致了高速公路资产的地区性和个别性。也就是说,没有两条高速公路资产是完全相同的,即使两条高速公路的等级、里程完全相同,也会由于其所处的地理位置不同,周围经济、自然环境的不同,而产生实质上的不同。

（九）较强的政策性

高速公路建设一直是政府扶持的对象,由于高速公路的社会效益显著,对当地经济发展拉动作用明显,同时高速公路的建设也能带动当地相关产业的发展和促进就业,因而地方政府非常希望在管辖区域内修建高速公路。为降低高速公路建设成本,吸引外资和社会资金进入高速公路行业,政府一般从税收、投资、融资、经营使用等方面给予一系列优惠政策,特别是在高速公路建设用地的征用上,政府起了十分重要的作用。在实践中,一条高速公路的建设往往由所在的省、市、县政府成立指挥部或协调小组,负责落实征地补偿和拆迁安置事宜。可以说政府在高速公路资产的形成中起到了非常重要的作用,政府的政策性扶持是高速公路资产快速有效形成的关键因素。同时,高速公路的收费标准、收费形式等由国家政策确定,政策性效应明显。

三、高速公路资产的经营模式

在我国,高速公路都属于收费高速公路,是经营性资产,从不同的角度考察,高速公路资产可以有不同的分类范畴及其模式。

（一）高速公路资产完全转让和部分转让

按照转让过程中的完整程度,高速公路资产包括有形资产和无形资产。其中有形资产是指实物形态的高速公路资产,主要包括高速公路、高速公路设施和高速公路用地。"高速公路"主要包括高速公路桥梁、高速公路隧道和高速公路渡口;"高速公路用地"是指高速公路两侧边沟（或者截水沟）及边沟（或者截水沟）以外不少于一米范围的土地,高速公路用地的具体范围由县级以上人民政府确定;"高速公路设施"是指高速公路的排水设施、防护构造物、交叉道口、界碑、测桩、安全设施（包括标志、标线、护栏、护网、灯杆、灯具、配电控制柜等）、通讯设施（包括数据传输设备、业务电话系统、指令电话系统、紧急电话系统、电缆光缆外线路系统等）、检测及监控设施（包括场外设备、控制中心设备）、养护设施（包括清扫车、压路机、水车、摊铺机、路缘机等）、服务设施（包括服务区、餐馆、加油站、商店、车辆维修站等）、渡口码头、花草树木、专用房屋等。

高速公路无形资产包括高速公路的经营权、专利权、土地使用权、非专利技术、商誉、高速公路冠名权、出让媒体权等。

如果转让过程中全部资产经营权都转让给企业经营,就称为高速公路资产的完全转让;如果只转让部分资产的经营权,就成为高速公路资产的部分转让,则只有转让部分称为经营性高速公路资产,而没有转让的高速公路资产不能称之为经营性高速公路资产。

（二）国有企业模式、国内投资企业模式和外商投资企业模式

从高速公路资本金来源上可以分为三种模式:国有企业模式（完全国有和国有控股）、国内投资企业模式（民营企业）和外商投资企业模式。国有企业模式的所有者为各级政府部门和国有企业;外商投资企业模式包含外国企业、中外合资经营企业、外资企业在内的多元投资主体。前者的问题集中于高速公路

经营权本身,后者也存在高速公路经营权问题,但冲突显然更集中于高速公路经营权转让问题上。

(三)高速公路特许经营权转让

经营权转让的方式可以分为两种方式:一是新建项目经营权的转让,以高速公路本身的资产和未来收益做抵押,通过项目融资来筹措资金;二是已经建成的项目,政府通过经营权有偿转让。重要的应用模式具体如下四种:

1. 国有控股的 BOT 模式

国有控股的 BOT 模式是指国家和地方政府采取招投标方式,授权国有控股公司在特许经营期内负责高速公路的建设和运营。国家对特许经营公司参股控制,国有资产的产权由国有控股公司来代表,高速公路归国家所有,特许经营公司拥有经营权,公司不再隶属于政府机构,是独立的法人实体,完全按照商业化经营。其运营主体主要是省级高速公路有限责任公司。目前除了辽宁、新疆、青海、宁夏、内蒙古等少数省区以外,大多数省份均成立了省级高速公路有限责任公司,试图利用经营机制发展高速公路事业,这在一定程度上反映了我国高速公路发展的趋向。目前,我国实行收费经营制度的高速公路中,至少有50% 的高速公路是由省级高速公路有限责任公司直接进行运营管理,或通过控股和参股间接运营管理的。采用国有控股的 BOT 模式可以加强国家对高速公路建设的宏观调控能力,稳固国家对国道主干线和国防项目的控制地位;国家出资增加了项目公司各方对投资的信心和决心,更容易吸引民间资本,同时有效地规避 BOT 项目的风险;国有控股公司代表国家执行投资和资产运营管理职能,可以保证国有资产保值增值,避免高速公路国有资产流失;有利于改变现有经营性收费高速公路"一路一公司"的局面,形成大的企业集团,引导高速公路管理由粗放无序向规范、集约型转轨。

2. 内资(民营)BOT 模式

经营性收费高速公路内资 BOT 模式,是指利用非中央和地方政府投资采用 BOT 模式建设运营高速公路项目,其中"内资"主要是包括国有企业、民营企业和个人的投资。我国主要是在各省的统一规划下采用内资 BOT 模式修建省内的高速公路干线,特别是通往地方的支线,以使得国家的干道更好的发挥作用;既可以由地方政府出一部分资金入股,由国有企业及民营企业或个人出一部分资金入股,也可以完全由运行效益好的国有企业和民营企业及个人共同投资,优势互补,风险分担。如福建刺桐大桥采用的是公司型合资结构,4家公司(名流实业股份有限公司、福建省交通投资有限公司、福建省高速公路开发总公司、泉州市路桥开发总公司)于1994年5月28日以60%、15%、15%、10%的比例出资,注册成立具有独立的企业法人资格的泉州刺桐大桥投资开发有限公司。投资开发有限公司获得刺桐大桥为期30年(含建设期)的大桥建设经营特许权合同。

经营性收费高速公路采用内资BOT模式可以正确引导和充分利用国内资金投向高速公路基础设施建设,带动多个相关产业的发展,促进地方经济;有助于形成国内的大型企业集团,如前述的名流实业股份有限公司就是由泉州市15家经济实力较强的民营企业联合组成的;此外内资BOT模式风险管理比外资BOT模式容易,便于签订高速公路特许经营合同。

3. 外资BOT模式

外资BOT模式是以外方投资为主组成的项目公司获得收费高速公路的经营权,也就是我们平时所指的一般意义上的BOT方式。主要优点在于项目所需建设资金主要由外商解决,无须政府投资;有利于我国学习国外先进的设计、施工、生产技术和项目管理经验。由于我国目前尚处于BOT试点阶段,国家计委规定,一律以外商独资模式组建项目公司,但是随着我们对BOT方式的了解逐渐深入,应考虑采取合资BOT方式建设收费高速公路。

4. 转让收费高速公路经营权的TOT方式

TOT方式是一种所有权和经营权相分离的模式。即交通主管部门将鼓励基础设施租赁给投资者。采用TOT方式,转让我国收费高速公路的经营权主要是指转让高速公路收费权。通过TOT模式,政府可以回收建设资金,同时也解决了运营主体的问题。

《高速公路法》对高速公路收费权转让的定义:由县级以上地方人民政府交通主管部门利用贷款或者向企业、个人集资建成的高速公路,其收费权依法有偿转让给国内外经营组织经营的权利。通过有偿转让高速公路收费权的方式可以盘活高速公路资产存量,可以实现"以路养路、滚动发展"的良性循环;有利于迅速获得大量资金,缓解资金短缺的矛盾、减少政府的财政压力和债务压力;按现有的有关法规,以偿还债务为目标的非经营性收费的年限明显要短于经营性收费的特许年限,因此在非经营性收费高速公路实行经营权转让后,高速公路建设可以得到政策差价带来的额外资金收益;引资的成功率较高,是一种方便快捷的融资方式。如西临高速公路以 3 亿元将 20 年的经营权转让给香港越秀公司,西临高速经营权成功转让成为高速公路经营权转让的典范。

采用转让收费高速公路经营权的 TOT 方式,是实现"政企分开",改变我国现行的收费高速公路"双轨制",解决我国现有政府还贷收费高速公路的善后问题的方法之一。我们明确"收费权转让"不是投资行为,不涉及产权,有租赁性质,可以采用招投标等方式,将我国现有地方政府经营的收费还贷高速公路的经营权在一定特许经营期限内转让给收费高速公路公司,特许经营所得用于还贷和公益性高速公路建设。

第二节　高速公路资产运营管理基础理论

一、公共物品理论

按照是否具有非竞争性和非排他性的特征,整个社会产品可分为公共产品和私人产品。在我们的经济生活中,纯粹的公共产品是很少的,大部分产品是介于两者之间的准公共物品。即既带有公共物品的特征,又带有私人产品的特征。从严格意义上讲,高速公路是具有准公共产品特征的混合产品。

长期以来,高速公路被看做一种纯公共物品,具有非竞争性和非排他性,属于应该由政府(包括中央政府和地方政府)免费提供的一种基础设施。但是近年来,随着我国收费高速公路事业的蓬勃发展,人们对高速公路的公共物品属性逐渐产生了一定程度的怀疑,同时业内人士也对高速公路属性进行了较多的理论探讨,对各类高速公路的经济属性有了更新的认识。一般认为,免费高速公路属于"纯公共物品",而收费高速公路则属于"准公共物品"。就经营性高速公路而言,其更具有有限非竞争性和局部排他性的特征,属于一种可以"市场化"的准公共物品。

(一)高速公路具有有限非竞争性

所谓非竞争性,是指一旦公共物品被提供,增加一个人的消费不会减少其他任何消费者的受益,也不会增加社会成本,即新增消费者使用该产品的边际成本为零。在对公共物品的消费上,每个人获得相同的效用,一个人对公共物品的消费不会影响或妨碍他人对这一物品的消费,因此,公共物品具有非竞争性。

对经营性高速公路而言,其具有"有限非竞争性",而不是完全非竞争性。所谓有限非竞争性,是指在一定的消费容量下,单个会员对物品的消费不会影响或减少其他会员对同一物品的消费,然而一旦超过临界点,过多的会员加入,非竞争性就会消失,拥挤就会出现,从而消费者之间就产生了矛盾,每增加一个消费者都会带来成本的增加。对一条高速公路而言,在容量没有达到饱和之前,某个使用者对高速公路的使用并不会影响其他消费者对高速公路的使用。但是,一旦容量饱和以后,每一个使用者都会对其他的使用者产生负面影响,也就是说,此时每一个高速公路使用者都会产生一定的外部成本。因此,从这一角度出发,高速公路具有有限非竞争性,应该设置一定的制度措施对其使用进行限制。

(二)高速公路具有局部排他性,是一种"俱乐部"物品

公共物品一般都具有非排他性特征。非排他性是指产品一旦被提供出来,就不可能排除任何人对它不付代价的消费(最起码从合理成本的角度来看是如此的),也就是说,人们对公共物品的消费是可以免费获得的。这一方面是因为在技术上不具备排除的可行性;另一方面是因为经济上不具备排除的必要性,即尽管在技术上具有排除的可能,但是因为排除的费用过高而得不偿失,从而显得没有必要。例如海上的"灯塔"是无法向过往的船只收取费用的。由于消费上的非排他性,因此对于每一个潜在的消费者而言,都存在着"搭便车"的侥幸心理,谁也不愿意付费购买具有非排他性的物品,市场机制在此失灵,这类物品只能由政府提供。

对高速公路而言,其具有"局部的排他性"。局部排他性是俱乐部物品的典型特征,俱乐部物品对于俱乐部全体成员(由具有某种资格并遵守俱乐部规则的单个成员组成)来说是非排他的,但是对于非俱乐部成员来说,则是排他的。

对于高速公路而言,就属于一种典型的俱乐部物品,具有局部排他性,它可以通过设立站点对具有一定资格的消费者(例如支付了一定费用的消费者)允许使用,而对不具有资格的消费者则限制使用。正是由于经营性高速

公路具有有限非竞争性和局部排他性的特征,才使得经营性高速公路不同于一般的公共物品,而是一种准公共物品;也就是说,经营性高速公路的生产和消费过程可以引入市场机制。这就使经营性高速公路收费制度的实施具备了理论前提。

二、产权理论

马克思的产权理论是建立在唯物史观的基础上的。马克思产权理论认为,在一定社会条件下,由于生产力发展水平的不同,导致了不同程度的分工,进而出现了与不同程度的分工相适应的所有制形式。随着生产力的不断提高和分工的不断发展。封建所有制逐渐解体,生产资料的资本主义所有制生成和发展了起来。对所有制来说,有决定意义的是实际占有,但"在社会发展某个很早的阶段,产生了这样一种需要:把每天重复着的生产、分配和交换用一个共同规则约束起来,借以使个人服从生产和交换的共同条件。这个规则首先表现为习惯,后来便成了法律"①;由于社会赋予实际占有以法律的规定,实际占有才具有合法占有的性质,才具有私有财产的性质。在马克思看来,所有制的法律形态就是所有权。这样马克思就建立了他研究产权问题的历史唯物主义理论框架,即生产力—分工—所有制—所有权,从而奠定了马克思作为产权理论学家的历史地位。由于马克思产权理论是建立在唯物史观的基础上,真正经得起实践检验的科学理论,因而对社会经济关系和经济的运行起着重要的指导作用。具体来说,马克思产权的基本功能主要体现在以下四个方面。

(一)产权对效率的影响

效率问题是经济学研究的一个中心问题,马克思主义经济学和西方经济学都对效率问题进行了深入的研究。

在西方经济学中,效率是指资源的配置问题,帕累托最优状态(指社会资源的配置达到这样一种状态:资源配置的任何改变都不可能使任何一个人的收入增加而不使另一个人的收入减少)是效率追求的最高目标。以科斯为代表的现代西方产权学派将外部影响内部化,从而有效提高资源的配置效率被看成是产权的一个基本功能,即"产权的一个重要功能是引导人们实现将外部性较

① 《马克思恩格斯选集》第三卷,人民出版社1995年版,第538~539页。

大地内部化的激励"①。科斯在其论文《社会成本问题》一文中,通过对牧场主走失的牛践踏了农夫的谷物,从而给农夫带来了负的外部影响的分析,得出了通过自由市场的途径来解决外部问题,能够实现资源有效配置的结论。科斯认为,只要产权的界定是清晰的,那么就不会出现私人成本偏离社会成本的情形。② 如果交易成本很小,就可以通过市场的交易活动来实现资源的有效配置。这种外部影响的内部化在实际的操作中主要有两种方式:一是合并法,即将几个交易的主体合并成一个主体,这样就不再需要交易,从而也就消灭了资源配置扭曲的可能性;二是使用规定财产权法,即明确规定谁有损害或保护自己不受损害的权利,没有权利的一方可以通过市场交易,向拥有权利的一方购买,这实质上是引入市场,使外部性在产权界定的基础上重新回到市场中来。

(二)产权有助于人们在交易时形成合理的预期

在一个资源稀缺的现实世界里,清晰的产权界定可以帮助一个人形成他与其他人进行交易时的合理预期,从而有助于资源的有效配置,反之,如果产权界定不清,就无法对利益关系作出合理的预期,并最终导致当事人失去动力,无法实现资源的有效配置。正如现代西方产权学派的重要代表人物哈罗德·德姆塞茨(Harold Demsetz)所认为的那样:"产权有助于形成一个人在同他人的交易中能够合理持有的预期,这种预期通过法律、习俗以及社会道德等等表达出来。"③ E. G. 菲吕博腾和 S. 佩乔维奇也认为,"产权的内容是如何以特定的和可以预期的方式来影响资源的配置和使用的",如果"对预期的方式没有把握,就不能发展出关于不同的产权安排,对共同体的经济活动的水平与特征的影响,在分析上很重要而在实证上可以反驳的主张"④。

产权所具有的预期作用,不仅得到了现代西方产权经济学的认可,而且在马克思的产权理论中也得到了充分的体现。马克思认为:"商品不能自己到市

---

① Demsetz,Harold(1967), "Toward a Theory of Property Rights", *The American Economic Review*, Vol. 57, No. 2,Papers and Proceeding of the Seventy – Ninth Annual Meeting of the American Economic Association.

② Coase,R. H. (1960), "The Problem of Social Cost", *Journal of Law and Economics*, Vol. 3.

③ Demsetz,Harold(1967), "Toward a Theory of Property Rights", *The American Economic Review*, Vol. 57, No. 2, p. 3487,Papers and Proceeding of the Seventy – Ninth Annual Meeting of the American Economic Association.

④ E. G. 菲吕博腾、S. 佩乔维奇:《产权与经济理论:近期文献的一个综述》,《财产权利与制度变迁》(中译本),上海三联书店 1994 年版,第 204 页。

场中去,不能自己去交换。因此,我们必须找寻它的监护人,商品占有者。商品是物,所以不能反抗人。如果它不乐意,人可以使用强力,换句话说,把它拿走。为了使这些物作为商品彼此发生关系,商品监护人必须作为有自己的意志体现在这些物中的人彼此发生关系,因此,一方只有符合另一方的意志,就是说每一方只有通过双方共同一致的意志行为,才能让渡自己的商品,占有别人的商品。"①由此可以看出,马克思指出了商品交换能够进行的一个必要条件是"一方只有符合另一方的意志",也就是说,只有符合了自己的预期,交易才有可能发生。如果一方无法符合另一方的意志,也就是无法实现自己的合理预期,那么交易就不会发生。而要想使自己合理的预期能够得到满足,即"一方只有符合另一方的意志",那么,"他们必须彼此承认对方是私有者",因为只有这样,才能清晰地界定人们之间的权利边界,才能"使让渡成为相互的让渡",使商品交换成为现实,最终实现资源的有效配置。②

（三）产权的激励作用

在马克思产权理论中,"财产关系只是生产关系的法律用语"。马克思通过对资本主义社会的产权关系和利益关系进行的研究,发现了在以私有制为基础的资本主义所有制关系条件下,资本主义的产权制度严重阻碍了资本主义生产力的发展,资本主义私有制本身所固有的矛盾妨碍了工人阶级利益的实现,从而论证了资本主义社会的产权形式已失去了它应有的激励作用,无法实现资源的有效配置。马克思的分析说明,为了进一步解放生产力,充分发挥产权的激励作用,实现资源的有效配置,就必须变革和调整资本主义社会的产权关系,消灭私有制,即生产关系或财产关系"由生产力的发展形式变成生产力的桎梏。那时社会革命的时代就到来了"③。

高速公路产权是产权持有者对高速公路的一系列权利(或称权利束),即持有者对高速公路经营利用的控制程度和享有该高速公路所产生经济利益的范围;产权制度是对财产权利在高速公路配置的经济活动中表现出来的各种权能加以分解和规范的法律制度,界定了所有者、使用者以及其他人对高速公路的权利,对各种经济活动主体在产权关系中的权利、责任和义务进行合理有效地组合、调节

①　《资本论》第一卷,人民出版社2004年版,第103页。
②　《资本论》第一卷,人民出版社2004年版,第103~107页。
③　《马克思恩格斯选集》第二卷,人民出版社1995年版,第32~33页。

的制度安排。产权制度的核心是通过对高速公路的所有者和经营者的产权分割和权益界定,使产权明晰化,以实现资产的优化配置。只要存在一个竞争资产运营的市场体系,在产权边界清晰的条件下,产权主体可以自由进行市场交易,那么就可以实现资产的有效配置,这也是产权理论的最重要的现实意义。

三、委托代理理论

委托代理关系起源于"专业化"的存在。当存在"专业化"时,就可能出现一种关系,在这种关系中,代理人由于相对优势而代表委托人行动。现代意义的委托代理概念最早是由罗斯(Ross. S.,1973)提出的:"如果当事人双方,其中代理人一方代表委托人一方的利益行使某些决策权,则代理关系就随之产生了。"

该理论认为,委托代理行为分完全委托与不完全委托、完全代理与不完全代理。完全委托是指委托人所委托的任务是相容的,即委托人的目标函数是一致并且是唯一的,委托人之间不存在利益冲突,并且委托人可以自由进入或退出委托—代理关系;而将相反的情况,即所委托的任务是不相容的,委托人的目标函数是多重的,委托人之间存在着利益冲突,并且委托人不可以自由退出,其他人也不能自由进入委托代理关系,称为不完全委托。完全代理是指代理人所代理事项是相容的,即代理的目标函数是唯一的,代理人之间不存在利益冲突,并且代理人可以自由进入或退出委托代理关系的代理行为;而将相反的情况,即代理任务是不相容的,代理人之间存在着利益冲突,并且代理人无法自由退出,其他人也无法自由进入委托代理关系的代理行为称为不完全代理。

按照委托或代理完全性进行组合,可以得到以下四种委托—代理模型。

①不完全委托—完全代理。这种关系中,信息分布向着有利于代理人的方向倾斜,容易发生代理人的"隐蔽行动"现象,而不容易发生委托人的"隐蔽信息"。

②完全代理—完全委托。这种关系中,委托、代理均是"完全行为",信息"相对对称",不易发生委托人的"隐蔽信息",也不易发生代理人的"隐蔽行动",此委托代理关系是最理想、最稳定的。

③完全委托—不完全代理。这种关系中,信息的分布向着有利于委托人的方向倾斜,容易发生委托人"隐蔽信息",而不容易发生代理人"隐蔽行动"。

④不完全委托—不完全代理:这种关系中,由于委托和代理均属"不完全

行为",因而无论是对委托人来说还是对代理人来说,都缺乏有效方法来掌握对方的足够信息,这种现象有人称为"信息死角",此委托代理关系是无效的。

就目前我国高速公路资产管理状况来看,其委托代理关系属于"不完全委托—不完全代理"的组合,是一种低效率的委托—代理关系。如果我们深入到国家作为所有者的实现形式去具体分析,不难发现,高速公路资产所有权实际是处于"分裂状态",其所有者职能被众多职能部门所肢解,由不同职能部门分别代表。先看委托人,作为对高速公路的委托,既有各交通管理部门,又有国有资产管理委员会,各部门的目标函数不一致,出现表面上"多头委托",而实际上却"无人委托",属于典型的"不完全委托"。再看代理人,作为代理人的各高速公路运营主体,多数是依附于政府交通管理部门,均授命于上级,因而也属于"不完全代理"。因此,整合委托人,规范代理人,理顺高速公路资产的委托代理关系,使之建立一套科学合理"完全委托—完全代理"的委托代理制度,成为我国高速公路资产运营改革的必然选择。

在市场占主导的高速公路项目投资体制中,由于政府受财力所限,没有足够的实力投资建设高速公路,因此具有资金优势的社会各种投资主体进入到高速公路投资建设领域,从而形成委托代理关系。投资主体从建设施工到运营收费,对项目建设的全过程进行管理。在项目建成后的运营阶段,自行组织项目的收费运营。通常在一个省内的不同高速公路项目是由不同投资者组建的项目公司进行运营管理,同一条高速公路也大多是分段建设,形成了一路一公司的分散管理模式。各个投资主体建立各自独立的收费系统,各条路分别建立自己的收费路段的主线收费站。

虽然高速公路项目的投融资体制已转向市场主导,投资主体从单一政府统包统揽逐步向多元投资过渡,投资利益关系由政府所有、统一经营,向明晰权益、授权经营方向发展,但由于政府与高速公路投资者,即委托人与代理人之间的行为目标往往不完全一致,使得高速公路的投资建设中出现了诸多问题。如果把代理关系中委托人与代理人视为交易双方时,其基本行为假定自然就是理性行为主体的利益或效用最大化。无论何种行为主体都将进行既定制度结构下的利益与成本的比较和计算,并追求尽可能大的净收益,委托—代理关系双方分别有各自的利益和追求。

但由于人的"有限理性"和"机会主义行为"的存在,高速公路投资者不可能完全掌握代理契约的有关信息,市场机制本身不可能产生足够的信息并予以有效配置,就使政府和高速公路投资者之间的委托代理关系总是处于一种不完全信息状态。这将造成有关投融资及管理的众多措施仍在传统体制的框架中进行,以政府为主控制投资、建设、管理活动全过程的计划型体制不能得到根本转变,投融资及管理体制也存在不少深层次矛盾,没有实现良性运转,投融资改革的市场化目标还没有真正达到。

就政府而言,它是高速公路资产的最终所有人,是交易关系中的委托方,通过委托高速公路投资者在一定期限内进行建设、收费运营管理,在经营期结束后由政府将高速公路收回,并由政府统一进行管理。因此政府的目标是高标准、高规模地建设高速公路,畅通运营,要求高速公路路面的平整度与及时的养护维修,要求投资者以最大的努力去完成这个目标。这是政府的"最大化偏好"。

就投资者而言,他们通过投资高速公路项目,通过公路建设、收费管理来行使自己投资者的权利,并获取回报。但高速公路投资者也是最大合理效用的追求者,其具体行为目标与委托人——政府,并不一致。他们的目标是投资回报。他们以尽可能少的花费达到道路的正常运营目的,降低运营成本和养护维修费用。以车辆能通行为目的,对路面的平整度要求不高。他们在建设规模和建设质量上,以尽可能少的投资实现高速公路的收费。这是高速公路投资者的"最大化偏好"。

在政府和高速公路投资者之间的"最大化偏好"不一致的情况下,会出现道德风险等问题,造成投资者主体地位没有形成,权利未能全部行使,项目投资缺乏政府的有效监管和协调统一等问题。

①委托人道德风险

在委托代理人的模型中,讨论较多的是代理人道德风险问题。实际上,委托人也同样存在道德风险。所谓道德风险,是指从事经济活动的人在最大限度地增进自身效用时作出不利于他人的行动。由于委托人与代理人目标效用函数的不完全一致性,在许多委托代理关系中,有关代理人业绩的信息是非对称的。其度量存在很大的主观随意性。代理人可能无法观测到委托人观测到的东西。在这种情况下,就存在委托人的道德风险问题。

对于高速公路资产,由于投资者受专业所限,无法判断高速公路资产的规模、设计标准应达到什么程度,因此在实际建设过程中,往往为了达到委托人的目的,而超标准、超规模地建设了高速公路。目前全国的高速公路基本上是采取交通主管部门属的高速公路公司作为项目的发起人进行招商,由高速公路公司与其他投资者共同合资组建项目公司,政府通过国有公司控制社会高速公路投资者,使其按照政府的目标进行建设和运营管理。由于政府介入高速公路的投资,各省的高速公路公司具有一定意义的行业投资垄断地位。

②代理人的道德风险

由于委托人与代理人目标效用函数的不完全一致性,因而当代理人可以在一系列行为组合{a}中选择行动 a 时,尽管较大的 a 也对应较大的产出水平或代理效果,但较大的 a 也对应代理人在代理过程中较多的劳动付出,因而代理人不一定会选择给委托人带来最大效用的 a^*。相反,他会选择使自身效用最大化的 a_1。

③监督协调机制和政府部门的监管

存在委托—代理关系就无法避免监督问题。事实上,在非对称信息的情况下,委托人对代理人信息的了解程度可以由委托人自己选择。对高速公路资产运营来说,通过建立相应的机制进行监管,这样委托人可以在一定程度上更多地了解代理人的信息,从而加强对代理人的激励和监督。在资产运营管理阶段,在以市场为主导的投资体制下,政府和高速公路投资主体之间的目标不一致,难以整体协调,造成各项目公司各管一段,各家自扫门前雪的现象,使得高速公路畅通、高效的特点没有体现。有些地方同一路线上多个公司并存,互相独立,分散收费,影响畅通。同时各公司不愿意进行沟通,遇到突发事件封闭高速公路时,各个公司都只顾自身的利益,造成车辆滞留,社会反响恶劣。

第三节　高速公路资产运营主体与运营目标

一、高速公路资产运营主体

(一)运营主体的界定

高速公路资产运营主体是高速公路资产健康、有效运营的关键。伴随着我国高速公路建设事业的快速发展,高速公路建设投融资体制已从计划经济体制下的投资主体单一、资金渠道唯一,发展到筹资方式多样化、投资主体多元化,而投资主体的多元化必然带来运营主体的多样性。

高速公路资产运营主体,是指受投资主体委托,参与高速公路资产管理和经营的高速公路资产管理权主体和经营权主体。按所经营的高速公路资产投资主体和管理体制的不同,可将高速公路资产运营主体分为下面三种:事业单位型运营主体,企业单位型运营主体和事业单位企业化运营主体。

事业单位型运营主体和事业单位企业化运营主体,一般负责以政府为投资主体的高速公路资产的运营机构,二者差别在具体的管理制度上。在以上两种模式的高速公路资产运营中,国有资产管理机构是以政府为投资主体的高速公路资产运营主体,它是受国家委托作为国有资产所有者或出资人的集中代表,行使国有资产的所有者或出资人职能,负责国有高速公路资产的宏观经营或总体经营,同时也是高速公路资产的产权经营机构,如河北省交通厅项目办运营管理模式。

企业单位型运营主体一般为以私人投资为主体的高速公路资产的运营机构。直接承担高速公路资产经营和服务的各类企业,如河北省交通厅高速公路管理局运营管理模式等。

(二)运营主体的性质与运营特征

由于高速公路资产运营主体所运营对象——运营客体的不同,投资主体性质与管理制度的不同,决定了高速公路资产运营主体本身性质与运营特征不同。

1. 事业单位型运营主体

高速公路资产运营的事业单位型主体,其基本组织形式是特殊法人。作为相对独立的法人单位,在政府和国有资产经营管理机构的宏观政策、计划和战略的指导和约束下,具体组织和实施各方面不同目标导向(生态、经济和社会目标)的高速公路资产经营活动。在形式上,它们属于政府行政序列,具有政府身份,而且具有相对独立的法人单位,或者说是一种特殊的"国有资本投资公司"。在职能上,它们既要坚决执行政府和国有资产经营管理机构的宏观政策、计划和战略,又要相对独立地贯彻资本经营的一般原则,积极有效地实施高速公路资产经营活动。在行为关系上,它们既是高速公路资产管理机构的指令执行人,又是相对特殊的法人单位和国有资本所有者或出资人的直接授权代表,还是相关企业的直接出资人。

事业单位型运营主体在资产核算中采取统收统支的形式,实行收支两条线:通行费收入全额上交上级主管部门,养护管理费用根据年度计划由上级主管部门审批划拨。目前,我国大多数省份的高速公路管理机构实施这种运营体制,如河北省交通厅项目办、辽宁省高速公路管理局,广西壮族自治区高速公路管理局等等。

　　事业单位型运营管理主体模式是计划经济体制延续下来的一种运营管理模式,在这一模式下,国家的生产资料所有者职能、宏观经济管理职能和社会管理职能三位一体,以行政控制为中介的资产所有权和经营权高度重合,高速公路收费统一上缴财政,用款统一拨付,亏损由国家统一补贴。领导者不承担国有资产保值、增值和亏损的责任。这一模式表面上看是政府直接在进行项目的管理工作,但实际上构成了政府委托交通部门的关系,是一种内部委托代理关系,体现了一种行政代理特征。政府(交通主管部门)与高速公路管理部门的关系,高速公路管理部门与高速公路运营公司的关系,均是一种直接的命令和服从关系,且缺乏有效的激励机制和约束机制,是通过内部委托代理来管理和监督项目的运营过程。下面运用博弈方法分别对政府和交通主管部门之间的博弈,交通主管部门与高速公路运营公司之间的博弈进行考察。

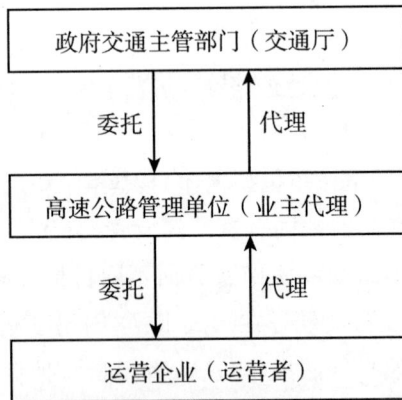

图2-2　内部行政代理模式下各行为主体间的关系

　　首先,在政府交通主管部门与高速公路管理部门之间的博弈过程中,政府交通主管部门希望高速公路管理部门按照自己的利益选择行动,但政府交通管理部门不能直接观察到高速公路管理部门选择了什么样的行动,能看到的只是另外一些变量,这些变量由高速公路管理部门和其他一些因素共同决定,显然存在信息不完全。此外,高速公路管理部门的行政人员在参与博弈时兼有行政法人和自然人的双重身份,作为事业单位,其收入不与项目效益直接挂钩而仅由工资收入组成,其对项目风险持中性态度。另外,代理人的固定工资收入与激励相悖,代理人的风险中性进而强化了固定收入的制度安排,从而博弈分析也证实了事业单位模式下无法解决政府对高速公路管理部门的激励问题。

其次,在高速公路管理部门与运营公司之间的监督博弈过程中,影响高速公路运营效率的主观因素主要来自于管理部门与运营公司间的协作障碍。作为运营公司的监督方,作为政府代理人的高速公路主管部门,有责任消除这种消极影响。如果我们把运营公司的不协作、应付等态度归结为"偷懒"行为,那么就有必要对运营公司的行为和努力程度进行有效的监督和计量。但是,在事业单位型模式下,作为监督者的高速公路主管部门不可能按照监督博弈理论使其具有"剩余索取权",因此也无法解决管理部门对运营公司的有效监督。显然,在现行的市场经济体制下,事业单位管理型模式已不适应形势的发展需求。迫切需要我国高速公路由事业单位管理转向企业化、公司化、市场化运作,以提高高速公路资产的运营效益。

导致上述结果是因为事业单位管理模式本身存在的弊端,即资产的所有权与经营权高度重合,资产所有权和使用经营权仍然归国家统一管理,经营者不能真正承担起对国有资产的保值、增值的责任,经营者只需对上级负责,不必对经营效果负责等等。政府博弈对象是国有企业,他们之间不是对手关系,常表现为内部人之间的利益分配关系,企业谈判者为了达到自身的目标而对政府代表的利益进行购买,政府谈判代表在自己利益得到满足后往往迁就企业谈判要求,从而使国家受损。因此在很大程度上政府与企业之间的博弈,不是真正意义上的不同产权主体之间的博弈。这也是我国运营模式改革进度缓慢的重要原因,体现了改革的必然性。

2. 企业单位型运营主体

企业单位型运营主体一般为负责以私人投资(或许具有国有投资公司的参与)为主体的高速公路资产的运营机构。在形式上,它们不属于政府行政序列,不具有政府身份,而是独立的法人单位。在职能上,它们在国家政策的指导下,独立地贯彻资本运营的一般原则,积极有效地进行资产的经营活动。在行为关系上,在国家法律法规的规范下,以经济效益最大化为原则进行经营活动。

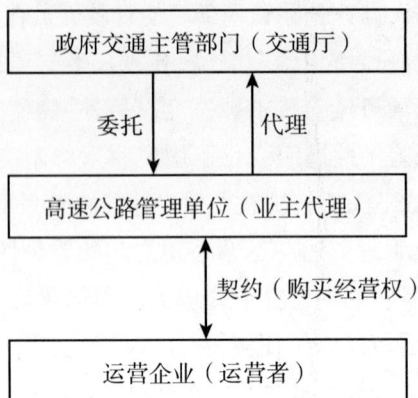

图2-3　特约经营模式下各行为主体间的关系

在资产核算中,企业单位型运营主体完全采用企业公司核算制度,在经济上实行独立核算、自负盈亏,一般实行董事会领导下的总经理负责制。在国内,目前采用此类运行机制的有河北省高速公路管理局下设的各个高速公路有限公司、陕西金秀交通有限公司、京津塘高速公路联合公司等。

3. 事业单位企业化运营主体

事业单位企业化运营主体的性质,在机构设置及经费使用上与事业单位型运营主体基本相同,只是在资产核算上借助公司核算方法的某些优势。此类运营主体一般在高速公路路建成后,由省级交通主管部门组建专门的高速公路管理机构,以企业身份统一对高速公路收费、养护、服务、开发等工作进行企业化

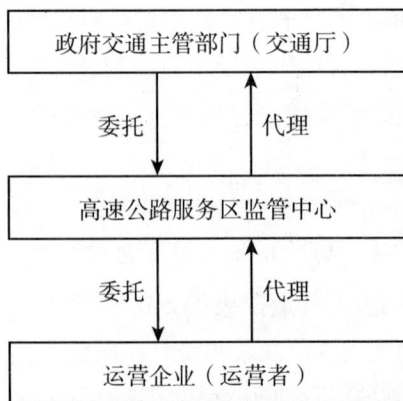

图2-4　内部行政特约经营模式下各行为主体间的关系

经营管理,但是其组织机构仍按行政事业单位的建制配置,对路政、安全等行政管理工作统一进行事业化管理。在国内,如陕西高速公路管理局和广东省高速公路建设总公司就属于此类运营主体。

二、高速公路资产运营目标

高速公路资产运营目标是建立有效的高速公路资产运营体系的依据,同时也是考察和评价高速公路资产运营效益的标准。因此,建立合理的高速资产运营目标是搞好高速公路资产运营评价的前提。

（一）第一层:总战略目标

高速公路资产运营与一般的资产运营不同的是,它不仅关注高速公路资产的保值增值,追求经济效益的最大化,而且还关注通过高速公路资产的保值增值带动整个国民经济的持续发展和为经济社会的持续发展提供环境支撑和生态服务,进而达到社会群体福利的最大化。

高速公路资产运营的总战略目标:为社会提供一个路况良好、安全畅通的高速公路路网,为内部保障一个收费规范、应急高效的高速公路系统,为窗口塑造一支素质优良、技能过硬的高速公路队伍,实现高速公路资产的可持续运营。

（二）第二层:分战略目标

按高速公路的主导功能和作用将高速公路资产运营的总战略目标分为经济效益持续产出和社会效益持续提供两个分战略性目标。正如人们所说的"要想富,先修路",可见高速公路特别是高速公路会带来巨大的经济效益与社会效益。作为具有公共属性的高速公路不同于其他工业产品,它的建设涉及社会和政府效益、运营企业的效益、使用者的收益和效用。当前,高速公路的建设速度迅猛发展,无疑为国民经济腾飞构筑了坚实宽阔的跑道。因此,对它的经济效益和社会效益的分析可以使全社会更清醒地认识到发展高速公路的现实性、必要性、瞻前性和发展性。

1. 通过高速公路获得的直接效益

高速公路建成后,所带来的最重要、最直接的可以用货币形式计量的效益是在运输部门和高速公路使用者方面。

（1）为高速公路经营者带来巨额收益。高速公路越来越成为公众出行方式的首要选择,随着居民生活水平的提高,汽车行业的发展,居民对快速便捷自由出行的需求也越来越大,高速公路通行量飞速增加,于是高速公路通行费收入也随之巨额增加,高速公路经营者也随之而取得了巨额收益。

(2)整体上能促进我国交通运输业的发展。表现为:①更充分地发挥高速公路运输灵活、机动、"从门到门,从户到户"的优势,并且使高速公路运输的平均运距由几十公里提高到几百公里甚至上千公里,改善了高速公路交通运输的结构;②提升各种运输方式紧密衔接程度,对发展海上滚装运输、扩大港口集散运输能力和民航空港覆盖面发挥重要作用;③促进运输组织结构的改善和运输领域的拓展,以及长途卧铺车客运和冷藏保鲜运输、集装箱运输、大件运输等特种运输迅速发展,提高高速公路运输效率。

(3)提高高速公路使用者运输效益。表现为:①降低成本效益。在车辆的运输成本中,燃油消耗一般占30%,也就是说每减少1%的油耗可使成本降低0.3%。解决"油老虎"的问题是车辆使用者的首要问题。高速公路在行驶中能大大节约燃油量。同时,高速公路路面的改善,降低轮胎的磨损程度,延长了轮胎的行驶里程,使每千车公里的轮胎费用减少。②减少拥挤和节约运输时间的效益。由于高速公路的结构要划分车道和设置中间带,可以从根本上改变混合交通的行驶条件,使行驶在高速公路上的车辆大大降低拥挤程度,进一步加快车辆在出车时间内的技术速度,相对增加车辆的纯运行时间,提高出车时间利用率。这不仅为旅客、货物节约在途时间,还能够使车辆生产率有大幅度的提高,最终达到单车利润的上升。

(4)降低交通事故和经济赔偿损失。在车辆行使过程中一旦发生交通事故,给驾驶员本人、行人、货物、高速公路设施等造成的损伤、破坏不堪设想,产生的经济损失也无法估计。因此,业内人士常把交通事故比喻为"车老虎"。由于高速公路划分车道、设置中间带、全部立体交叉和控制进出口、设置安全配置,可以大大提高车辆行驶中的安全系数,最大限度地降低车辆发生事故的隐患,相对减少因交通事故造成的经济损失。除此之外,还能带来缩短行驶里程、提高客运的班车正点率效益。

2. 通过高速公路获得的社会效益

修建高速公路不仅给交通运输行业自身增加了经济效益,同时也促进了区域经济和社会经济的发展。

(1)加速卫星城的发展,促进大城市人口的合理分布。高速公路把城市或人口相对密集的地区紧密连接,把若干"点"连成线,大大提升沿线城市之间的互补优势。同时,由于快速、便捷的交通条件,也促使大城市人口的合理分布。

(2)道路的畅通为旅游业发展依赖的运输业提供便利条件。当前,旅游活动已逐渐成为人们日常活动的重要内容。利用高速公路把沿线已经有的旅游资源进行整合和拓展,形成高速公路特色的旅游景观,形成高速公路旅游景区优势。高速公路不仅能促进沿线旅游景点的开发建设,也可以促进旅游人数及旅游收入的增加。

(3)改善投资环境,促进沿线产业经济带的发展。高速公路的贯通改善了沿线的投资环境,推动了以各条线路为轴线的经济活跃带状区域的形成。对促进沿线地区的农村改造以及农村转化为小城镇的建设起到非常重要的作用,并且为这些地区创造了吸引资金、技术、劳动力等条件,使乡镇企业有了产生和发展能力。同时,为提升当地农民的整体素质、改善农民的生存环境、增加农民的经济收入、提高农民的生活水平奠定了坚实的基础。

(4)促进地区间经济合作,发展区域经济。建成高速公路后,带来的不仅仅是人流、物流的增加和发展,同样也给商业流、金融流、信息流、文化流的发展带来巨大的市场潜力,极大地促进了地区间经济合作。由于新型小城镇群体的出现和聚集,逐渐形成一批金融、保险、商业、运输、饮食、医疗等相关行业支柱产业或骨干企业,使沿线地区的产业结构得到进一步优化。

(5)增加地区人口就业机会。在畅通的高速公路沿线,由于交通条件的明显改善,为物流、贸易市场开发,提供了良好的通道。在高速公路用地范围内能够建立起设施齐全的各种专业物资批发贸易市场,健全管理机制,可以快速集中物资、快速发送物资,促进物资交换和运输活动的频繁进行,在提高物流经济效益的同时,也促进了地区就业。另外高速公路修建与开通,为提升当地农民的整体素质、改善农民的生存环境、增加农民的经济收入、提高农民的生活水平奠定了坚实的基础。

据有关资料测算,我国每亿元高速公路的建设投资,能直接带动社会总产出近3亿元。因此,高速公路的经济效益,不仅反映在交通运输行业本身,给社会带来的巨大效益也已经远远超出了交通运输行业的自身。高速公路的发展还促进了整个社会的进步,提高了整个社会的现代文明程度。

第三章　高速公路资产运营管理体制及机构

第一节　中国高速公路运营管理体制

一、高速公路资产运营管理体制的内涵

随着我国高速公路的快速发展,高速公路管理体制越来越被人们所重视。从广义上来说高速公路管理体制包括高速公路建设体制、高速公路运营体制、高速公路养护体制、高速公路监管体制、高速公路投融资体制等内容,涉及高速公路的方方面面,是一个庞大的机制系统。而从狭义上,高速公路管理体制主要指高速公路资产运营体制,指的是高速公路的管理机构设置及其管理权限的划分制度。高速公路管理体制对于高速公路的发展具有重要意义。

(一)高速公路管理体制决定着未来高速公路的发展空间

到2006年,我国高速公路建成逾4万公里,居世界第二位。2004年,《国家高速公路规划网》又提出了"7918"高速公路网规划方案,我国高速公路建设任重而道远。高速公路的发展必然要求有适应其运营规律和特点的管理体制作保障,为高速公路的更进一步发展提供资金、技术和管理。相反,如果管理体制落后,将会产生许多矛盾和问题,形成对高速公路进一步发展的体制性障碍,制约我国高速公路发展目标的实现。近年来我国高速公路管理体制的快速发展,其根本原因在于我国高速公路的高速发展。

(二)高速公路管理体制直接影响到高速公路功能和优势的发挥

高速公路是现代化交通设施,具有通行能力强、速度快、服务功能完善、科技含量高的特点,它全封闭、全立交,与一般公路完全不同,必须有科学的管理体制,才能保障其优势和功能的发挥。相反,如果管理体制不顺,管理水平落

后,就会产生政出多门、职责交叉、多头管理、互相扯皮,就会极大地影响高速公路优势的正常发挥,难以实现高速公路快速、高效、安全、畅通的功能,不能达到高速公路资源的充分利用。

二、高速公路资产运营管理体制演进历程及发展趋势

从我国高速公路管理体制的演变过程来看,可以大致划分为三个阶段:

(一)起步阶段

1988 年 10 月 31 日,上海沪嘉高速公路建成通车,虽然仅有短短的 18 公里,但从此结束了我国没有高速公路的历史。之后,全国各省市、区都开始着手建设高速公路。1990 年 9 月 1 日,全长 375 公里,横跨 5 个地市的沈大高速公路全线通车,我国大规模建设高速公路的序幕缓缓拉开。这一时期高速公路建设的主要特点是投资主体单一化和管理主体多元化。1992 年之前各省通车的第一批高速公路,基本上都是以养路费、车购费及少量财政拨款为主要来源并吸收少量银行贷款投资建设的,省级交通主管部门为投资主体,建成后的高速公路的运营管理机构绝大部分由原负责建设机构过渡形成,为事业单位。这一阶段,高速公路作为新生事物刚刚展现在人们面前,如何正确认识、怎样准确把握其规律和特性,无论是在经验上还是在理论上都准备不足。交通部门对高速公路管理的重点内容实际上是以建设为主,而建设之后的运营管理内容主要是收费管理。由于缺乏高速公路管理经验,在行政管理上仍然沿袭普通公路的管理职能模式,在路政管理及交通安全等管理过程中表现出多家上路、多头执法、交叉管理的现象。

(二)探索阶段

这一阶段开始于 1992 年,我国大部分省份都已开展高速公路建设并分路段投入使用,高速公路管理中政出多门、职能交叉、管理低效等问题日益突出。为理顺关系、协调矛盾,1992 年国务院办公厅印发了国办发[1992]16 号文件,鉴于多部门管理产生的种种弊端,明确规定:"高速公路交通安全管理组织机构形式,由各省、自治区、直辖市人民政府根据当地实际情况确定,暂不做全国统一规定。"此后全国各地在高速公路行政执法管理上大部分试行了交通安全与路政执法由公安交通主管部门与交通主管部门统一组建、双重领导、联合执法的管理模式。经过一段时期的尝试、磨合,虽有一定的改善,但终因部门交叉

管理问题没有根本解决而流于形式,至目前除个别高速公路仍实行联合行政模式以外,其余皆恢复原状。这一阶段在运营管理上没有大的改变,仍然是以抓收费管理为主,管理体制也都实行事业管理或事业单位企业化管理。

（三）多元化阶段

自20世纪90年代中期始,高速公路投融资渠道进一步拓宽,股市融资、国内外经济组织投资、外商独资、经营权转让等多层次、多元化融资体制极大地促进了高速公路的发展,投融资体制的多元化形成了高速公路产权结构的多元化,进而要求高速公路经营组织形式和经营目标向多样化转变。经过近几年来的探索和发展,全国涌现出行政事业型、企业管理型、企事混合型等各种不同的高速公路管理体制和管理模式。①

三、高速公路管理体制现状

高速公路运营管理工作的质量和效果,首先取决于一个高效完善的机构。这个机构应当具有稳定的组织形态、合理的运行机制、明确的职责分工和有效的管理力度,这样才能保证高速公路管理的高效运营。

近年来,随着经济体制改革的深化,我国各省、市依据自己的实际情况,在高速公路运营管理机构的建设上进行了大胆的探索与改革,积累了很多宝贵的经验。人们逐步认识到,随着社会主义市场经济体制的逐步建立和多种融资方式的不断引入,原有计划经济体制下形成的高速公路运营管理模式已愈来愈不能适应多元化投资主体改革发展的需要,必须寻求新的适应市场经济体制的组织管理模式。

在研究和探讨高速公路管理体制改革的过程中,必然遇到这样一个问题:在一定时期内,我国高速公路具有两种属性,即公益性和商品性。公益性高速公路是以公益服务为宗旨的,依托国家政府的重视和各项扶持政策,有着较稳定的建设资金来源和固定的养护管理经费匹配。具有商品属性的经营性高速公路是在社会主义市场经济条件下,通过多渠道融资建设,并按照价值规律管理和经营的高速公路。商品属性高速公路的形成,是社会发展的必然产物,同时也为我们探索研究高速公路运营管理提供了新的领域和依据。

---

① "演进过程"参阅了长安大学张金榜的硕士论文《我国高速公路管理体制研究》,2005年。

(一)我国高速公路管理体制与现状

高速公路管理体制是指能够保证高速公路运营管理活动有效开展的组织形式和运作机制,它包括管理机构(人员)、管理规则和运行机制三个基本要素。

1988年上海至嘉定高速公路建成通车,结束了我国大陆没有高速公路的历史。从20世纪90年代开始,中国进入了高速公路建设快速发展的时期,尤其是1998年中国实施积极的财政政策以来,中国高速公路建设投资数量之大、开工项目之多举世瞩目。

一直以来,高速公路工作重点主要放在建设上,而运营管理工作基础较为薄弱。如何管理好高速公路,既要学习和引进技术,同时也需要有一个经验积累的过程。近年来,交通部及各省、市地方政府根据各自的实际情况,对高速公路运营管理的组织形式曾进行了不同的探索,形成了多种模式并存的局面,而各种模式间也有很多交叉和相容的部分。这里列举几种主要的类型。

1. 按管理权限划分

高速公路按管理权限划分,一般可分为集中管理型和分线管理型两大类。

(1)集中管理型:按照行政区划成立省(市)级专门机构实行统一的管理机构,这是目前比较认同的做法。按这种模式将管理重心放在资金、技术、实力比较强的省一级,有利于加强高速公路的统筹管理和领导,有利于充分发挥高速公路的投资效益和运营效益。如陕西、辽宁、山东、山西等省在交通厅领导下,成立了专门从事高速公路经营管理的机构,初步形成了高速公路的集中统一管理。但这种体制形成了"一省两局"并存,在现有管理体制下,业务存在一定交叉,两局间的协调较为困难。

(2)分线管理型:按高速公路的不同路段及其不同的投资建设模式,分别成立专门的管理机构,就是通常所说的"一路一公司"或"一路一局(处)"。北京、上海、天津、河北等省、市曾采用了这种体制。例如我国第一条利用世界银行贷款修建的跨省市高速公路——京津塘高速公路,为便于统一协调建设与管理,成立了京津塘高速公路联合公司(后上市改制为华北高速公路股份有限公司)进行管理;河北石家庄至河南安阳段高速公路为利用世界银行贷款修建项目,专门成立了石安高速公路管理处负责建设和管理。这种体制在目前状态下的管理比较顺畅,也较符合传统。它能够较好地适应多种资本运营方式的管理,例如采用 BOT 方式、股份制、转让经营权等的运营管理。这种方式的缺点是不利于统一行业标准及行业规范,不利于高速公路行业的统一调控。随着国家和地区高速公路网的拓展,这种分线管理模式更将不利于线路或路段之间运营管理协调,如"一卡通"联网收费管理方式的推广等;同时,在高速公路信息化建设过程中也容易造成设施和设备重复投资和浪费。

2. 按机构性质划分

高速公路按机构性质划分,可分为事业管理型、企业管理型和事业单位企业化管理型。

(1)事业管理型:按行业采用自收自支形式,实行收支两条线管理,通行费收入全额上交上级主管部门,如省(市)交通厅(局)、高速公路局或高速公路规费稽征局,所辖路段运营管理经费根据年度计划由上级主管部门审批划拨下达。这种体制具有较强的计划性和行政管理性,较易于体现高速公路运营管理的政府职能,但行政干预范围较大,独立行使自主权限较小,不利于通过资产经营实现国有资产的保值增值以及依托高速公路进行的开发经营。特别是在当前深化改革的条件下,面对高速公路经营管理逐步走向市场的新形势,这种方式已不再适应今后发展的方向,应属于一种过渡性机制。

(2)企业经营型:即高速公路完全采用公司独立法人运作模式,全权负责通过资本市场融资建设以及建成后的经营管理,或通过转让特许经营权以企业(如收费高速公路公司)运作方法,在经济上实行独立核算、自负盈亏。这种管理模式虽受上级部门或董事会、管委会领导,但其本身是较完善的独立经济实体。这种体制在人事、财务、经营等各方面有较强的独立自主权,较易于通过自主经营实现自我发展。如广东(包括深圳)、四川、吉林等省(市),以及华北高速公路股份有限公司等。但由于公司的企业性质,无法再行使行政权力和体现政府管理职能,路政、交通安全等管理需要地方高速公路局委托授权或派驻。

(3)事业单位企业化管理型:在机构设置及经费使用上基本沿用事业管理型模式,在财务核算上借助了公司核算方法的某些优势,并根据核算方式的侧重不同,形成准事业型或准企业型的管理,如安徽等一些以省(市)行政区划为单位,享受行政级别的地区性高速公路总公司。这种体制综合了上述两种体制的优点,便于行使政府职能,有利于搞活经营管理。在一定的时期内,对高速公路运营管理起到了积极作用。但这种体制在用人、权责、管理机制等方面无法真正按照现代企业制度独立运作,易造成大量冗员、资金及费用调控不力等现象。因此,该模式也应是一种过渡性的管理体制。

3. 按管理内容划分

高速公路的发展主要包括建设与管理两个方面。就体制的管理范围而言,高速公路的运营管理分为建管一体型和专门管理型。

(1)建管一体型:从筹资贷款、设计施工直至收费还贷、养护维修、经营管理均进行全权负责。这种体制具有较好的统筹兼顾性,有利于降低工程造价及运营成本,提高施工质量及服务水平,增强高速公路经济管理者的负责经营意识,充分发挥高速公路应有的社会效益和经济效益。这种体制一般兼容于集中管理型或企业经营型体制,可形成极富活力的运营管理模式。

(2)专门(委托)管理型:在高速公路建成后专门负责运营管理工作。这种体制有利于高速公路技术密集的专业化管理,有利于集中精力研究各项管理业务,提高管理水平。但此种体制在项目由建设转入运营管理后需要一个较长的调整适应期,且管理的好坏在一定程度上依赖于建设施工质量,管理的衔接性、主动性相对较差。由政府建设,通过转让经营权后,由合资或外资公司经营的高速公路一般也属于这种管理类型。

(二)现行管理体制存在的问题

随着我国改革开放的不断深入和社会主义市场经济的逐步建立,现有高速公路运营管理体制中的一些问题也显现出来,主要反映在缺乏战略规划及整体改革思路,特别是在投资体制改革变化步伐较快的环境下,管理体制混乱、机构设置交叉重叠、职能不清、执法力度不够等问题相当突出。在面对市场的情况下,企业行为有待于相应的法律法规进一步规范和完善;原事业型管理模式的不适应问题也很突出。仅就体制而言,目前存在的主要问题有以下几点。

1. 建管分离

高速公路的建设、管理和养护应当是一个互有联系的完整的系统,很多运营管理的设施和方案,在建设规划期间就应当给予充分的考虑;同时,建设期工程质量的优劣、配套设施的完善程度对运营管理的效益和考核也会产生直接的影响。而目前一些地方由于投资体制和建管周期不同步等原因,将建管体制分离开来,这对于高速公路的管理及可持续发展而言是弊大于利。

2. 一路多制

高速公路作为交通运输的基础设施,其运营管理应当是一个完整的系统工程,特别是对系统内人、事、路(环境)的管理,不能人为地分割开来。而目前存在的交通与公安政出多门、执法不一、相互掣肘的现象已严重影响了高速公路的管理及其在社会中的形象。近年来,随着高速公路运营管理公司化进程的加快,以政府职能形式派驻的路政队伍与高速公路管理公司间的工作协调问题,也有待在实践中完善。

3. 条块分割管理

由于不少高速公路的投资主体不同或采用分段修建方式,因而在一个省、一个地区的同一路段中,往往存在多个互不隶属的管理单位或实体。这些单位或实体按照各自的利益行使管理权、设置过多的主线收费站,缺少相互间的协调和统一,影响了高速公路的畅通和车辆平均运行速度,给道路用户带来了许多不便。

4. 政企不分

目前,我国高速公路大多是在计划经济向市场经济转轨的过程中建立的,是由政府投资逐渐向政府与企业、内资与外资多元化投资主体转变的过程中运作的。因此,即便是一些已经注册的高速公路经营管理公司,也都或多或少地带有原事业单位的背景,有的高速公路局或高管局与高速公路公司属于一套人马两块牌子。这种情况束缚了高速公路以独立自主的法人身份进入市场竞争,影响了运营效益的提高。

四、高速公路资产运营管理体制发展的趋势

根据统计资料,从 1998 年到 2004 年,我国公路建设累计完成投资 17 002 亿元人民币,其中 2004 年完成投资 4 202 亿元。在此期间,高速公路总里程由 8 733 公里增加到 34 288 公里,年均增长 1 592 公里,年均投资约为 800 亿元。根据《国家高速公路规划网》规划的目标,乐观估计,2000 ~ 2010 年公路建设的资金缺口约为 13 000 亿元,2011 ~ 2020 年资金缺口约为 11 000 亿元。然而从国家的财力分析来看,显然无法依靠国家投资来完成高速公路的建设任务。

在这种情况下,民营资本进入高速公路领域也就成为一个必然的趋势。2004 年国务院发布了《国务院关于投资体制改革的决定》(国发 2004[20]号),

其中明确提出基础设施建设要"进一步拓宽项目融资渠道,发展多种融资方式",同时要求"各级政府要创造条件,利用特许经营、投资补助等多种方式,吸引社会资本参与有合理回报和一定投资回收能力的公益事业和公共基础设施项目建设"。投资体制改革的进一步深化,为高速公路建设创造了良好的外部环境。但是,由于目前高速公路管理体制比较混乱,存在诸多弊端,例如管理主体多元化、行业管理难以到位,政、事、企不分,企业经营缺乏活力,机构重叠,职能交叉,关系不顺,机构庞大,人浮于事等等。这些问题的存在表明,要使我国高速公路事业健康、持续、有序的发展,就必须对现行的管理体制进行改革。

高速公路建设是一项投入资金大、建设周期长的工程项目。为了加快其发展速度,以适应国家经济建设的需要,必须建立与之相适应的经营管理体制。近年来,完全或主要依靠国家财政拨款建设高速公路一般情况下已不再可能。随之而来的是大量吸引外资参与高速公路的建设与管理。其主要方式有下述几种。

(一)经营权转让

在高速公路建成之后或建设期间,业主通过转让全部或部分道路收费经营权收回先期建设投资,购买经营权方则通过收取通行费及其他费用的方式在转让期内收回投资,获取利润。

(二)BOT方式

这是一种比较流行的成功的融资方式,即建设(Build)—转让(Operation)—经营(Transfer)三个词的英文简称。首先由非官方性质的投资方通过融资进行高速公路的建设,经营若干年后再转让给当地政府。

(三)股份制改造

这是目前乃至今后高速公路建设的一种主要融资方式。这种方式通过对高速公路资产存量的重组和股份化改造,将高速公路股票在境内外直接上市融资,筹集大量资金。国内典型案例,如京津塘高速公路,通过股份制改造成立华北高速公路股份有限公司,并成功上市,通过发行股票迅速募集到大量资金用于后续工程建设及开发式经营。该企业从隶属关系、机构设置到人事关系与原来的行政机构完全脱离,按照现代企业制度实现了独立经营。

上述种种资本的运作方式,无疑会对高速公路今后的运营管理机制改革产生重大影响。几年来的改革实践说明:高速公路建设多元化的投资主体必定带来多元化的管理机制与其相适应。但无论哪种形式，今后我国高速公路的运营管理将必定进入一个企业化运作的发展时期，这是体制改革总体发展趋势。因此，这也是当前及今后我国高速公路运营管理体制改革的主要研究课题。

五、科学的高速公路管理体制架构

高速公路资产运营管理体制是高速公路现代化管理的关键，它关系到高速公路的建设、运营、收费等各个方面。建立一套适合国情的现代化高速公路管理体制，可以加快高速公路建设的进程，节约资金，发挥高速先进的功能，提高高速公路运营的社会、经济效益。

在构建高速公路管理体制时，我们必须从分析其管理的目标、职权、机构、机制和制度等主要构成要素出发，紧密结合中国当前国情，寻求一种具有中国特色的、科学高效的高速公路资产运营管理体制。

（一）目标

高速公路本身既是基础设施，又具有社会经济载体的功能，其管理的总体目标：一方面以其完善的设施为道路使用者提供通达、快捷、舒适、安全的运输服务；另一方面以其社会经济载体的功能带动沿线的商品流通和产业开发，为区域经济的发展和社会进步做出应有的贡献。围绕高速公路管理的这一总体目标，其管理体制必须既有利于基础设施的规划建设和安全畅通，又有利于经济载体功能的充分发挥及经济增长的连锁拉动。这样的体制应是建营独立、分开管理的模式，即把高速公路的投资建设管理与建成后高速公路的营运管理分开进行。这样，既有利于实现专业化管理，提高各自的管理水平，又能够促进管理目标的实现。

（二）职权

为了实现高速公路管理的目标，必须正确划分其管理职权并设置相应的管理机构。职权划分与高速公路管理的职能范围有关。根据《公路法》的规定，高速公路管理职能包括投资建设管理、行业行政管理和收费营运管理三方面。在投资建设管理方面，其职权划分应满足统一规划、多元投资、滚动发展的要求。跨省的国道干线高速公路由交通部统一规划，省道干线高速公路由省交通厅统一规划。但不管是国道或省道，其投资均应实行多元化的体制，即可以由政府投资，企业经营；也可以由政府与其他经济组织联合投资，共同经营；还可以与国外经济组织共同投资经营或独立投资经营。这样就可以多渠道、多方式广泛筹集建设资金,解决国家建设资金不足、制约高速公路发展的难题。对已建成的高速公路,要按照建管分离的原则,做好营运过程中行业行政管理方面的工作。在这方面,要吸取普通公路多个行政主体、分割管理、政出多门、难以统一、互相推诿、互相扯皮这种模式的教训;要按照政企分开的原则,划分行业行政管理的职权,防止行政部门过多干预营运企业的正常经营活动。具体地说,就是把现行交通安全管理中的交通安全、事故处理,公路路政、运政管理,经营收费标准的制定,以及经营开发政策的制定等行政管理工作,纳入交通主管部门设立的高速公路专门管理机构进行统一管理。对每一条高速公路的收费营运管理工作,应本着扩大企业自主权的原则,交给特许企业进行自主经营。投资者可通过公路的有偿使用及特许企业的合法经营及时收回投资,并取得利润回报。特许企业的经营范围包括收费、养护、服务、开发等内容,甚至可以把维护交通秩序、保障安全畅通等行政管理内容也纳入经营企业的服务内容中去,因为安全畅通本身就是企业的主要经营目标之一,只有实现了这一目标,才能吸收更多的车辆通行,从而达到收费还贷和创利的目标。特许经营的模式把高速公路的国家所有权与特许企业的经营权彻底分离,有利于调动企业自主经营、自我约束、自我发展的主动性。

(三)总体架构

综合近年来改革探索与实践的基本走向,我国高速公路的经营管理体制应当推行企业化改革模式,在国家给予政策保障的前提下,实现高速公路特许经营,并向着经济成分多样化、经营管理规模化方向发展。其具体架构表现为:一个省(直辖市)组建一个高速公路总(集团)公司,负责全省(直辖市)高速公路的建设和经营管理;每一条高速公路可根据各自不同的投资模式组建相应的子公司,具体负责该路的经营管理。它可以是总公司的全资子公司,也可以是合资成立的控股或参股公司。总体架构的实现,分为四个部分:

1. 针对每一个高速公路的建设项目,应按《公司法》的要求组建经营性高速公路公司,也就是所谓的子公司,实行严格的项目法人责任制,让独立的法人对高速公路项目的策划、筹资、建设、经营管理、偿还贷款、保值增值的全过程全权负责。

2. 以省级行政区为单位成立地区性高速公路总公司或集团公司,受政府委托,对省内各高速公路子公司实施管理。当条件成熟时,可在经济联系较为密切的相邻省市之间组建跨地区集团公司,形成规模经营优势,走高速公路运营管理集团化之路,以便于更有效地服务于区域经济。

3. 在高速公路管理体制深化改革过程中,应注意理顺政府和高速公路管理机构以及企业之间的各种关系,通过建立和完善相关的法律法规,规范各级管理权限。各地高速公路的行政主管部门对高速公路的运营应实行行业管理,重点进行行业法规、行业标准、行业规划、收费标准与系统协调等宏观调控工作。政府交通管理部门对于高速公路公司的经营活动,只能以国有资产代表者的身份参与经营管理,不应使用行政手段直接进行干预。

4. 各级政府采用执法委派或派驻方式,对高速公路的路政管理和交通安全管理进行统一管理,杜绝长期以来高速公路管理中存在的政出多门、一路多制的现象。

(四)运行机制

高速公路管理体制的运行机制是维持体制正常运行的动力,它会直接影响管理效率的高低。良好的运行机制应适应市场经济的规律,满足高速公路经营方式由粗放型向集约型转变的要求。这种机制主要表现为以下三种方式:①竞争机制。即推广竞争上岗制度,引入竞争机制,为不同的高速公路经营企业创造公平的市场竞争条件,实现由粗放经营向集约经营的尽快转变。②激励机制。即要运用行为科学的知识,采取科学的奖惩办法,调动人员的积极性和创造性,提高管理和经营效益。③监督机制。即对各级管理人员建立相应配套的监督管理机构,健全人员和制度,以科学、严密的手段监督其建设资金使用情况、投资回收使用情况、行业行政执法情况、收费经营行为和养护服务水平。

(五)制度

高速公路管理制度是体制正常运行的保障系统,它大可推广至国家的行业法规和政策、规范、标准,小则包括各级行政管理单位和经营企业的岗位责任制度及与之配套的各项管理制度,各种作业程序和操作规程,各种工作监督制度和执行程序等。所有这些法规、制度,应分别由国家各级交通主管部门、行业管理机关及经营企业结合自己单位的实际情况制定,既要保持一段时间的相对稳定,又要不失时机地根据变化的情况及时修订和完善。

(六)机构设置时应注意的问题

在研究设置高速公路运营管理机构时,应特别注意以下一些问题。

1. 要注意机构的兼容性。高速公路运营管理的业务涉及面较宽,各业务间有着必然的承接关系或交叉联系,很难完全分割开来。因此,在确定机构时,要充分考虑各业务间的兼容性,尽量缩小管理层面,扩大操作层面,实现机构的精干高效。

2. 要注意机构的可持续性。我国高速公路的建设由于资金等因素,一般采用分期修建高速公路的方式。当某段高速公路投入运营需设置管理机构时,必须研究发展规划,使机构设置能够适应今后的发展需求,并有较强的扩展功能,以便于将来连续管理或与路网管理衔接。这一点在路程较短、交通量发展较快的高速公路上尤其显得重要。

3. 要注意机构功能设计的超前性。随着科技进步和创新发展,高速公路的技术装备和管理手段的先进性和完善程度不断提高,因此,管理工作中的技术含量不断提高,管理机构设置时不仅应当适应这种状况,而且还须具有超前意识。特别是随着计算机、网络、通信技术的普及以及现代化办公系统的应用,必然会加速高速公路管理观念的更新和管理创新,并直接影响机构及人员编制的调整和缩减,在设置机构时应当考虑到这些方面。

4. 要注意管理的社会性。从社会属性来看,高速公路属于“窗口”行业,其运营管理具有较强的社会性,特别是在提供服务方面,与社会有着广泛的接触,应有相应的职能部门负责处理公共关系方面的事物。因此,在机构设置时,在保证完成机构管理职能的前提下,也要注意机构设置的简化,将那些能够由社会承担的业务逐步推向社会,以减少不必要的管理层次。这些业务通常可包括救护、维修和服务区的某些业务等。

第二节　高速公路资产运营管理机构

一、中国高速公路资产运营管理机构内涵分析

（一）《公路法》中关于管理机构的设置

《公路法》第 8 条规定,国务院交通主管部门主管全国的公路工作。《公路管理条例》第 3 条及《公路管理条例实施细则》第 8 条、第 9 条规定,中华人民共和国交通部是国务院公路、水路交通主管部门,主管全国的公路工作,即在中

华人民共和国境内,对公路的规划、建设、养护、经营、使用和管理行使行政监督与管理职权。《公路法》第 8 条还规定,我国公路工作的行政监督管理机构分中央和地方两个层次。在中央,国务院交通主管部门(即交通部)负责全国公路事业的监督与管理。在地方,县级以上地方人民政府的交通主管部门,负责本行政区域内的公路工作;县级以上地方人民政府交通主管部门对国道、省道的管理、监督职责,由省、自治区、直辖市人民政府交通主管部门确定。

乡镇(及民族乡)人民政府,负责本行政区域内的乡道建设和养护工作。县级以上地方人民政府交通主管部门,可以决定由公路管理机构依照本法规定行使公路行政管理职责。

(二)交通主管部门

交通主管部门是公路行政主体,所谓行政主体,是指依法享有国家行政权力,以自己的名义实施行政管理活动,并独立承担由此产生的法律责任的组织。行政主体是一个法律概念,行政主体不只是一个行政管理组织,更重要的是一个法律行为主体,独立拥有行政职权与职责,以自己的名义实施行政行为和参加法律活动,能够有资格成为行政行为主体、行政复议被申请人、行政诉讼被告人和国家赔偿义务机关。在此意义上分析,交通主管部门是职权性行政主体。

从《公路法》的规定中可以看出,国务院交通主管部门主管全国公路工作,意味着"交通主管部门"拥有主管全国公路交通工作的职权与职责。县级以上地方人民政府交通主管部门拥有主管本行政区域内的公路工作的职权与职责。

(三)公路管理机构

《公路法》第 8 条规定:"县级以上地方人民政府交通主管部门可以决定由公路管理机构依照本法规定行使公路行政管理职责。"上述规定将"决定权"授予"交通主管部门"这一职权性行政主体,意味着交通主管部门既可以决定将这一公路行政管理职责转移给公路管理机构,也可以决定不转移该项职责。根据立法原则,总则是各分则的指导原则,分则的规定除特别申明者外,均必须从属总则的精神。可以说,就公路行政工作,从宏观上而言,公路管理机构之所以能取得某些公路行政权,是基于行政授权行为。

公路管理机构是一种行政机构。行政机构是行政机关根据行政工作需要,在机关设若干工作机构,以协助或按照内部分工委托处理和办理该机关的各项行政事务。行政机构一般不拥有独立的职权与职责,不具有行政主体资格。但由于专业上、技术上的需要和行政事务复杂等诸多因素,为提高行政效率和维护公共利益与社会秩序,行政机构在获得法律、法规明确授权的条件下,以自己的名义独立对外行使某项或某部分行政职权,并承担相应的法律责任。

二、高速公路资产管理机构设置的原则

在高速公路运营管理体制确定的前提下,建立合理的高速公路管理机构,对于完善管理职能,提高管理效益有着不可低估的作用。高速公路运营管理机构的设置,应当把握以下几个主要原则。

（一）统一领导原则

高速公路管理实行统一领导,是高速公路运行整体性、系统性和各项管理活动之间联系的不可分割性决定的,是科学的管理体制对同一行政管理活动的管理主体唯一的、确定性的要求;同时也是我国高速公路交通实践多年的行之有效的管理经验,是国外高速公路管理的共同做法。

如前所述,高速公路管理涉及多个层次、多个地区、多个专业和部门,要使各个方面在统一的目标下各司其职,各负其责,协调、有序地运转,必须实行统一的领导。高速公路管理的各项活动,其管理主体都是行政管理部门授权委托的专业管理机构;管理的客体是高速公路和使用、利用高速公路的人和车;管理的空间都是在同一场所——高速公路上进行;管理的共同目标是为了确保交通运输安全畅通和社会经济效益的实现,因而具有实行统一领导的必要性和条件。高速公路的统一领导,既不是同一管理活动由多个管理主体分工领导,也不是传统计划经济体制下由部门高度集中的领导,而是由交通行政主管部门实施的行业管理职能的统一,管理法律、法规、规章的统一,管理经济、技术标准的统一以及运行总体目标的统一。实现统一领导的要求,在机构设置和职能配置上,应相对集中而不宜分散。

（二）分级管理原则

在高速公路实行统一领导前提下的分级管理,是由我国经济体制和高速公路的特性所决定的。我国地域辽阔,高速公路分布面广,建设、管理任务繁重,不可能由中央或省、自治区、直辖市统一包揽。高速公路按其在高速公路网中的地位,主要有国道和省道,其功能不同,分布地域不同,服务范围亦有不同。不同地区的高速公路功能不同,分布地域不同,服务范围亦有不同。不同地区

的高速公路应以不同地区为主管理。再从高速公路国有资产构成分析，我国高速公路投资来源多渠道、多形式，一条国道干线或省道高速公路，既有中央政府投资形成的资产，也有地方政府投资形成的资产，同时还有国内外经济组织投资形成的，所有权属国家而收费经营权属经济组织的资产。从高速公路资产形成过程看，主要是地方政府组织建设，建成后为地方或区域服务，管理过程中许多工作还要地方支持配合。此外，高速公路管理中还有行政管理和资产经营两大类，各类还有不同的层级，具有相应的管理范围和权责。这些特点决定了高速公路的管理应依据管理幅度原则，实行统一领导下的分级管理，以充分发挥中央、地方和高速公路经营企业等多方面的积极性。

（三）分工合作原则

分工是社会化大生产的基本形式，也是高速公路管理的客观要求。在高速公路管理的大系统之中，各个管理层级——中央、地方和管理基本单元，多个管理环节——计划、组织、控制、反馈，各个管理子系统——路政、交通安全、收费、养护、服务、通信监控等，都有相应的机构按职能分工运作。要使这种分工运行适应高速公路管理系统化、高效率和服务优质的要求，必须建立不同层级、部门、环节之间紧密合作的关系，做到相互适应、相互协调和相互融洽，发挥综合优势和整体效益。

（四）精简高效原则

高速公路具有设施现代化、管理高技术、运行高速度的特点，尤其需要建立精简高效的管理体制，所以，其管理机构设置和职能配置的合理程度将直接影响体制运作成本和效率。同时，为了盘活高速公路有形和无形资产，使得这些资源能够实现其经济效益和社会效益，也需要一个精简高效的管理体制来保证。为此，在高速公路管理机构设置上，应在统一领导、分级管理、分工合作的基础上，尽可能利用现有管理资源，精简管理机构，减少办事环节，提高工作效率。

（五）机构设置的超前性原则

高速公路一般具有较完善的技术装备和较先进的科技管理手段，机构设置时不仅应当适应这种状况，而且还须具有超前意识。这是因为在科技发展日新月异的今天，高速公路所拥有的先进科学技术将为其更快的发展提供强大的后劲。特别是随着计算机的普及以及现代化办公系统的应用，会加速管理观念的更新,缩减机构编制,设置机构时应当考虑到这些方面。

(六)机构的兼容性原则

高速公路运营管理的业务涉及面较宽,各业务间有着必然的承接关系或交叉联系,很难完全分割开来。因此,在确定机构时,要充分考虑各业务间的兼容性,尽量缩小管理层面,扩大操作层面,实现机构的精干高效。

(七)管理的社会性原则

高速公路运营管理具有较强的社会性,特别是在提供服务方面,与社会有着广泛的外部协作关系。但在机构设置中,要注意简化这方面机构的设置,将那些能够由社会承担的业务逐步推向社会,以减少不必要的管理业务。这些业务通常包括救护、维修和服务区的某些业务等。

(八)机构的扩展性原则

我国高速公路的建设由于资金等因素,一般采用分期修建的方式。当某段高速公路投入运营需设置机构时,必须研究其发展规划,使机构设置能够适应今后的发展需求,使之有较强的扩展功能,以便于将来连续管理或与路网管理衔接。这一点在路程较短、交通量发展较快的高速公路上尤其显得重要。

三、高速公路资产管理的基本组织模式

(一)从高速公路的投资建设与营运管理的关系看,大致有两种模式

1. 建营一体、政企合一的模式。如河北省交通厅国际金融组织贷款项目办公室就属于这种模式。该项目办公室作为石家庄安阳高速公路河北段的建设单位,负责资金筹措和建设管理工作;1997年12月通车后,仍由项目办公室作为该路的营运管理单位,负责道路养护、通讯监控、收费经营和开发服务等营运管理工作。这种模式有利于建营衔接,统筹规划;但致命弱点是政企不分,权责模糊,特别是在高速公路的收费、服务和开发等经营活动中,难以调动管理人员的积极性和主动性,不利于提高营运管理水平。

2. 建营独立、分开管理的模式。这种模式由交通主管部门先组建临时性的高速公路项目建设管理机构,承担高速公路的建设管理任务,待公路建成后再交给专门的高速公路管理机构,负责道路养护、通讯监控、收费经营和开发服务等营运管理工作。如河北、辽宁等省境内的大部分高速公路均属这种管理模式。这种管理模式有利于投资建设和营运管理这两种性质完全不同的工作各

自实行专业化管理,不断提高其管理水平;有利于对高速公路的资产经营权与国家所有权实行分离;也有利于政企分开,实现市场机制对收费还贷的激励作用。其缺点是不利于高速公路投资建设与营运管理的衔接。

(二)从高速公路资产运营管理机构的性质看,大致有三种模式

1. 纯事业型管理模式。目前我国大多数省份的高速公路管理机构属于这种模式。其核算方式采用自收自支的形式,实行收支两条线;通行费收入全额上交上级主管部门,养护管理费根据年度计划由上级主管部门审批划拨。这种体制体现了高速公路作为社会公用设施由政府职能管理部门统一管理的特性,有利于统一指挥和协调;但收费管理单位和人员的自主性较少,受政府干预大,不利于尽早收回投资,违反了高速公路这一国有资产的使用价值可参与交换的客观规律,忽视了高速公路具有商品属性的特点。如辽宁省高速公路管理局、吉林省高速公路管理局和北京市高速公路局京石高速公路管理局就属于这种模式。

2. 纯企业型的管理模式。陕西金秀交通有限公司(香港)、京津塘高速公路联合公司、河北冀星(京石)、石青(石太)高速公路有限公司均属这种模式。其中陕西金秀交通有限公司以受让交通部门投资建成的 23.88 公里西临高速公路经营权,而成为高速公路投资主体,独立按外商独资企业的规定自主从事收费经营并承担投资风险。这种管理模式的优点是投资回收快,特别是收费权转让这种形式,可一次性收回建设投资,用于其他高速公路建设,缓解了高速公路建设资金紧张的状况;由于经营企业对高速公路实行资产经营,使国有资产的企业经营权与国家所有权彻底分离,企业则以利润最大化为目标,主动参与市场竞争,从而可融通更多资金再投资高速公路建设或其他产业;由于经营企业要承担投资风险,所以具有较强的自我约束和自我发展意识;由于政企彻底分离,经营企业得以实现真正意义上的自主经营,运行机制灵活,内部机构和人员精干,成本低、效益好。这种管理模式标志着高速公路由政府进行实物形态管理转向资产经营管理的深刻变革,符合市场经济的规律,是高速公路管理体制改革的发展方向。不足之处是交通主管部门如何对企业经营的高速公路实行路政、安全等行业行政管理,尚缺乏有效的办法和成功的经验,企业往往以商业秘密为由将交通量、收费额等行业信息进行封锁,行业主管部门难以掌握;在当前中国资产经营市场发育尚不完善情况下,经营企业也常受到地方政府和外

界的干扰,影响企业自主经营;此外,随着高速公路的发展,一个省内或者全国范围内将会出现更多相对独立的高速公路经营企业,容易形成各自为政、难以统一协调的局面。

3. 事业企业混合型管理模式。这种模式又有两种不同的类型,其一是企业单位、事业管理。这是在投资主体单一,市场发育不全,经营者无条件独立经营的背景下产生的。一般情况下是政府筹资建设,建成后由省级交通主管部门组建专门的高速公路管理机构,以企业身份统一对全省高速公路的收费、养护、服务、开发等工作进行企业化经营,但其组织机构仍按行政事业建制配置,对路政、安全等行政管理工作统一进行事业化管理。如陕西省高等级高速公路管理局和广东省高速公路建设总公司就属这种模式。其二是事业单位企业管理。这是由省级交通主管部门组建专门的高速公路管理机构,直接管理全省的高速公路路政、安全等工作,对养护、收费、服务和开发等营运管理工作进行宏观管理和指导,其管理机构属事业单位,归口省交通厅领导;每条道路的收费、养护、服务和开发等工作则实行一路一公司的企业化经营。省级高速公路管理机构负责统一制定全省的高速公路管理办法和收费、养护、服务标准,制定沿线开发政策和规定,从而达到监督、协调、控制、管理各条高速公路经营企业的目的;经营企业可在法定的权限范围内和政策允许的前提下自主经营。如贵州省高等级高速公路管理局就是这种模式。

(三)高速公路运营管理体制按照行政隶属关系,划分为三种类型

1. 集中管理型。设置省级高速公路专门机构实行统一管理。将管理重心放在资金、技术和管理力度比较强的省一级。这种体制是"条条管理",实行人、财、物由省级统一管理,统筹协调。目前,我国的陕西、辽宁、山西、湖南、安徽等省均采用这种体制。我国的这些省份在省交通厅领导下,成立了专门从事高速公路管理的高速(或高等级)高速公路管理局(或公司)。初步形成了高速公路的集中统一管理。

2. 分片管理型。在省交通厅统一领导下,按高速公路的不同片区成立专门的管理机构,各片区的管理机构是相互独立的。有关的矛盾需要由省级交通主管部门来协调解决。目前,意大利有26家特许公司负责约6 000公里高速公路的建设和管理,法国、意大利等西欧大多数国家采用这种体制。我国的四川省也采用这种体制。

3.专线管理型:在省交通厅直接领导下,每个项目的管理机构是独立的。目前按高速公路的不同项目分别成立专门的管理机构,河南、广东、河北、北京、上海、天津等省、市采用这种体制。例如首都机场高速公路由首都高速公路发展公司负责管理。

四、高速公路资产管理机构的设置

(一)分级管理机构

高速公路的运营管理无论采用行政事业型还是公司企业型,一般采用三级管理形式。

1.各省、自治区、直辖市高速公路主管局(总公司)为第一级。负责对高速公路规划建设、资金使用、规范标准等实行宏观管理。下设与管理内容有关的职能处室(部)主持各项工作。

2.各地区高速公路管理处(子公司)为第二级。具体负责高速公路的各项运营管理工作。目前,由于我国高速公路在各省、自治区、直辖市还不普及,这一级管理机构一般针对某条具体路段设置。管理处除设有职能管理部门外,还有具体实施操作的管理单位。

3.路段所辖各管理所为第三级,这一级管理是最基层的管理单元,一般有收费站、监控站、通信站、养护工程队、服务区等。

上述三级管理目前通常采用二级核算方式,即实行局、所两级的核算。管理所除服务区工程队外,一般不再建立核算机制,但也有进行三级核算管理的。管理机构设置如图3-1所示。

(二)职能管理机构

职能管理系统是各级管理机关的总称,它负责将有关管理决策通过一定的系统进行落实。高速公路职能管理系统的建立,应坚持"精简高效"的原则,各部门的设置应根据实际情况不搞上下对口,同时在业务上注意体现一定的综合功能,以适应高速公路技术密集型管理的特点。有条件时,可打破旧有的模式,按党政管理系列、业务管理系列、行政管理系列建立数个综合部(室),相对集中较多的人员,实行集体综合办公。这样,一般相关的业务可在部(室)内自行协调解决,如养护与机械物资计划与财务、收费之间的协调等。这种设置不但可以提高办事效率,还可以加强不同业务间的公务监督,提高人员的综合办公能力。

```
┌─────────────────────────────────────────────┐
│        省（市）、自治区高速公路管理局（总公司）        │
└─────────────────────────────────────────────┘
        │                              │
┌──────────────────┐      ┌──────────────────────────┐
│  机关职能管理部门   │      │  地区高速公路管理处（子公司）  │
└──────────────────┘      └──────────────────────────┘
                            │                  │
                   ┌──────────────┐      ┌────┐ ┌─────────┐
                   │  处职能管理部门  │      │    │─│  收费站  │
                   └──────────────┘      │ 管  │ └─────────┘
                                         │    │ ┌─────────┐
                                         │    │─│ 通信监控室 │
                                         │ 理  │ └─────────┘
                                         │    │ ┌─────────┐
                                         │    │─│  养护队  │
                                         │ 所  │ └─────────┘
                                         │    │ ┌─────────┐
                                         │    │─│  路政队  │
                                         │    │ └─────────┘
                                         │    │ ┌─────────┐
                                         │    │─│  服务区  │
                                         └────┘ └─────────┘
```

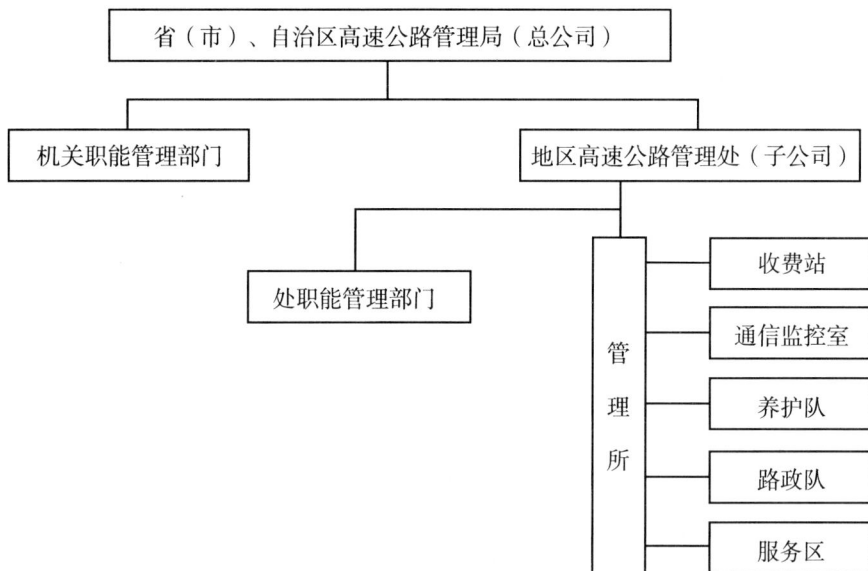

图 3 - 1　高速公路分级管理机构设置框

精简高效的办公系统还依赖人员的精干与高素质、文化层次和年龄梯度，同时在人数上进行严格控制。可以按工作频率指数确定每人岗位数量，实行"一人多职，一专多能"。

（三）操作管理机构

高速公路操作管理机构一般有两种类型：

1. 综合管理所，即按区段管辖长度（大约每段 50 公里）设置管理所，由管理所全权负责管辖路段内的养护、收费、路政、监控、服务经营等各项业务；路段内的收费站亦由管理所管理。这种设置有利于区段内的管理协调，特别适合路程较长的高速公路，管理所的机构设置如图 3 - 2 所示。

2. 专业管理所，即按不同的业务内容设置专业管理所，由各专业管理所分别负责养护、路政、收费、监控的服务经营等业务。专业管理所下可视情况设置或不再设置管理班（组）。这种设置有利于加强专项业务管理，特别适用于路程较短的高速公路，其机构设置如图 3 - 3 所示。

但无论上述管理系统如何组织，在系统中，各元素间都存在着互相制约、互相联系，其中某项元素发生变化将导致其他元素的变化，因此，只有将其融为一体，才能充分发挥高速公路的功能服务。

```
                        ××高速公路管理所
       ┌─────────────────────┴────────────────────┐
    职能管理                                    操作管理
 ┌──┬──┬──┬──┬──┬──┬──┐        ┌──┬──┬──┬──┬──┬──┬──┐
养护 收费 财务 物资 办公 经营 路政     收费 收费 收费 养护 路政 服务 监控 通信
股  股  股  设备 室  服务 股     站1 站2 站： 工程 班  区  室  站
         股  （综 股  （队）        队  （组）
             合）
```

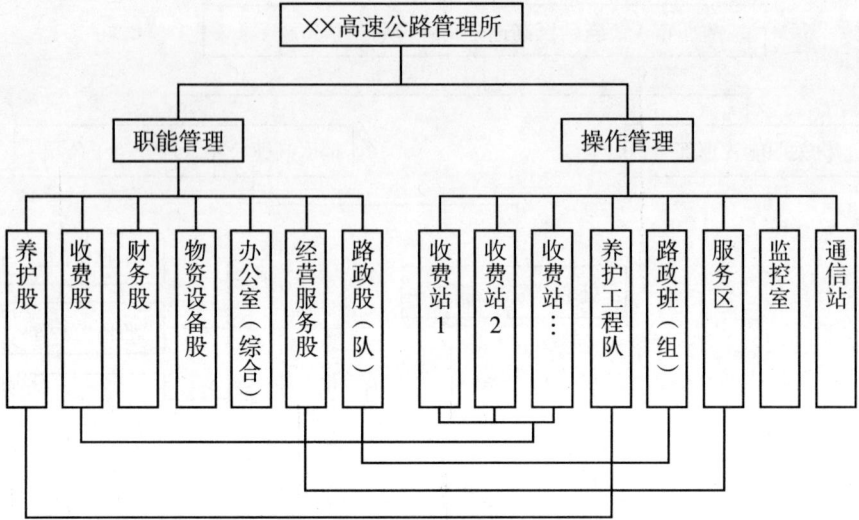

图 3-2　综合管理所机构设置

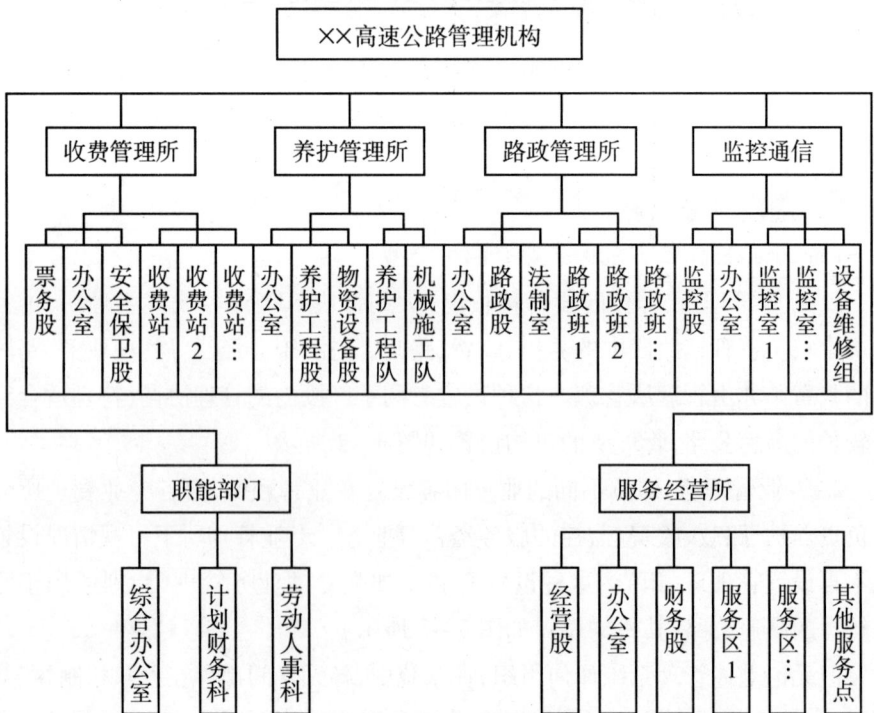

```
                    ××高速公路管理机构
    ┌──────────┬──────────┬──────────┬──────────┐
 收费管理所      养护管理所      路政管理所      监控通信
┌─┬─┬─┬─┬─┐  ┌─┬─┬─┬─┐  ┌─┬─┬─┬─┬─┐  ┌─┬─┬─┬─┐
票 办 安 收 收 收  办 养 物 养 机   办 路 法 路 路 路   监 办 监 监 设
务 公 全 费 费 费  公 护 资 护 械   公 政 制 政 政 政   控 公 控 控 备
股 室 保 站 站 站  室 工 设 工 施   室 股 室 班 班 班   股 室 室 室 维
      卫 1 2 ：    程 备 程 工   1  2 ：    1 ：    修
      股          股 股 队 队              组
```

```
        职能部门                         服务经营所
    ┌────┬────┐               ┌──┬──┬──┬──┬──┐
 综合  计划  劳动             经营 办公 财务 服务 服务 其他
 办公  财务  人事             股  室  股  区1 区： 服务
 室   科   科                                 点
```

图 3-3　专业管理所机构设置

第四章　高速公路资产运营管理
基本原则与方法体系

第一节　高速公路资产运营管理基本原则

高速公路资产运营管理的基本原则,指在高速公路资产运营管理工作中必须遵循的基本准则,是从资产运营管理实践中抽象出来并在实践中得以证明的正确的行为规范,它反映着资产运营活动的内在要求。

在我国,高速公路资产属于国有资产的范畴。所以,高速公路资产的运营管理首先需要遵循国有资产运营管理的一般性原则,进而再根据高速公路资产的自身特点确定其运营管理的具体性原则。

一、国有资产运营管理的一般性原则

（一）政企分开、权责分明

政企分开,是指将政府的宏观经济管理职能、社会管理职能与企业的生产经营职能相分离。政府不直接干预企业的生产经营活动,不直接参与企业的人、财、物和供、产、销的管理。政府通过经济、法律、行政等政策工具,间接调控企业的微观经济活动,使之符合国家宏观经济管理要求。企业在国家法律法规规定的范围内,自主经营、自负盈亏、照章纳税、自我积累、自我约束、自我发展,享受一定权利的同时承担相关责任和义务。

（二）政府的社会公共管理职能与国有资产出资人职能分开

这两种职能的分离,有利于国有资产管理部门专门行使国有权管理,做到管资产和管人、管事相结合,实现国有资产的保值增值,为政府经济社会政策目标服务,而避免政府国有资产职能与一般社会公共管理职能之间的矛盾与冲突。

（三）所有权与经营权相分离

在国有资产管理中,将所有权的管理与国有资产经营管理相分离,由不同的部门及职能组织行使,相互制约、相互监督,提高国有资产的运行效益。

（四）分级所有、分级管理

在中央、省、自治区、直辖市和设区的市及自治州三级政府中,分别设立国资委,管理本级国有资产,但发生战争、严重自然灾害或者其他重大、紧急情况时,国家可以依法统一调用、处置企业国有资产。

（五）正确处理所有者、经营者、生产者（企业职工）之间物质利益关系

国家作为国有资产的所有者,必须依法取得国有资产收益,拥有资产最终处置权,监督国有资产经营者的行为,维护国家利益;国有资产经营者必须承担国有资产的保值、增值的责任,在国家授权和法律、法规规定的范围内,面向市场,有效运用国有资产,开展生产经营活动,追求利润的最大化。对完成各项考核指标,业绩优良的经营者,按合同或有关规定兑现其报酬。有突出贡献者给予奖励甚至重奖。对业绩不佳,没有完成经营目标,甚至造成国有资产流失的,要按规定给予处罚,情节恶劣、损失严重的,要追究其法律责任。在制定科学、合理的国有资产管理体制,保护所有者利益,调动经营者积极性的同时,要维护生产者即企业职工的合法权益。

（六）实现资产运营效益最大化的原则

资产运营效益最大化,就是以最小的国有资产投入,在经营中取得最大的经济、社会和生态效应。这是国有资产经营最基本的原则。

二、高速公路资产运营管理的具体性原则

（一）确保高速公路功能和优势得以充分发挥的原则

高速公路是专供汽车行驶的汽车专用高速公路。在高速公路上严格限制出入,往返车辆在分隔的车道上快速行驶,全部交叉口采用立体交叉以及采用较高的技术指标和完善的交通设施,从而为汽车的大量、快速、安全、舒适、连续地运行提供了条件和保证。因而,高速公路的出现使人们获得了新的自由度,高速公路已成为能适应高速公路运输交通量迅速增长、减少交通事故、改善道路交通拥塞的新型交通手段,成为现代高速公路高度发展的象征。

高速公路不仅是交通运输现代化的重要标志,同时也是一个国家现代化的

重要标志之一。高速公路的发展不仅仅是经济的需要,也是人类文明和现代生活的重要组成部分。在全面建设小康社会的进程中,高速公路担负着十分重要的使命,具有十分重要的作用。

所以,高速公路资产的运营管理工作必须确保高速公路自身功能和优势能够得以充分发挥,以保障公众的出行利益,并为经济发展和社会进步发挥重要作用。

(二)遵守市场基本规则、保护各方合法权益的原则

随着我国社会主义市场经济的建立与发展,诸多市场因素已先后引入到高速公路的建设、管理、养护及经营之中。因此,高速公路资产的运营管理必须遵守市场基本规则,尊重并遵循市场基本规律。

高速公路建设的市场化导致了投融资渠道的多元化和运营管理方式的多样化。目前在我国已经形成了交通部补助资金、交通路费投入、国债资金投入、商业银行贷款、利用国际金融组织和外国政府贷款、转让经营权、发行债券和股票、采用 BOT 方式等合资合作、多渠道多方式并存的融资格局,一条高速公路往往会有多个投资利益主体。此外,高速公路资产在运营管理中,除了投资者外,还会同时涉及高速公路建设者、经营者和使用者的利益。因此,高速公路资产的运营管理必须遵循有利于保护投资者、建设者、经营者和使用者的合法权益的原则。

(三)经济效益和社会效益兼顾的原则

按照《高速公路法》的规定,我国目前高速公路的运营形式有三种:第一种,非收费高速公路;第二种,由县级以上地方人民政府交通主管部门利用贷款或者向企业、个人集资建成的收费高速公路;第三种,由国内外经济组织依法受让高速公路收费权的高速公路及依法投资建设并收费的高速公路。而后两种形式与一般性高速公路相比,更具有使用周期长、技术标准高和投资巨大等特点,属于典型的资金密集型行业。所以,目前我国的高速公路投资建设与运营多采取后两种形式,企业和个人等私人部门甚或国外经济组织介入的情况较为普遍。私人部门逐利的天性决定了高速公路资产的运营管理必须要体现投资主体的利益诉求,追求实现较大经济效益的运营管理目标。

另外,高速公路属于准公共物品,具有典型的公益性和外部性特征,在高速公路管理中需要政府扮演公众出行利益的捍卫者角色,充分考虑高速公路对宏

观经济发展、社会进步、环境保护及相关民生问题的影响,在追求经济效益目标的同时,兼顾社会效益、环境效益等目标的实现。

(四)统一领导、自主经营

从发展趋势看,实行企业化经营是高速公路运营管理更为合理的选择。我国高速公路建设"国家投资、地方筹资、社会集资、利用外资"的投融资体制的形成,在拓宽高速公路投融资渠道的同时,也形成了高速公路"企业化"的发展格局。所以在高速公路管理中,应坚持集中统一领导,政企分开的原则,在交通部设置高速公路管理专职部门,负责制定高速公路发展规划、政策法规、立项审批、协调高速公路建设、确定总体目标等职能;各省交通厅应设高速公路管理局,负责对本地区高速公路的规划、维护交通秩序、管理交通安全等职能;高速公路的经营则由授权企业负责,企业按照交通主管部门审批的经营范围、经营期限、收费标准和服务质量要求从事高速公路经营活动,接受专门管理机构的行政管理监督。企业在经营范围内自主经营,按章纳税,自担风险,自求发展,可以实行建设、养护、收费、还贷一体化经营,也可以受让收费权进行经营。

(五)管理主体明确、权责分明的原则

根据《高速公路法》的有关规定,各级交通主管部门是高速公路工作的主管部门,行使高速公路行业管理职责。但在以何种方式,如何行使以及行使哪些管理职责等方面,却缺乏相关法律和法规。目前,全国各省份高速公路的管理主体都不尽相同,例如,有的省成立了由省政府直接管理的高速公路集团公司,直接隶属于政府部门,并与省级交通主管部门处于同等的行政地位;有的高速公路的管理主体是政企混合体,省交通厅厅长兼高速公路集团公司的董事长(或总经理);还有的是中外合资企业、上市公司自主经营,自负盈亏。尽管各地高速公路经营管理主体设置不同,但交通主管部门与高速公路经营主体之间定位不清、关系不明现象普遍存在。这一方面使交通主管部门的行业管理职能受到严重削弱,另一方面也导致了高速公路管理主体职责不明、责权利不统一的情况,其直接后果是体制不顺畅、工作不协调、不规范,推诿、扯皮、摩擦现象严重,甚至还会诱发社会问题。比如北方某高速公路全长132公里,由某上市公司负责管理,但上市公司目前仅负责收费管理,养护和路政工作仍由原交通部门的事业管理处承担,养护和路政管理的经费计划由上市公司按年度下达。目前的主要问题是养护经费严重不足,路况水平极低,实测路面行驶质量指数

（RQI）值为84，路面状况指数（PCI）值仅为63。造成这种状况的原因固然与该高速路的基础较差有关，但主要还是上市公司不能根据实际路况提供足够的养护及大中修资金，导致路况水平迅速下降。

因此，高速公路运营管理不管采用何种模式，必须坚持政企分开，明确高速公路资产的经营管理主体，使高速公路经营企业实行自主经营，按照交通部门或有关部门审批的经营期限、经营范围、收费标准、服务质量要求开展高速公路经营活动，接受专业管理机构的行政管理与监督，实现经营企业责、权、利的高度统一。

（六）保证高速公路国有资产保值、增值的原则

目前我国的高速公路，不管投资主体是谁，也不管属于哪种管理形态、经营管理主体是谁，高速公路资产所有权均属国家所有，高速公路当然也不例外。我国高速公路资产的国有在法理上讲来自两方面：一是国家自己投资建设高速公路，按照物权法取得所有权；二是在引进非国有的国内外投资时，在投资建设合同中明确保留高速公路资产的所有权，依据债权法则取得所有权。基于此，依法对高速公路国有资产实施有效的管理，维护高速公路设施安全完整，使其处于良好的技术状态，是政府作为资产所有者角色拥有的权利与应尽的义务。保证国有资产的安全，实现保值增值目标，也是高速公路运营管理中必须遵循的重要原则之一。

第二节　高速公路资产运营管理方法体系

高速公路是一种现代化的设施，高速公路资产的运营和管理必须运用现代管理理论和方法。为此，结合高速公路资产的自身特点，对现代管理基本原理与方法进行研究分析，提炼、整理出适用于高速公路资产管理的部分理论与方法，具有较重要的意义和作用。

一、现代管理的基本原理

管理，就是在特定的环境下对组织所拥有的资源进行有效的计划、组织、领导和控制，以便实现既定的组织目标的过程。现代管理则是一种融合现代社会科学、自然科学和技术科学为一体的新型管理。

现代管理有五个原理：效益原理，系统原理，能级原理，人本原理，弹性原理。

（一）效益原理

效益原理是指人们在管理活动中，把效益和效率作为整个管理活动的基本目标，避免无效劳动，得到最佳效果。根据这一原理，高速公路管理者在管理过程中，必须从技术的先进性、经济的合理性和社会的效用性出发，综合考虑管理系统的内在联系和外部环境，努力以较低的消耗，获得最佳的效益。

（二）系统原理

系统原理是指要把被管理对象看成一个系统，要用发展的、联系的观点看待系统生产经营活动中的每一环节、要素和层次，正确处理要素之间、要素与整体之间的关系，保证系统最大限度地保持整体优化状态，以实现既定目标。

系统思考的全面程度，与整体统一、普遍联系、发展变化、相互制衡、和谐有序和中正有矩等六大观念贯彻落实的全面程度正相关。

1. 整体统一观念。就是把自己纳入所存在于其间的组织，并把其组织纳入所存在于其间的社会，把其社会纳入所存在于其间的世界，作为一个完整的统一体进行思考。思考社会不脱离世界，思考组织不脱离社会，思考个人不脱离组织。是在统一的整体之中，思考个体和局部，是结合个体和局部思考统一的整体。

2. 普遍联系的观念。是在把整个世界当做一个统一的整体思考的同时，认定存在于这个世界之中的任何一个部分和个体，彼此之间都存在有不同形式的联系，并且这种联系会使其相互之间产生种种不同的作用。每一个部分和个体都是处于整体之中的部分和个体，这任何一个部分和个体与其他部分和个体之间，也就必然存在着多种形式的联系。没有联系的存在，也就不可能是一个统一的整体之中的部分和个体。

3. 发展变化的观念。强调不能静止地、僵死地看待任何事物。任何事物都是处在不断地发展变化之中。"三十年河东，四十年河西"，是"天不转地转，地不转人转"。没有哪一个人和物是静止不变的。

4. 相互制衡的观念。强调在这个世界上，任何事物的发展变化，都不是孤立地进行的。任何一个事物的发展变化，既要受到其他事物发展变化的影响和制约，同时又会给其他事物的发展变化带来影响，施加作用，形成制约。没有哪一个人或事物可以我行我素,截然超越和凌驾于其他的人和事物之上。

5. 和谐有序的观念。强调系统构成的各个部分,不是同一的,而是存在有多种多样的差别。这就是在时间上有先后之分,在空间上有大小之分,在地位上有高低之分,在价值上有轻重之分。并且这种种差别的存在是必须的,没有这种差别的存在,就不足以保障系统运行的顺畅。并且这种差别的存在也仅仅以保障系统运行的顺畅为前提,超越这个前提的差别,就是多余的,有害的,就会对系统的运行造成阻碍。

6. 中正有矩的观念。强调在一个系统之中,任何一个构成部分,都有它特定的地位、作用和价值。这特定的地位、作用和价值,又都是被约束在特定的范围之内的,不能突破,也不容许突破;并且不能不及,也不允许不及。任何形式的突破和不及都会打乱系统的正常运行,危及整个系统的存在。

具体到高速公路管理活动,就应该按照系统的整体性要求,建立高速公路管理系统。要实现高速公路系统管理,必须明确系统所要实现的管理目标;必须按高速公路管理系统内部的层次性和关联性,建立管理体制和管理机构并进行管理;必须使高速公路管理系统积极适应环境和改造环境。

（三）能级原理

能级原理是指无论是管理组织还是管理者,都是处在一定的能级之上。稳定的结构不等于就是均匀而连续的整体,而是一个具有不同层次、不同能级的复杂结构。根据能级原理对高速公路进行能级管理,必须保持高速公路管理组织结构的稳定性和层次性;必须保持能量与级别的对应性和动态性;必须保持各级管理机构和各类管理人员权力、物质利益和精神荣誉分配上的层次性与差别性。

（四）人本原理

人本原理认为一切管理工作都应以调动人的积极性,做好人的工作为依据。高速公路作为一个相对封闭的工作系统,其与外界的沟通点主要是收费站,为司乘人员提供文明、快捷、优质的服务是其主要的工作目标。在提供服务方面,积极倡导"以人为本"的管理理念对高速公路的运营管理十分必要。管理者应遵守协调原则、个体原则、互补原则、能级原则、竞争原则和激发动机原则。

（五）弹性原理

弹性原理认为在管理过程的诸要素之间,保持适当的机动余地,以便及时适应客观事物各种可能的变化。高速公路管理中应用弹性原理,应注意四个方面:①在阶段或年度计划的制定上,要有较大的机动性和适应性;②在管理方案的决策上,要有选择的余地;③管理方案本身也要有适当的回旋余地;④在管理机构的设置上,要能适应高速公路发展的趋势和管理任务的变化,以利于今后的调整和完善。

二、现代管理方法在高速公路资产运营管理中的运用

现代管理方法是指管理者为了实现决策目标和计划任务,对被管理组织及其系统运行活动施加影响的基本途径,主要包括行政方法、经济方法、法律方法等。这些方法功能各异,作用互补,共同构成现代科学管理的调节手段系统。

任何管理方法的运用都应该服务于一定的管理目标,而对于高速公路经营企业而言,其管理目标主要有:①建立和完善符合现代管理要求的内部组织结构,形成科学的决策机制、执行机制和监督机制,确保单位经营管理目标的实现;②建立行之有效的风险控制系统,强化风险管理,确保单位各项业务活动的健康运行,保护单位财产的安全完整;③规范单位会计行为,保证会计资料真实、完整,提高会计信息质量,确保国家有关法律法规和单位内部规章制度的贯彻执行。要实现上述目标,只有在内部控制结构和内部控制成分的基础上,运用各种内部控制方法才能真正将内部控制落到实处。

高速公路企业的内部控制系统具体可由组织规划控制、授权批准控制、会计系统控制、全面预算控制、财产保全控制、人力资源控制、风险防范控制、内部报告控制、管理信息系统控制、内部审计控制等环节构成,具体见图 4-1。

（一）组织规划控制

组织规划是对企业组织机构设置、职务分工的合理性和有效性所进行的控制。企业组织机构有两个层面:一是法人的治理结构问题,涉及董事会、监事会、经理的设置及相应关系;二是管理部门设置及其关系。职务分工主要解决不相容职务分离。所谓不相容职务分离是指那些由一个人担任,既可能发生错误和弊端又可掩盖其错误和弊端的职务。企业内部主要不相容职务有:授权批准职务、业务经办职务、财产保管职务、会计记录职务和审核监督职务。这五种职务之间应实行如下分离:①授权批准职务与执行业务职务相分离;②业务经办职务与审核监督职务分离;③业务经办职务与会计记录职务分离;④财产保

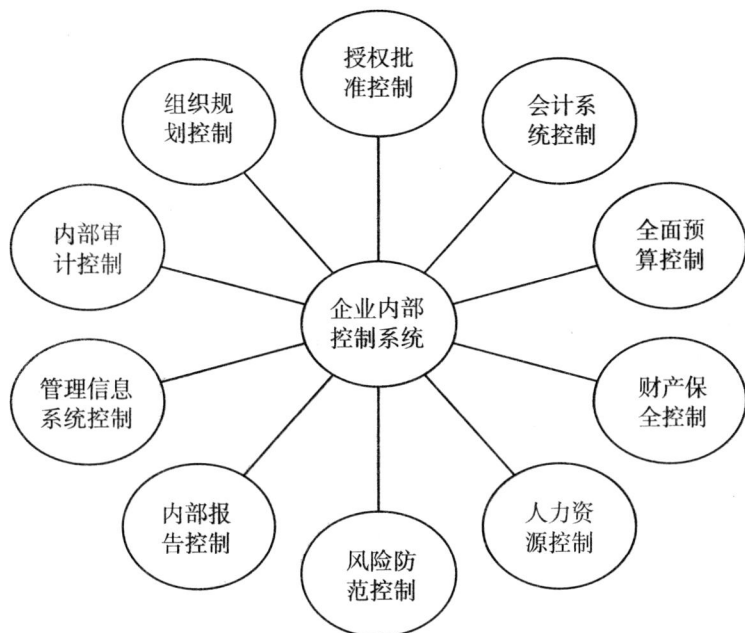

图 4 - 1　企业内部控制系统

管职务与会计记录职务分离;⑤业务经办职务与财产保管职务相分离。

要建立健全组织规划控制,目前必须解决两个问题:

一是设立管理控制机构。例如,高速公路经营企业依据自身经营特点设立审计委员会、价格委员会等,就是完善内部控制机制的有益尝试。机构设置因单位的经营特点和经营规模而异,不必拘泥于一种所谓通用模式。

二是推行职务不兼容制度,杜绝高层管理人员交叉任职。这种交叉任职的后果是班子之间权责不清、制衡力度锐减。因此,建立内部控制框架首先要在组织机构设置和人员配备方面,做到董事长和总经理分设、董事会和总经理班子分设,避免人员重叠。

(二)授权批准控制

授权批准是指企业在处理经济业务时,必须经过授权批准以便进行控制。授权批准按其形式可分为一般授权和特殊授权。所谓一般授权是指对办理常规业务时权力、条件和责任的规定,一般授权时效性较长。而特殊授权是对办理例外业务时权力、条件和责任的规定,其时效性一般较短。不论采用哪一种授权批准方式,企业必须建立授权批准体系,其中包括:①授权批准的范围,通常企业的所有经营活动都应纳入其范围;②授权批准的层次,应根据经济活动的重要性和金额大小确定不同的授权批准层次,从而保证各管理层有权亦有责;③授权批准的责任,应当明确被授权者在履行权力时应对哪些方面负责,应避免责任不清,一旦出现问题又难咎其责的情况发生;④授权批准的程序,应规定每一类经济业务审批程序,以便按程序办理审批,以避免越级审批、违规审批的情况发生。单位内部的各级管理层必须在授权范围内行使相应职权,经办人员也必须在授权范围内办理经济业务。

(三)会计系统控制

会计系统控制要求单位必须依据会计法和国家统一的会计制度等法规,制定适合本单位的会计制度、会计凭证、会计账簿和财务会计报告的处理程序,实行会计人员岗位责任制,建立严密的会计控制系统。会计系统控制主要包括:①建立健全内部会计管理规范和监督制度,且要充分体现权责明确、相互制约以及及时进行内部审计的要求。②统一会计政策。尽管国家制定了统一的会计制度,但其中某些会计政策是可选的,因此从企业内部管理要求出发,必须统一执行所确定的会计政策,以便统一核算汇总分析和考核;企业会计政策可以专门文件的方式予以颁布。③统一会计科目。在实行国家统一一级会计科目的基础上,企业应根据经营管理需要,统一设定明细科目,特别是集团性公司更有必要统一下级公司的会计明细科目,以便统一口径,统一核算。④明确会计凭证、会计账簿和财务会计报告的处理程序与方法,遵循会计制度规定的各条核算原则,使会计真正实现为国家宏观经济调控和管理提供信息、为企业内部经营管理提供信息、为企业外部各有关方面了解其财务状况和经营成果提供信息的目标。

(四)全面预算控制

全面预算是企业财务管理的重要组成部分,它是为达到企业既定目标编制的经营、资本、财务等年度收支总体计划,从某种意义上讲,全面预算也是对企业经济业务规划的授权批准。全面预算控制应抓好以下环节:①预算体系的建立,包括预算项目、标准和程序;②预算的编制和审定;③预算指标的下达及相关责任人或部门的落实;④预算执行的授权;⑤预算执行过程的监控;⑥预算差异的分析与调整;⑦预算业绩的考核。全面预算是集体性工作,需要企业内各部门人员的相关合作。为此,设立预算委员会,组织领导企业的全面预算工作,确保预算的执行。

（五）财产保全控制

财产保全控制包括:①限制直接接触,主要指严格限制无关人员对实物资产的直接接触,只有经过授权批准的人员才能够接触资产。限制直接接触的对象包括限制接触现金、其他易变现资产与存货。②定期盘点,建立资产定期盘点制度,并保证盘点时资产的安全性。通常可采用先盘点实物,再核对账册来防止盘盈资产流失的可能性,对盘点中出现的差异应进行调查,对盘亏资产应分析原因、查明责任、完善相关制度。③记录保护,应对企业各种文件资料(尤其是资产、财务、会计等资料)妥善保管,避免记录受损、被盗、被毁的可能。对某些重要资料应留有后备记录,以便在遭受意外损失或毁坏时重新恢复,这在当前计算机处理条件下尤为重要。④财产保险,通过对资产投保(如火灾险、盗窃险、责任险或一切险)增加实物受损补偿机会,从而保护实物的安全。⑤财产记录监控,对企业要建立资产个体档案,资产增减变动应及时全面予以记录。⑥加强财产所有权证的管理,改革现有低值易耗品等核销模式,减少备查簿的形式,使其价值纳入财务报表体系内,从而保证账实的一致性。

（六）人力资源控制

对于作为经济运行的微观基础的企业而言,人力资源要素的数量和质量状况,人力资源所具有的忠诚、向心力和创造力,是企业兴旺发达的活力和强大推动力所在。因此,如何充分调动企业人力资源的积极性、主动性、创造性,发挥人力资源的潜能,已成为企业管理的中心任务。人力资源控制应包括:①建立严格的招聘程序,保证应聘人员符合招聘要求。②制定员工工作规范,用以引导考核员工行为。③定期对员工进行培训,帮助其提高业务素质,更好地完成规定的任务。④加强考核奖惩力度,应定期对职工业绩进行考核,奖惩分明。⑤对重要岗位员工应建立职业信用保险机制,如签订信用承诺书,保荐人推荐或办理商业信用保险。⑥工作岗位轮换,可以定期或不定期进行工作岗位轮换,通过轮换及时发现存在的错弊情况,同时也可以挖掘职工的潜在能力。⑦提高工资与福利待遇,加强员工之间的沟通,增强凝聚力。

（七）风险防范控制

企业在市场经济环境中,不可避免会遇到各种风险。风险控制要求树立风险意识,对各个风险控制点建立有效的风险管理系统,通过风险预警、风险识别、风险评估、风险报告等措施,对财务风险和经营风险进行全面防范和控制。企业风险评估主要内容:①筹资风险评估。如企业财务结构的确定、筹资结构的安排、筹资币种金额及期限的制定、筹资成本的估算和筹资的偿还计划等都应事先评估、事中监督、事后考核。②投资风险评估。企业对各种债权投资和股权投资都要做可行性研究,并根据项目和金额大小确定审批权限,对投资过程中可能出现的负面因素应制定应对预案。③信用风险评估。企业应制定客户信用评估指标体系,确定信用授予标准,规定客户信用审批程序,进行信用实施中的实时跟踪;信用活动规模大的企业,可建立独立信用部门,管理信用活动、控制信用风险。④合同风险评估。企业就合同起草、审批、签订,履行监督以及对违约采取应对措施等活动,建立控制科学试验,必要时可聘请律师参与。风险防范控制是企业一项基础性和经常性的工作,企业必要时可设置风险评估部门或岗位,专门负责有关风险的识别、规避和控制。

(八)内部报告控制

为满足企业内部管理的时效性和针对性,企业应当建立内部管理报告体系,全面反映经济活动,及时提供业务活动中的重要信息。内部报告体系的建立,应体现反映部门经管责任,符合例外管理的要求;报告形式和内容简明易懂,并要统筹规划,避免重复。内部报告要根据管理层次,设计报告的频率和内容的详简。通常,高层管理者报告时间间隔时间长,内容从重、从简;反之,报告时间间隔短,内容从全、从详。常用的内部报告有:①资金分析报告,包括资金日报、借还款进度表、贷款担保抵押表、银行账户及印鉴管理表等;②经营分析报告;③费用分析报告;④资产分析报告;⑤投资分析报告;⑥财务分析报告等。

(九)管理信息系统控制

管理信息系统控制包括两方面的内容,一方面,要加强对电子信息系统本身的控制。随着电子信息技术的发展,企业利用计算机从事经营管理方式手段越来越普遍,除了会计电算化和电子商务的发展外,企业的生产经营与购销储运都离不开计算机。为此必须加强对电子信息系统的控制,包括系统组织和管理控制,系统开发和维护控制,文件资料控制,系统设备、数据、程序、网络安全的控制,以及日常应用的控制。另一方面,要运用电子信息技术手段建立控制系统,减少和消除内部人为控制的影响,确保内部控制的有效实施。

（十）内部审计控制

内部审计控制是内部控制的一种特殊形式，它是一个企业内部经济活动和管理制度是否合规、合理和有效的独立评价机构，在某种意义上讲是对其他内部控制的再控制。内部审计内容十分广泛，按其目的可分为财务审计、经营审计和管理审计。内部审计在企业应保持相对独立性，应独立于其他经营管理部门，最好受董事会或下属的审计委员会领导。

第二部分

高速公路资产运营评价

第五章　高速公路资产运营的组织效率评价

第一节　高速公路资产运营的组织体制现状

组织体制是指组织内部各层级之间、各部门之间的权责配置关系和结构体系的制度规范。合理的组织体制能最大发挥人员工作的主动性、积极性和创造性。高速公路资产运营组织体制,则是指高速公路资产运营中涉及的各个组织层级以及各部门之间,在高速资产运营管理中的权责配置和结构体系的制度规范。从广义上讲,高速公路资产运营的组织体制是指高速公路的整个管理体制,从狭义上讲它仅包括高速公路资产运营管理部门的内部组织结构。

从高速公路管理机构的性质看,大致有三种模式。

一是纯事业型管理模式。目前我国大多数省份的高速公路管理机构属于这种模式。其核算方式采用自收自支的形式,实行收支两条线;通行费收入全额上交上级主管部门,养护管理费根据年度计划由上级主管部门审批划拨。这种体制体现了高速公路作为社会公用设施由政府职能管理部门统一管理的特性,有利于统一指挥和协调;但收费管理单位和人员的自主性较少,受政府干预大,不利于尽早收回投资,违反了高速公路这一国有资产的使用价值可参与交换的客观规律,忽视了高速公路具有商品属性的特点。如辽宁省高速公路管理局、吉林省高速公路管理局和北京市公路局京石高速公路管理局就属于这种模式。

二是纯企业型的管理模式。陕西金秀交通有限公司(香港)、京津塘高速公路联合公司、河北省冀星(京石)、石青(石太)高速公路有限公司均属这种模式。其中陕西金秀交通有限公司以受让交通部门投资建成的 23.88 公里西临高速公路经营权,而成为高速公路投资主体,独立按外商独资企业的规定自主从事收费经营并承担投资风险。这种管理模式的优点:①投资回收快,特别是收费权转让这种形式,可一次性收回建设投资,用于其他公路建设,缓解了高速公路建设资金紧张的状况;②由于经营企业对高速公路实行资产经营,使国有资产的企业经营权与国家所有权彻底分离,企业则以利润最大化为目标,主动参与市场竞争,从而可融通更多资金再投资公路建设或其他产业;③由于经营企业要承担投资风险,所以具有较强的自我约束和自我发展意识;④由于政企彻底分离,经营企业得以实现真正意义上的自主经营,运行机制灵活,内部机构和人员精干,成本低、效益好。这种管理模式标志着高速公路由政府进行实物形态管理转向资产经营管理的深刻变革,符合市场经济的规律,是高速公路管理体制改革的发展方向,不足之处是:①交通主管部门如何对企业经营的高速公路实行路政、安全等行业行政管理尚缺乏有效的办法和成功的经验,企业往往以商业秘密为由将交通量、收费额等行业信息进行封锁,行业主管部门难以掌握;②在当前中国资产经营市场发育尚不完善情况下,经营企业也常受到地方政府和外界的干扰,影响企业自主经营;③随着高速公路的发展,一个省内或者全国范围内将会出现更多相对独立的高速公路经营企业,容易形成各自为政、难以统一协调的局面。

三是事业企业混合型管理模式。这种模式又有两种不同的类型,其一是企业单位、事业管理。这是在投资主体单一,市场发育不全,经营者无条件独立经营背景下产生的。一般情况下是政府筹资建设,建成后由省级交通主管部门组建专门的高速公路管理机构,以企业身份,统一对全省高速公路的收费、养护、服务、开发等工作进行企业化经营,但其组织机构仍按行政事业建制配置,对路政、安全等行政管理工作统一进行事业化管理。如陕西省高等级公路管理局和广东省高速公路建设总公司就属这种模式。其二是事业单位企业管理。这是由省级交通主管部门组建专门的高速公路管理机构,直接管理全省的高速公路路政、安全等工作,对养护、收费、服务和开发等营运管理工作进行宏观管理和指导,其管理机构属事业单位,归口于省交通厅领导;每条道路的收费、养护、服务和开发等工作则实行一路一公司的企业化经营。省级高速公路管理机构负责统一制定全省的高速公路管理办法和收费、养护、服务标准,制定沿线开发政策和规定,从而达到监督、协调、控制、管理各条高速公路经营企业的目的;经营企业可在法定的权限范围内和政策允许的前提下自主经营。如贵州省高等级公路管理局就是这种模式。

一、个案分析——河北省高速公路资产运营管理模式

目前河北省高速公路资产营运管理模式多样化,高速公路管理单位既有事业型的也有企业型的,与交通厅的关系既有紧密隶属型也有行业隶属型。

为使河北省高速公路建设持续、健康、稳定发展,从2003年以来,河北省交通厅党组大胆破除思想障碍和体制障碍,大力推行了"三个多元化"。一是项目业主多元化,除省厅三个项目法人承担业主外,现在已有一半左右的项目由各市承担业主;二是投资主体多元化,除省厅三个项目法人作为投资主体外,部分设区市在省厅的支持下也逐步形成了自己的投资主体,此外,国营、民营企业也开始进入了高速公路建设领域;三是筹资方式多元化,如转让部分路段收费权、服务区经营权提前转让等。其中,高速公路建设项目依据国家规定,实行项目法人责任制,同时按照交通部规定,项目法人分为公益性项目法人和经营性项目法人。公益性项目法人是国家投资,以收费还贷为目的,属事业性单位;经营性项目法人属企业投资形式,在特许经营期内独立经营。

河北省交通厅直属三个项目法人单位为河北省交通厅国际金融组织贷款项目办公室、河北省高速公路管理局和河北省道路开发中心,均属公益性项目法人;各项目分别成立相应高速公路建设管理筹建处,均隶属于三个厅直项目法人,作为二级单位现场对工程项目进行具体建设管理工作。省交通厅参股的经营性高速公路在建设期合资的,由各股东方成立董事会,并组建管理处作为独立法人直接进行项目管理。各市项目法人管理模式基本同上,由市交通局报设区市政府批准后成立直属的高速公路建设处,作为项目法人对工程项目进行具体建设管理工作。在运营管理模式上,国有投资项目作为事业单位,收费还贷收支两条线;合资、合作、股份制项目作为企业,在批准的特许经营期内自主经营收费管理(见表5-1)。

表5－1　河北省高速公路资产运营组织体制情况

序号	项目法人单位	路段	管理单位
1	省高速公路管理局	京沈高速公路廊坊段	京秦高速公路廊坊段管理处
2		宣大高速	宣大高速公路管理处
3		京石高速	冀星高速公路有限公司
4	省厅项目办	京沈高速公路宝坻至山海关段	京秦高速公路管理处
5		北戴河连接线高速公路	京秦高速公路管理处
6		京沪高速公路A段	京沪高速公路管理处
7		B高速公路	B高速公路管理处
8		青红高速(涉县至冀晋界)	邯长高速公路管理处
9		青银高速	青银高速公路筹建处
10		沿海高速	沿海高速公路筹建处
11	省厅道路开发中心	唐津高速公路	唐津高速公路有限公司
12		石黄高速公路	石黄高速公路管理处
13	A市交通局	衡德高速	衡德高速公路管理处
14	B市交通局	丹拉高速公路B段	丹拉高速公路B高速公路管理处
15		张石高速	张石高速张家口高速公路管理处
16	C市交通局	邢临高速	C市高速公路管理处
17	D市交通局	京承高速	D市京承高速公路建设管理处
18	E市交通局	唐港高速公路	唐港高速公路管理处
19		承唐高速	承唐高速公路建设指挥部
20	F市交通局	青红高速	F市青红高速公路管理处
21	G市交通局	津汕高速	G市津汕高速公路建设管理处
22	中国华能集团公司	京张高速公路	华能京张高速公路有限责任公司
23	华北高速公路股份公司	京津塘高速公路	华北高速公路股份公司

二、高速公路资产运营管理模式分类

　　目前河北省高速公路资产营运管理模式多样化,高速公路管理单位既有事业型的也有企业型的,与交通厅的关系既有紧密隶属型也有行业隶属型。大体上有四种模式:

（一）紧密隶属型

河北省交通厅以独资或参股的形式修建的高速公路管理单位。如厅直三个项目法人高管局、项目办、开发中心以及三个项目法人所属相应的高速公路管理筹建处。依照项目法人责任制它们分别代表交通厅对所管辖项目进行规划、设计、筹资建设、运营、路政等项管理，但每个法人之间相对独立。

（二）行业隶属型

近几年来河北省鼓励各设区市政府作为投资主体做业主，并支持国营、民营企业投资高速公路建设领域。交通厅对这些单位只承担行业管理的责任。资金筹措、建设、运营管理均由地方政府及投资者负责。因此这些单位为行业隶属型。如唐港高速公路管理处、衡德高速公路管理处、京承高速公路管理处、丹拉高速公路张家口高速公路管理处、沧州市津汕高速公路管理处等。

（三）事业型

厅直三家法人及其所属的部分高速公路管理筹建处，设区市政府投资修建的高速公路管理单位；以收费还贷为目的，高速公路的国有资产管理与行业管理由交通厅或地方政府负责。这样的高速公路在河北省有京秦、丹拉、宣大、唐港、京沪、石黄、衡德、青银、津汕、京承等高速公路。

（四）企业型

厅直三个项目法人所属的部分路段建成通车后，为尽快收回投资用于高速公路事业的再发展而转让部分收费权。如京津唐高速公路河北段、唐津高速、石太高速、京石高速。另外，部分路段由交通厅以参股的形式与地方政府、国有企业、民营企业共同出资修建的高速公路，如京张高速、保沧高速，以收费为目的，在特许经营期限内收费经营。

三、高速公路现有基本组织结构

组织结构是机关组织各部门与各层级，依据法定规则所建立的一种正式的各种相互关系的体制。按照传统的管理科学理论，常规的组织结构模式有直线制模式、职能制模式和直线职能制模式三种。

（一）直线制模式

直线制模式的特点是管理机构自上而下垂直领导，最高首长直线统管下级机构，负有全责，政出一门，指挥统一。每一层级的平行单位相互分列，各对自己分内的一切活动负责,无横向联系,纵向联系也只是对上级负责。这种管理机构模式,上下级之间无中间环节,关系简明,责权清晰,机构精干。其管理活动以便捷见长,但因缺乏专业分工和协作优势,不利于调动下层管理者的积极性,一般只适用于规模较小、业务简单的组织或单位。

（二）职能制模式

职能制模式在分级管理的基础上,各级机构中除主管人员外,还按管理业务职能的需要相应地设有职能机构。这些职能机构的责权在性质上是部分的,但行使的范围却是完全的,具有分职、专责之特点,它有权在自己的业务范围内向下级机构下达命令或指示。也就是说,下级领导除了接受上级领导的命令和指示外,还必须接受上级职能部门的命令或指示。这种管理机构设置模式,虽然有利于将复杂工作分工化、提高工作效能,也有利于从各个方面强化专业管理,但容易形成多头指挥,造成职责不清。

上述两种机构设置模式各具有优点,又有不足。无论何种模式单独用于构建公路交通管理体制,都显得难以适应公路交通管理活动的特殊需要。

（三）直线职能制模式

直线职能制模式吸取了直线制模式和职能制模式的优势,自上而下实施垂直领导,下级管理机构的领导只听命于其上一级主管领导,执行相应职能。而每级管理主体均根据管理业务需要设置职能部门,辅助领导管理各类业务。上下级同类职能部门之间不存在领导和被领导关系,而只是业务指导关系。这种模式管理层级较为合理,管理幅度较为适当,责任权限清楚,有利于在统一指挥下各司其职、各负其责,有利于职能部门之间的紧密配合、协调,提高管理效率。公路管理机构可以借鉴这种模式进行设置。

四、高速公路现有组织的功能

本章开篇提到评价高速公路资产运营的组织体制效率,既要从整体管理体制上去把握,也要考虑各个层级（或部门）的内部组织结构,照此分析,组织结构见图5-1。

从整体管理高速公路管理体制上分析,其资产运营模式主要是由交通厅作为主管部门,其下设项目法人单位,项目法人单位又设置管理处,每个管理处又由相应的部门组成。如果从相对狭义角度理解,组织结构其实就是指高速公路

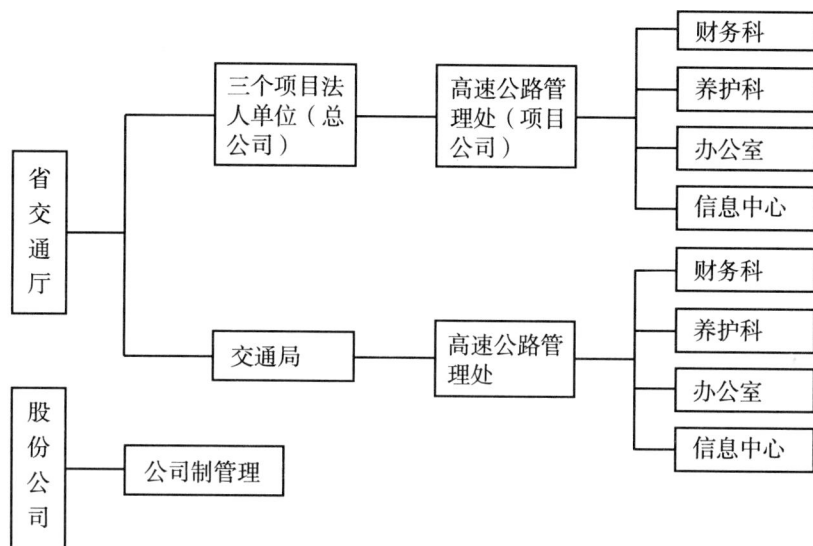

图 5 - 1　高速公路资产运营管理组织结构

资产运营管理处的相关组成单位,即财务科、养护科、综合科等。下面分别就各
个层次单位的功能进行分析:

（一）省交通厅

省交通厅的主要职责是代表政府拥有行业国有资产管理和监督权,在管理
层次上是项目法人资产经营授权者决定项目法人的投资方向和主要经营活动,
监督项目法人管好用好国有资产,促进国有资产保值增值。

（二）项目法人

项目法人是厅授权的高速公路国有资产投资和控股经营公司,实行厅领
导下的董事会负责制和董事会领导下的总经理负责制。法人根据厅授权经
营国有资产,多渠道、多形式筹集资金,按照全省高速公路总体规划要求,采
取控股、参股和以项目融资为主的资本经营方式;以资产投入、产出全过程为
管理内容,通过科学、效益的管理手段加强对项目公司的资产营运管理;同时
通过国有资本不断提高对其他社会资本的支配能力,确保产业政策的实施,
适应结构调整的需要,促使交通建设资金不断滚动发展,确保国有资产保值
增值。

（三）高速公路管理处

高速公路管理处作为项目公司,是项目建设、经营一体化具体的资产管理

主体,既是项目法人的参控股子公司,又与项目法人同是平等的独立法人,独立承担民事责任;两者以产权为纽带,主要以资本经营、委派主要管理人员、加强监督管理形式相链接。

高速公路管理处的运作以高速公路经营权为管理核心,以企业组织为载体,实行董事会领导下的总经理负责制,按质按量完成工程建设,搞好以通行费收入为主的资产经营工作,保证投资的回收和国有资产的完整、增值:①按《公司法》和现代企业制度要求,建立产权明晰的企业组织,建立健全内部机构和制度;②根据公司发展的不同阶段,建立行之有效的经营管理体系;③按国家财经制度要求,建立科学、严密的财务管理和核算制度;④按现代企业制度要求,建立劳动、人事、分配机制;⑤按产业政策和全省高速公路建设的统一规划,制订项目公司自身发展计划。

1. 办公室。其与资产管理有关的功能主要表现为:负责行政用车的购置和管理;负责固定资产、物资、物品、材料器材的建账立账,清仓查库;负责处理各种物资器材、办公用品等低值易耗品的购置、保管和发放。

2. 财务科。宣传、贯彻执行国家和上级有关财经法律、法规和规章,遵守财经纪律,对本财务管理的单位财务活动进行控制和监督;负责单位会计总预算编制,组织单位预算的执行,搞好财务收支预测等项管理工作;编制全市港航系统财务收支部门预算,严格执行预算方案;负责全局经费支出、资金调度,达到资金总量和收支项目上的结构性平衡;负责聚财、理财、敛财三个方面的财务管理,提高资金综合使用效益;负责专项工程资金的管理,参与审查各类对外经济合同、协议等文件,严格按照合同控制、监督重点工程的资金拨付,确保专项资金专款专用,做好专项资金的监管工作;负责组织、指导基层单位的收入、支出核算的财务管理工作,配合有关部门积极推进基层单位收支挂钩、奖励分配的配套改革。

3. 养护科。除了负责高速公路的养护管理之外,主要负责养护设备的维修管理,进行养护设备从购置到更新报废全过程的综合管理,以保持设备的完好率,提高设备利用率,降低维修费用,杜绝事故的发生,从而取得良好的经济效益。养护设备分为初、所、中心三级管理,凡单机原值10万元以上,规定使用期限5年以上的养护设备实行统一管理;凡单机原值在10万元以下,规定使用期限在5年以下的养护设备及工具由管理所管理;养护中心负责设备的使用、保养、维修,并加强原始资料的管理和运行操作过程中的资料累计;养护设备的购置、调拨、大修、报废,均须报养护科审批,任何人不得私自处理。

4. 信息中心。主要负责高速公路全线监控、通信、收费及供配电系统设备的保养、维护、管理及使用管理工作,使高速公路的机电系统达到完好状态。其对机电设备的维护一般实行三级管理模式:一般故障由收费班长、站级专职或兼职机电维护人员排除;较大故障由各个管理所信息分中心机电维护维修人员排除;重大故障由管理处信息中心负责排除。

第二节　高速公路资产运营组织效率评价

一、我国高速公路资产运营管理机构设置

我国公路管理模式为专业化纵向型管理模式,即国家设交通部,省、自治区和直辖市设交通厅、公路管理局,地、市设公路总段,县市设公路段,对国道、省道进行专业化纵向管理。整个国、省级干线公路的人、财、物权和生产管理业务统一集中在省里,下设的公路机构受其垂直领导。地、县级公路管理机构及其所属养护基层组织、人员的党政团等关系在当地,并接受当地政府及其主管部门(交通局)的行业领导和监督。

在中央政府这一级,中国的公路部门是由交通部负责。然而,省交通厅也承担大部分省道管理职能,交通部通过全国性的方针政策、规章制度,和通过制定设计、施工、养护等标准、规范,对省交通厅实行原则上的政策指导和支持。

交通部负责部分交通部门,即公路、港口及水运等子部门。运输部门的其他重要子部门,如铁路及民航分属另外两个部管辖。这些独立的部之间的直接接触甚少。关于各种运输方式之间的联运规划和协调工作,则是由国家计划委员会执行。

交通部对于投资的职责似乎在各个子部门之间都多少有些不同,但总的说来主要是一些大型项目,或者像公路部门那样,主要是国道主干线公路系统。但是,交通部仅提供投资费用的30%,且采取一年两次预先支付的办法,并不参考进度和业绩。而在发生争议时,交通部工程管理司还必须通过部长向财务司报告。正规来讲,交通部对于某个未能达到规定标准的项目可以停止支付其

拨款。

交通部不是按交通运输方式组建的,即未设立公路、水运、港口等司局,而是按职能(计划、工程、运输、财务等)设置机构,虽然各个司局是按运输方式划分的。有几个处(每个司局有一个)参与部内对各种运输方式的规划,不过主要工作及协调是由计划司综合处承担。为了适应市场经济以及各级政府间财政关系的变化并考虑到各省作用的加强,交通部从1993年开始着手考虑各种组织机构重组方案。尽管各运输方式联运的组织机构对于一个负责联运规划的部来说十分必要,但交通部却无此设置,因为交通部目前是处于一个多运输方式联合体和运输部之间的地位。

省交通厅通过其市、县和专区一级的单位负责本省公路部门的规划和管理,包括路网和运输业的建设及维护,可另一方面,公路交通安全却由地方政府一级的公安局负责。

上述运作模式的优点在于:①纵向型管理模式符合"统一领导、分级管理"的原则;②能重点保证国家干线和省级干线公路的建设、养护与管理;③适合于正规化、专业化、现代化的系统管理;④便于推广新技术和现代化管理手段;⑤有利于按技术装备的能力组织生产和设置业务机构;⑥易于下达指令,信息反馈迅速;⑦能排除一些横向干扰,避免地方局部利益对全局整体规划的冲击。

其不足之处在于:国道、省道管理游离于地、县两级政府直接管理之外,当行业指令与地方意志相抵触时,有可能令不行、禁不止,致使诸如征地拆迁、取料用土、路政纠纷、职工子弟入学就业等问题难解决。

二、高速公路资产运营组织体制效率评价

由于高速公路资产的运营组织体制多样化,组织结构图千差万别,所以在这里以河北省的B高速公路作为典型案例进行剖析。

(一)基本组织结构

事业单位企业化管理的组织结构标准(见图5-2)。

(二)高速公路资产运营组织体制效率评价

高速公路资产运营组织体制评价可以从管理机构设置是否合理、管理职能是否明确等一类指标来衡量(见表5-2)。

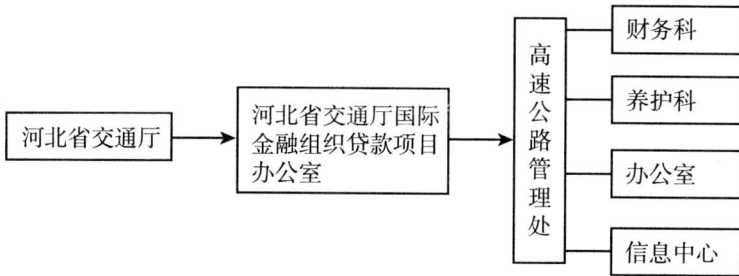

图5－2　高速公路资产运营管理基本组织结构举例

表5－2　组织体制评价指标

因素集	指标集
管理机构设置	（1）组织结构形态
	（2）执行层管理幅度
管理职能	（3）各管理层次职能划分的合理性
	（4）各管理机构部门设置合理性
	（5）自然管理需求的实现程度

1. 组织结构形态

组织结构大体经历了任务小组、直线制、直线职能制、事业部制、分公司、子公司等组织结构的演变历程。在特定企业还出现了矩阵制和多维制的演变类型。组织结构理论告诉我们没有永恒不变的组织结构，只有减少管理层次、减少管理职能部门才能使组织效率提高。同时，组织应具备高度的机动性、创造性。结合我国组织结构存在的缺陷，设计组织结构的一般原则为：适度分权、简单、有弹性。

（1）适度分权。对于大中型组织、规模巨大，为减少环节和层级，应实行分权管理，并合理授权。

（2）简单。组织结构应尽可能地摒弃繁琐累赘的形式，做到指挥直接，政令畅通，反馈及时。

（3）有弹性。面对不断变化的组织外部环境，组织机构应该能很好地适应和反应，这就要求组织机构要有创新性、机动性、灵活性。

组织结构形态的类型通常用高速公路上层、中层和执行层管理机构数量的比值来反映(见表5-3)。

表5-3　组织结构形态评价等级

评价等级	优	良	中	较差	差
中层与上层管理机构数之比	10~12	8~10 或 12~14	6~8 或 14~16	4~6 或 16~18	小于4 或 大于18
执行层与中层管理机构数之比	6~8	5 或 9	4 或 10	3 或 11	2 或 12

2. 执行层管理幅度

高速公路执行层管理幅度是指平均每个管理所的管理里程。根据现代管理的组织结构设计的要求,任何管理机构能够直接有效地管理的幅度是有限的。因此,应该合理确定执行层的管理幅度(见表5-4)。

表5-4　执行层管理幅度评价等级

评价等级	优	良	中	较差	差
执行层管理幅度(公里)	55~65	50~55 或 65~70	45~50 或 70~75	40~45 或 75~80	<40 或 >80

3. 各管理层次职能划分的合理性

各管理层次职能划分的合理性是指高速公路管理体系为了满足管理需求,对各管理层次职能分工的合理制度。该指标难以定量化评价,宜采用定性的方法将其划分为优、良、中、较差和差,共5个评价等级,评价方法可采用专家法。

4. 各管理机构部门设置合理性

各管理机构部门设置是指高速公路最高层、中层和执行层管理机构内部平行部门的设置(见表5-5)。

表5-5　管理机构部门设置合理性评价等级

单位:个

评价等级	优	良	中	较差	差
高层部门设置数量	7	6 或 8	5 或 9	4 或 10	≤3 或 ≥11
中层部门设置数量	7	6 或 8	5 或 9	4 或 10	≤3 或 ≥11
执行层部门设置数量	5	4 或 6	3 或 7	2 或 8	1 或 ≥9

5. 自然管理需求的实现程度

高速公路自然管理需求和满足程度是指建设、收费、养护、监控和通信、服务区和综合开发、交通安全、路政、运政管理等 8 个方面的实现程度（见表 5 - 6）。

表 5 - 6　高速公路自然管理需求满足程度的评价等级

单位：类

评级等级	优	良	中	较差	差
实现功能的种类数	8	7	6	5	≤4

（三）我国高速公路资产运营机制问题

高速公路是一个管理主体多元、管理内容广泛、管理程序复杂的领域,其管理模式的确定需要一个较长的过程。因此对于起步不久的我国高速公路行业而言,采取何种模式进行科学管理,还处在尝试、摸索阶段。各地从实际出发,努力探索符合高速公路特点和运行规律的管理形式,呈现出多种模式并存的现象,对高速公路起步阶段的发展起到了促进和保障作用。但我们也应清醒地认识到,随着我国经济改革的不断深入以及我国高速公路的快速发展,现有高速公路管理模式及其组织结构的设置也暴露出许多问题。

1. 高速公路管理尚未形成层次清晰的纵向体制关系

由于我国高速公路尚处于起步阶段,管理体制尚无定式,国家只是在国务院办公厅的文件中指出:"目前,我国高速公路正在起步阶段,如何管好高速公路,需要有一个积累经验的过程。因此,各地对高速公路管理的组织机构形式,由省、自治区、直辖市人民政府根据当地实际情况确定,暂不作规定。"这些年来,由于各省、自治区、直辖市高速公路建设的投融资体制不同,所以全国高速公路管理体制不统一,管理单位的性质也不尽相同。其结果,中央和地方政府在公路管理上不能完全按照行政等级与功能分类划分权责,部门之间在管理和土地权属方面比较模糊和混乱,纵向体制尚未理顺。

2. 政企不分、职责不清,导致管理效率低下

目前,我国高速公路大多是在由政府投资,逐渐向政府与企业、内资与外资多元化投资主体转变的过程中运作的。因此,即使是一些已经注册的高速公路

经营管理公司,也或多或少地带有原事业单位的背景,有的公路局或高管局与高速公路公司属于一套人马两块牌子,政企、事企职能尚未完全理顺,职责关系不清:一些应当由企业经营的如高速公路养护、收费由交通主管部门或公路管理机构承担;一些公路管理机构只管收费而不承担还贷责任;缺少投资风险责任,运行机制僵化,"大锅饭"现象普遍。

3. 条块分割,规模效应难以显现

从技术上讲,高速公路的网络不可分割性特点,决定了对高速公路系统管理必须具有统一性、高效性、集成性,以及跨区域的协调性。但是,目前高速公路管理除实行跨省联网的京沈高速,以及部分省域内联网的路段外,大多数实行的是以分段式建设、分割式运行为特征的管理模式,从而造成了管理幅度偏小、管理主体多元与一路多制等现象,使得按路分管与全线管理的矛盾日益突出起来。其集中表现就是分段设站收费现象普遍存在,这就使得高速公路赖以发挥高效、协同作用的有机性、统一性规模经济优势,为区域间路网分割所替代,公路运输降低交易费用的本源功能大为削弱,影响了高速公路车辆通行高速度、高流量、高效率优势的发挥。另外,在与其他省份高速公路收费联网问题上,国家始终没有拿出方案;高速公路收费费率制定不科学,缺乏统一标准,各地差别较大。

4. 交通主管部门监管不力,公众出行利益甚至社会公共利益受损

高速公路经营领域属于"市场失灵"范畴。在经济本质上,高速公路产业是一个不完全竞争市场,具有较为明显的自然垄断性。在这种自然垄断的市场结构下,由于同一方向路段供给的稀缺性,使得高速公路经营者可能凭借垄断经营的强势地位损害消费者的利益,甚至置公共利益于不顾,片面追求自身经济利益的最大化。在高速公路养护过程当中,这一现象最为突出。有的公司将公司短期经济利益凌驾于国家长远利益之上,未能根据实际路况提供足够的养护及大、中修资金,导致路况水平下降。目前对于大多数国有独资或控股的高速公路公司来说,存在政府股权管理与政府行政管理、政府行政管理与企业自身管理互相混淆的问题。政府通过特许协议来制定收费期限、收费费率区间、服务质量水平、养护维修技术水平等行政管理职能尚没有充分体现,造成政府交通主管部门主要负责路政执法的不当现象。事实上政府监管的"缺位",很大程度上导致了高速公路内在的社会公益性属性特征为经营型特征所掩盖,使

得公路提供社会效益的功能未能得到有效体现。

5. 管理机构在设置上尚未理顺,人员超编问题十分普遍

高速公路的性质决定其管理必须以集中、高效、统一、特管为原则,而内容主要是收费管理、养护管理、路政管理、交通安全管理和配套服务管理,这些管理职能是有机的整体。特别是对系统内人、事、路(环境)的管理,不能人为地分割开来。但是,目前国内各省通常将交通安全管理从中割裂出来,使高速公路形成多家管理的格局,因此不可避免地出现了政出多门、职责交叉、推诿扯皮、重复开支、人员冗余、行政不顺的现象。北方有的高速公路管理处,只管养100多公里的高速公路,却拥有包括正式职工、合同制收费员、临时用工在内共400多人的庞大队伍;有的只有20多名收费员的小收费站,却雇用10多名临时工。管理机构人员膨胀,队伍庞大,人浮于事,效率低下,成本增加,往往致使经费不足,公路的正常维修保养得不到保证。

建立和完善我国高速公路管理模式,合理设置高速公路管理机构,必须从我国的实际出发,借鉴国外有益经验。既要加强高速公路法制建设和政府宏观调控,又要实行政企分开、自主经营,推行特许经营制度,提高规模经营效益,降低管理成本,以保证达到高速公路管理高效能的目标,同时又能最大限度地满足高速公路建设、交通安全、畅通、舒适以及其他运营方面的需求。

三、高速公路资产运营管理体制模式构建

(一)总体思路

新形势要求大力推进政府管理体制创新,对现行的机构设置、管理层次和决策程序进行重新设计。当前的公路管理体制改革,也应紧紧围绕建立社会主义市场经济体制的总目标,按照政企职责分开的原则,切实做到转变职能、理顺关系、精兵简政、提高效率,建立具有中国特色,能够适应并促进社会主义市场经济发展和现代化建设,功能齐全、结构合理、运转协调、灵活高效的公路管理体制模式。

(二)改革原则

1. 分级管理原则

高速公路分级管理原则,是根据不同行政等级的公路在公路网中的不同地位和作用,借鉴国外发达国家的经验,科学界定各行政级别公路交通部门之间

的权责划分,真正实现分级管理。按照公共物品的层次性原理,现阶段应该对我国路网的管理权进行明确。对具有全国性和全省性政治、经济意义的国省干线公路,由省级公路交通部门负责管理;县乡公路对县域经济发展具有决定作用,应该明确为归地市县公路交通部门管理。

2. 事权一致原则

在管理活动中,权力与责任是不可分割的整体,二者互为前提,相互制约。若其中的任何一方不匹配,就会出现不公平、低效率的结果。目前,我国地方公路管理普遍存在事权不清、权责不明的问题。改革时,首先,必须从公路管理的客观要求出发,明确界定各级公路管理机构、交通主管部门的责任和权力,发挥各自的能动性,保证管理工作的规范和高效。其次,需要赋予它们相当的责任,建立与之适应的约束机制,强制其对自身的行为结果负责。只有这样才能实现改革目标。

3. 政事企分开原则

改革开放以来,中央反复强调要政事分开、事企分开、精简机构、提高效率。政事不分,事企不分,必然带来机构重叠,人浮于事,这既不利于政府交通主管部门的宏观调控,又不符合国家机构改革的要求。只有解放思想,更新观念,深化改革,才能解决深层次的矛盾和问题。我们要从公路管理的实际需要出发,全面强化交通主管部门的政府行政职能,切实把政府职能转到经济调节、市场监管、社会管理和公共服务上来。同时强化公路管理机构的行业管理职能,赋予其一定的权力,保证行业管理工作的正常进行,将属于企业管理范围的职能从政府管理中分离出去,交由企业,使其根据市场规律自主发展。

(三)高速公路管理体制改革的主要任务

管理体制是为履行管理职能,对从事管理的行政机关的建制、职权、地位,及内部机构设置、人员编制、权责划分所规定的组织体系和组织制度的总称。因此,公路管理体制改革的任务就是职能的转变,通过对现有组织体系及组织制度的调整,达到适应公路发展要求的目的。

公路管理职能转变决定了公路管理的体制改革。体制改革中权力分配、组织设计、机构设置、人员配置运行方式的选择等,是改革的基础。但是,作为一种制度安排,谁拥有什么并不是最终目标,特别是对国有企业来讲,谁来代表国有出资者并不重要,哪个部门都一样,重要的是让企业的经营者能全力提升企业的生产力和竞争力。仅仅围绕权力收放、机构人员增减、机构分合三个线索展开的改革,表面调整结果难以巩固,改革很难从循环从怪圈中走出。唯其职能转变可以确定管理行为限度,为权力分配、机构设置、人员配置及运行方式选择提供基本依据,把该属于社会的权力还给社会,把发展中出现的职能承担起来。高速公路管理职能的转变反映在下述方面:

1. 从过去既管行业又管企业转变为只管行业

按照政企分开的原则,把管理工作的重点放在对全行业经济运行的监控上来,优化全行业的资源配置,促进市场公平竞争,维护各经济主体的权益;健全公路法规,促进产业创新和技术进步,维护市场秩序,使公路行业的经济活动在高效、协调管理所控制的轨道上运行。

2. 从直接管理企业转变为间接管理市场

行业管理部门结合现代企业制度的建立,不再直接干预企业内部经营方面的事务,而是充分发挥市场调节的基础性作用,从全行业发展的角度,通过间接调控公路市场,达到行业管理的目的。

3. 从以行政手段为主转变到以经济手段和法律手段为主

实施管理市场经济的根本特征就是要充分发挥市场机制的调节作用,因此,不再像过去那样,过多地通过行政计划、命令等手段实施管理活动,而是以经济手段、法律手段来管理。

4. 加强行业发展规划工作

公路管理部门要结合行业的发展需要,科学地制定发展规划,引导公路业沿着正确的方向发展,解决由于市场化取向所产生的对行业发展指导的弱化与冲击问题。

(四)可行模式选择

管理模式是管理体制的物理结构,也是实现管理体制改革目标的重要手段与体现形式。根据改革的目标和原则,考虑到各地公路管理的实际,也为了便于与国家及地区相应机构与体制的衔接,各地公路管理必须选择合理的、适应地方特色的模式。

就目前国内公路管理体制的现状及改革趋势,考虑到国内政府部门行政管理体制的现实,从各地的实际出发,公路管理体制的模式可以有以下两种选择。

1. 改进型模式

在考虑到各地公路体制现状、公路发展现状和各地经济、社会、地理等特点的基础上进行模式设计,即在体制连续的基础上进行职能的转变:只在现有模式的基础上,为适应当前及今后一定时期内公路发展的需要,进行适当调整,最大限度地减少上层体制改革动作过大给整个公路带来的冲击,把改革的重点放在事企分开和公路建设、养护市场的培育与完善上,以期提高整体公路的运转效率。

此种模式的特点在于管理体制上仍保留"条块"结构,但不同部门在"条""块"上的偏向不大相同。高速公路建设和养护,鉴于建设和养护资金主要由省交通厅统筹掌握,建养的大部分工作也由高速公路管理局组织完成,因此,管理局下设公路养护中心,省以下的公路管理由地、市公路管理部门或具备公路管理职能的部门承担,高速公路的建设和养护管理体制是一种条块结合但以条为主的结构(见图5-3)。

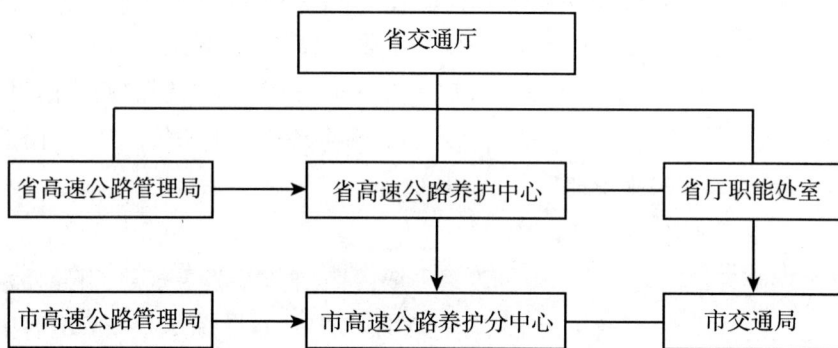

图5-3　改进型模式

2. 结合型模式

这种模式结合了改进型模式的特点,是一种地方行政管理与公路职能管理相互交叉的条块结合的模式。这种模式较好地考虑了现状与改革发展需要,只在职能方面进行改革,机构本身的变动相对较小,易于操作(见图5-4)。

这种模式在条块上更为清晰简单一些,但较难做到因地制宜,特别是对一些经济落后、人口较少的地区,按照上下对应关系设立管理机构,既在财力上造成浪费,又因可做的工作有限而显得机构无效率。

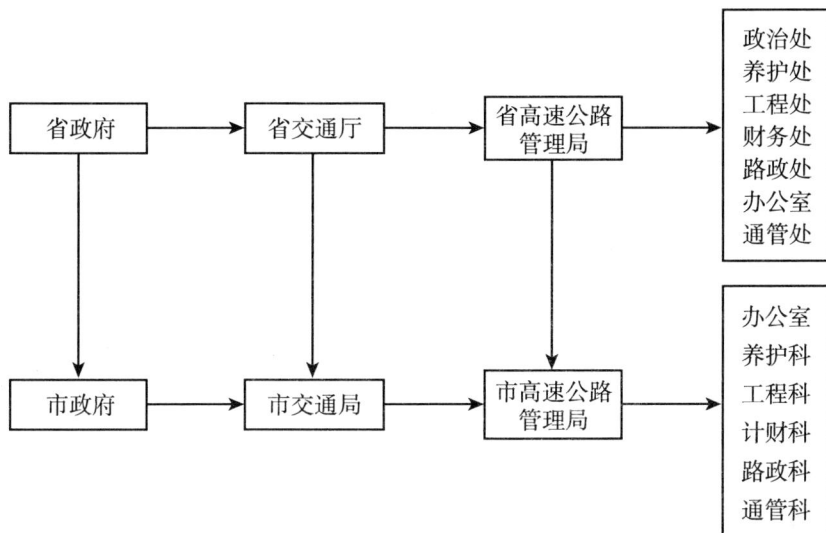

图 5 - 4　结合型模式

（五）相关政策选择①

1. 努力获取相关授权，完善"两级三层"体系，建立国资监管架构

建议在充分研究论证的基础上，拟定构建新的高速公路国有资产管理体系的方案。由于在国有资产监管方面，按照国家目前的法规只能是国资部门作为监管单位，交通主管部门没有资产管理方面的权能。因此要实现上述的高速公路管理体制架构，需力争省级交通主管部门作为公路国有资产的出资人代表，按照"两级三层"的体系建立公路国有资产管理架构。

2. 建立特许经营制度，转变政府行政职能，完善微观规制体系

按照党中央转变政府职能的要求，在应该强化政府监管职能的领域实现职能到位而不缺位，在应该强化市场机制的领域实现职能转移而不越位，建议贯彻"政企分开"原则，将国有高速公路公司中的具有行政性质色彩的职能予以剥离，将其集中于交通主管部门，以便强化政府在市场失灵领域的监管职能，实现政府监管不缺位，有效体现高速公路内在的社会公益性属性，有力维护公众出行利益。

---

① 该部分主要参阅了金绮丽的硕士论文《当代中国高速公路管理体制的现状及改善对策研究》，2004 年。

建议在科学界定高速公路管理中政府与企业各自的职能及其活动边界的基础上，通过建立完善的特许经营制度，明确政府与经营者之间责任、权利、义务，赋予政府特许的经营机构较为充分的自主经营的职责。同时，丰富与完善政府行政管理职能，建立高速公路收费费率价格听证会制度，以及对养护维修水平进行服务质量监管的制度。

3. 建立健全法规体系，推行综合建立健全法规体系，推行综合执法模式，充实完善运行机制

"依法治路"是公路交通领域依法行政的重要有机组成部分，是保证我国高速公路健康、持续、快速发展的先决条件。要尽快改变我国高速公路立法建设滞后于实践需要的局面，及时将有效的行政管理成果通过立法手段固定下来，同时积极调整、修订现行法律法规，使高速公路管理纳入法制化轨道。多头执法、相互掣肘是一些地方高速公路处于低效运行状态的重要原因。实行综合执法是深化行政管理体制改革的重要内容，也是规范市场经济秩序的迫切需要。要按国务院办公厅关于实行综合行政执法试点工作的要求，合并组建综合执法机构，提高管理效率，降低管理成本。

建议积极贯彻决策、执行、监督相分离的行政三分制原则，将执行职能通过法律授权形式赋予相对独立的高速公路执法总队，使其成为综合行政执法主体。

建议逐步将高速公路执法总队纳入行政序列，以较好地符合行政诉讼法的要求，解决行政执法主体合法性的认定问题。

建议逐步探索综合执法的发展思路，形成"一支队伍对外"的行业新形象，以提高执法效率，避免多头上路、轮番检查、重复处罚现象的发生。鉴于实行完全意义上的综合执法会面对人员分流与安置、机构的合并与重组等现实问题，建议在起步阶段通过路政、运政、稽征"联合执法"的形式予以实施。

4. 协调投资各方利益，推广联网收费技术，充分发挥网络效应

实现公路交通新的跨越式发展需要继续充分调动各种投资主体的积极性，形成多渠道筹资、多样化运作的局面，逐步造就既充分调动和发挥市县政府、国内外经济组织参与高速公路建设的积极性，又继续有效发挥省宏观调控能力的投资体制。同时，适应高速公路网络不可分割性的技术经济特性以及建立快速、高效及时处理问题的运行机制的需要，着眼于高速公路连线成网后整体功

能效应的发挥,应协调投资各方利益,建立系统化的统一管理的体系,以充分发挥高速公路管理体系的统一性、系统性和综合性效能。

作为一种集成多种现代技术的基础设施,在高速公路管理中,充分发挥"科学技术是第一生产力"的作用,特别是发挥现代联网收费信息技术的作用,可以从技术层面上有效解决跨区域高速公路的管理分割化问题,提高高速公路的通行效率,为高速公路的统一管理搭建基础平台。

建议在未来时期,采取因地制宜、因时制宜、循序渐进的方式,依托联网收费技术平台,通过省内部分区域"委托经营,专业运作"、全省范围内联网、跨省线路联网等多种运营形式,逐步提升高速公路网络化建设、网络化收费、网络化管理水平。

第六章　高速公路资产运营经济效益评价

　　企业投资于高速公路行业（无论是建设并经营还是仅获取经营权），主要目的是通过投资获取高速公路收费权，通过收费等一系列经营活动收回投资并取得合理的回报。因此，从成本与效益的角度分析运营效果十分必要。

第一节　高速公路资产运营成本费用

　　进行成本效益分析首先是确定相关的成本费用。根据交通部和财政部于1997年3月制定的《高速公路经营公司财务管理办法》，高速公路经营公司成本费用构成项目如表6－1所示。

表6－1　高速公路经营企业成本费用构成项目

项　目		内　容	备　注
工程成本		建筑安装工程投资、设备投资、待摊投资、其他投资	与建设公路有关
营运成本	营业成本	公路经营成本、安全和通讯及监控设施的维护成本、公路灾害预防和抢修成本、公路绿化成本、其他成本	与公路经营有关
	期间费用	公司经费、职工教育经费、劳动保险费、待业保险费、董事会费、咨询费、审计费、诉讼费、排污费、税金、技术转让费、技术开发费、无形资产摊销、业务招待费、财务费用	公司管理部门发生的支出

　　由表6－1可见，由于营业成本和期间费用主要发生在运营期间，所以，高速公路投资成本主要包括为获取高速公路收费权所付出的代价和从事高速公路收费经营活动所发生的费用两部分。

一、高速公路初始投资成本

企业投资高速公路所付出的经济代价按照投资时间顺序可以分为初始投资成本和运营成本两类。我国目前情况下,企业投资高速公路获取高速公路收费权,一般分为两种情况:其一是通过 BOT 等方式直接建设经营(建营一体);其二是通过受让方式获取高速公路收费权(建营分离)。表 6－1 中工程成本只能体现企业通过直接建设经营方式获取高速公路收费权所付出的经济代价。受让高速公路形式下获取高速公路收费权所付出的经济代价,则取决于高速公路收费权转让成本。

其中高速公路建设成本或高速公路经营权受让价格,可以看做企业投资高速公路的初始投资成本。根据目前我国企业投资高速公路的现状,主要是通过受让高速公路收费权方式获取高速公路收费经营权,因此,高速公路初始投资成本主要是高速公路收费权转让价格。

《高速公路法》规定:高速公路收费权出让的最低成交价,以国有资产评估机构评估的价值为依据确定。《收费高速公路管理条例》规定:转让收费高速公路权益涉及国有资产的,转让前必须按照国家有关规定进行评估,不得造成国有资产流失。《高速公路经营权有偿转让管理办法》规定:我国目前高速公路收费权的转让,应采用收益现值法和重置成本法相结合的方法进行,经国有资产管理部门确认的高速公路经营权资产的评估价值,应作为高速公路经营权转让成交价格作价的依据,转让高速公路经营权的实际成交价不得低于评估确认价值。

企业投资高速公路,通过受让获得高速公路收费权的,其所要付出的经济代价就是高速公路收费权转让价格。而资产评估所确认高速公路收费权的价值是高速公路收费权转让价格的基础。

高速公路收费权价值评估具体评估方法有收益现值法和重置成本法。高速公路收费权用收益法和成本法相结合的方法进行评估,其目的是通过两种方法评估结果的比较,避免由于高速公路收费权转让导致国有资产流失,起到让国有资产保值增值的目的。

①收益现值法:是从资产收益的角度出发,通过估算被评估资产的预期未来收益并折算成现值,用以确定被评估资产价值的资产评估方法。按照收

益现值法的评估原理,高速公路收费权资产评估值 V 是在未来特许经营期限内高速公路收费经营每年的预期收益额 $A_1, A_2, A_3, \cdots, A_n$,用适当折现率 i 折现,累加得出的评估基准日的收益现值。收益现值法评估高速公路收费权的评估值为:

$$V = \frac{A_1}{(1+i)^1} + \frac{A_2}{(1+i)^2} + \frac{A_3}{(1+i)^3} + \cdots + \frac{A_n}{(1+i)^n}$$

②重置成本法:是指在评估高速公路资产时,按高速公路资产的现时完全重置成本,减去应计损耗来确定高速公路资产价值的方法。其理论依据是生产费用价值论,是从高速公路资产建造费用角度对其价值所作的评估。其计算公式为:

高速公路资产评估值 = 高速公路资产重置成本 − 高速公路资产损耗

二、高速公路运营成本

高速公路运营成本主要包括高速公路经营企业经营高速公路的营业成本以及高速公路经营期间的期间费用两部分。

企业在高速公路通行期间发生的与高速公路经营有关的各项支出,应计入营业成本。包括:公司在营业过程中实际消耗的各种燃料、材料、备品配件、轮胎、低值易耗品等;公司直接从事营业活动人员的工资、福利费、奖金、津贴和补贴;公司在营业过程中发生的固定资产折旧费、修理费、租赁费(不包括融资租赁费),高速公路灾害预防及抢修费,高速公路线路绿化费,取暖费、水电费、办公费、差旅费、保险费、劳动保护费等。

(一)高速公路经营企业营业成本(按照经济用途分)

1. 高速公路维护成本:路基、路面、桥梁、隧道、涵洞等高速公路构造物以及附属设施所发生的各项支出,包括高速公路小修保养成本,即对路基、路面、桥梁、涵洞等高速公路构筑物正常保养和日常维修所发生的各项支出;高速公路大中修成本,即对路基、路面、桥梁、涵洞等高速公路构筑物进行大中修工程所发生的各项支出。

2. 高速公路安全设施的维护成本:防撞栏、隔网、标志、标线、灯杆、灯具、配电控制柜等安全设施,保养、维修和更新所发生的支出。

3. 高速公路及附属设施的折旧成本或者高速公路收费权的摊销成本,及高速公路占用土地的土地使用权摊销成本。

4. 通讯和监控设施的维护成本：为保证电话机、监控设施及线路等通讯和监控设施正常使用，所发生的各项保养与维修支出。

5. 高速公路灾害预防及抢修成本：水毁工程及灾害性事故抢修所发生的各项支出。

6. 高速公路绿化成本：高速公路线路上各种绿化植物所发生的各项支出。

7. 收费业务成本：为收取车辆通行费而发生的各项支出，包括收费人员的工资及福利费、其他人员经费，收费设施和收费站房屋的折旧、维修等。

8. 其他成本：上述项目以外的支出，包括路政支出、交通安全支出、精神文明建设支出、宣传教育支出等。

上述成本还可以按照业务的主次分类，其中养护成本、收费业务成本、路政成本和路产折旧及固定资产的折旧和收费权的摊销等为主营业务成本；车辆修理、清障、广告、车辆清洗、材料销售、通讯服务、餐饮住宿等发生的支出为其他业务成本。

值得一提的是，以当前中国高速公路企业的现状分析，由于其主要资产是固定资产，折旧自然应是经营成本的最主要构成部分，但是现行会计核算方法不能反映固定资产真实价值及其折旧。因管理体制方面的原因，许多省份高速公路管理部门属于事业单位，财产处置权归上级主管部门，河北省 B 高速的路产资产不在其账面上加以表现。如 2007 年 12 月 31 日资产负债表中固定资产账面仅为 36 692 411.01 元，并没有反映 53 亿元的路产价值；而且固定资产只核算了原值，未反映所计提折旧，不能真正体现收入与成本配比原则，无法根据其数据进行有效的成本效益分析。而改变现状的根本办法是体制上的改革，如建立模拟子公司，责成资产使用单位真正对其所使用的资产向上级主管部门负责，从而提高资产的使用效果。

（二）高速公路经营企业的期间费用

高速公路经营企业的期间费用主要包括行政管理费用和财务费用两部分。

1. 行政管理费用：主要是指高速公路经营企业管理部门发生的支出，包括公司经费、工会经费、职工教育经费、劳动保险费、待业保险费、董事会费、咨询费、审计费、诉讼费、排污费、税金、技术转让费、技术开发费、无形资产摊销、业务招待费、存货盘亏、毁损和报废以及其他管理费用。

2. 财务费用：是指高速公路经营企业为筹集资金发生的各项费用，包括企业经营期间发生的利息净支出、汇兑净损失、买卖外汇价差、金融机构手续费以及筹资所发生的其他财务费用。

由于高速公路建设需要大量资金,银行贷款是最主要的筹资方式之一,采取收费还贷,河北省 B 高速建设中共计使用了 1.75 亿美元的世行贷款,外资转贷利率 5.5%,高速公路建设期间所发生的借款利息支出计入工程成本,交付运营后计入财务费用,由运营方偿还。B 高速不是资产真正的拥有者,也不是还贷主体,又因未编制利润表,无法反映利息费用的发生及偿还情况,而且与可行性报告中还贷能力分析无法衔接,难以做出持续性的评价。从管理处控制的资产角度分析,B 高速只是资产使用单位,路产不在 B 高速资产负债表反映。因 2007 年内有平均 3.4 亿元的人民币银行存款,2007 年 12 月 31 日资产负债表显示应收利息 102.91 万元。

第二节　高速公路资产运营经济效益

高速公路的建设运营不仅给投资方自身带来了可观的经济效益,它的建设和发展使路网的整体通行能力大大加强,车辆平均行驶速度大幅度提高,也极大地提高了运输效益和社会效益。由于高速公路相比一般公路通行条件更优越,因此会产生一系列直接效益。

结合前述成本费用的发生,高速公路运营既会产生与直接成本费用对应的直接经济效益(主要表现为成本费用降低的效益、节约时间产生的效益、减少交通事故产生的效益以及因缩短里程产生的经济效益等),也因一般道路拥堵情况缓解会产生间接的经济效应及社会效益。直接效益与间接效益最终集中通过回收期(包括静态投资回收期和动态投资回收期)、净现值、内部收益率及经济效益费用比等指标体现出来,具体可见国民经济效益评价程序框图(见图 6-1)。

例如,京津塘高速公路,通行初期昼夜通行量就达到 2.5 万辆次,车辆平均行驶速度达每小时 100 公里,通过能力提高了 4 倍。仅从运输成本降低、增强运输能力等方面粗略计算,年直接经济效益可达 5.5 亿元左右,随着通行量的增加,其经济效益更加可观。而浙江省高速公路的联网开通更是对运输成本降低、旅行时间节约、交通事故减少产生了可计量的直接效益,极大地支持了长三角的经济发展。

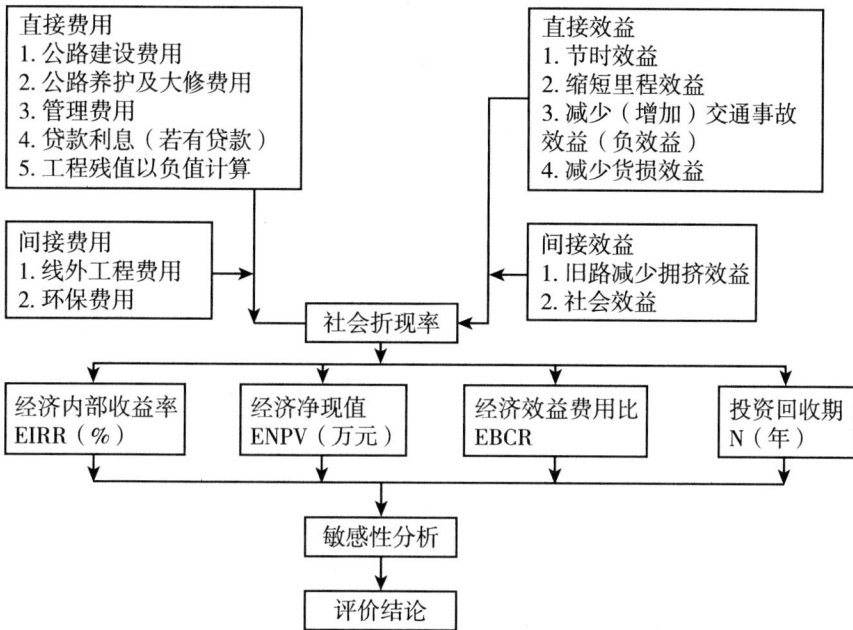

图 6-1　国民经济效益评价程序框图

一、成本降低效益

新建或改建使客、货运输成本降低的效益 B_{kj} 和 B_{hj}（万元/年）：

$$B_{kj} = (C_{Ak}L_A - C_{yk}L)Q_{Ak} + (C_{BA}L_B - C_{yk}L)Q_{Bk}$$

$$B_{hj} = (C_{Ah}L_A - C_{yb}L)Q_{Ah} + (C_{Bh}L_B - C_{yh}L)Q_{Bh}$$

式中：C_{Ak} 和 C_{Ah} 对于高速公路改建项目，为高速公路未经改建时正常交通量的平均单位客运和货运成本（元/千人公里，元/千吨公里）；

C_{Bk} 和 C_{Bh} 对于新建或改建高速公路项目，为转移交通量通过原有相关高速公路的平均单位客运和货运成本（元/千人公里，元/吨公里）；

C_{yk} 和 C_{yh}，为项目建成后的平均单位客运和货运成本（元/千人公里，元/吨公里）；

Q_{Ak} 和 Q_{Ah}，对于新建高速公路项目均为 0，对于改建高速公路项目为正常交通量下的客运和货运运量（千万人/年，千万吨/年）；

Q_{Bk} 和 Q_{Bh} 对于新建或改建高速公路项目，为转移交通量下的客运和货运量（千万人/年，千万吨/年）；

L_A 对于改建高速公路项目,为高速公路未经改建时的里程(公里);

L_B 对于新建或改建高速公路项目,为原有相关高速公路的里程(公里);

L 为项目建成后的里程(公里)。

例如,杭甬高速的开通使公众有了更多的选择,日通行量自1996年开通以来逐年增加,平均时速则从无高速公路时国道正常交通量条件下的车速40~50公里/小时,提高到平均100公里/小时左右,产生的经济效益如表6-2所示。

表6-2　杭甬高速公路行车成本降低效益(1996~2003年)

年度	年平均日交通量(辆)	高速公路车速(公里/小时)	原有相关车速(公里/小时)	高速公路行车成本	国道行车成本	行车成本节约效益(万元)
1996	5 676	109.56	50	165.75	293.22	42 982
1997	9 239	106.83	49	168.78	297.91	70 985
1998	11 185	105.10	48	170.78	303.03	87 693
1999	14 486	102.08	47	174.44	308.57	115 430
2000	17 012	99.818	46	177.32	314.54	138 420
2001	18 349	98.674	45	178.83	320.94	153 410
2002	23 035	94.956	44	183.98	327.77	195 820
2003	26 660	92.239	43	188.01	335.02	231 680

资料来源:浙江公路水运工程咨询监理公司《杭甬高速公路后评价报告》。

二、节约时间产生的效益

运输时间的节约可减少旅客和货物在途时间,加速车周转,充分发挥运输工具的能力。时间节约效益包括旅客时间节约效益和货物在途时间节约效益两部分。

新建或改建使原有相关高速公路减少拥挤,降低运输成本的效益 B_{hy} 和 B_{ky}(万元/年)为:

$$B_{ky} = (C_{wk} - C_{yk})L_B Q_{sk}$$
$$B_{hy} = (C_{wh} - C_{yh})L_B Q_{sh}$$

式中:C_{wk} 和 C_{wh} 为无项目时,原有相关高速公路的平均单位客运和货运成本(元/千人公里,元/千吨公里);

Q_{sk}和Q_{sh}为交通量转移后原有相关高速公路剩余的客运和货运量(千万人/年,千万吨/年);

其他符号意义同上。

杭甬高速公路因旅客时间节约效益如表6-3所示。

表6-3　杭甬高速公路旅客时间节约效益(1996～2003年)

年度	旅客单位时间价值 (元/小时)	大客时间价值 (元/小时)	小客时间价值 (元/小时)	旅客时间节约效益 (万元)
1996	7.46	112.037	16.255 61	10 504
1997	8.45	126.996 6	18.426 13	19 381
1998	9.19	138.021 3	20.025 71	25 500
1999	9.84	147.801 4	21.444 72	35 366
2000	10.98	165.043 4	23.946 4	46 378
2001	12.11	181.895 9	26.391 55	55 131
2002	13.67	205.416 3	29.804 17	78 159
2003	15.78	234.346 1	33.055 47	99 176

资料来源:浙江公路水运工程咨询监理公司《杭甬高速公路后评价报告》。

高速公路路线全封闭、全立交,消除了横向干扰,使汽车效能得以充分发挥,可以大大节约货物和车辆在途时间,由此产生货物和车辆节约在途时间的价值B_{ks}、B_{hs}和B_{cs}(万元/年)。

$$B_{ks} = (Q_{AK}L_A T_A + Q_{BK}L_B T_B) \cdot I_c/(8 \times 365) \cdot L$$

$$B_{hs} = (Q_{Ah}L_A T_A + Q_{Bh}L_B T_B) \cdot P_r \cdot I/(16 \times 365) \cdot L$$

$$B_{cs} = (Q_A T_A + Q_B T_B) \cdot K \cdot G$$

式中:T_A为正常交通量的节约小时数;

T_B为转移交通量的节约小时数;

Q_A为正常交通量下的客、货车辆总数(万辆/年);

Q_B为转移交通量下的客、货车辆总数(万辆/年);

G为车辆单位时间创造的价值,通过调整运输企业或个体车辆上缴利税确定(元/辆);

K 为运输任务具有一定饱和程度的交通量份额(%);

I_c 为计算年度每一旅客的国民收入份额(元/人);

I 为社会折现率;

P_r 为计算年度在途货物平均价格(元/吨);

其他符号意义同上。

对于发展中国家而言,节约货运时间更具有价值,它不仅可以减少货物在途时间,节省流动资金,加速资金周转,减少利息支付,而且可能减少库存量,节省中储仓库的投资,免去包装消耗,提高货物完好率。

表6-4　杭甬高速公路货物在途时间节约效益(1996~2003年)

年度	货物在途时间价值节约效益(万元)	年度	货物在途时间价值节约效益(万元)
1996	25 028	2000	75 013
1997	40 739	2001	80 909
1998	49 320	2002	101 570
1999	63 875	2003	117 560

三、降低事故率产生的效益

高速公路建成通车后,道路条件和交通条件大为改观,与原有相关高速公路相比,高速公路的事故率和平均损失率均大幅下降,从而产生了节约效益。

事故和货损事故减少的效益 B_{jsh} 和 B_{ssh} 为:

$$B_{jsk} = [(J_A - J)M_A + (J_B - J)M_B]P_{jsk}$$

$$B_{ssh} = [(S_A - S)Q_{Ah}L_A + (S_B - S)Q_{Bh}L_B]P_r/L$$

式中:J_A 对于改建高速公路项目,为高速公路改建前的事故率(次/万辆公里);

J_B 对于改建高速公路项目,为原有相关公路的事故率(次/万辆公里);

J 为项目建成后的事故率(次/万辆公里);

M_A 对于新建高速公路项目为0,对于改建高速公路项目为高速公路改建前行驶量(万辆公里);

M_B 对于新建或改建高速公路项目,为原有相关高速公路的行驶量(万辆公里);

S_A 对于改建高速公路项目,为高速公路改建前的货损率(%);

S_B 对于新建高速公路项目,为原有相关高速公路的货损率(%);

S 为项目建成后的货损率(%);

P_r 为在途货物平均价格(元/吨);

P_{jsh} 为高速公路交通事故平均损失费(万元/次);

其他符号意义同上。

表6-5　杭甬高速公路交通事故统计(1996~2003年)

年度	交通事故减少效益(万元)	年度	交通事故减少效益(万元)
1996	3 430.70	2000	13 226.49
1997	5 422.58	2001	12 668.41
1998	4 232.95	2002	16 399.29
1999	10 660.94	2003	19 285.36

资料来源:浙江省公安厅。

第三节　高速公路资产运营效益评价

一、效益评价指标

仅仅从直接效益方面进行分析是不够的。高速公路是经济快速发展的产物,是一个国家现代化水平的重要标志之一。作为国家重要的交通基础设施,近年来,随着经济飞速发展,建设高速公路的热潮正以不可阻挡之势在全国兴起。因此,加强高速公路的运营管理,保证高速公路建设资金的偿还及管理运营费用的支出,是高速公路健康发展的内在要求和必然趋势。

高速公路作为特殊的商品,具有投资大、回收期长以及准公益性的特点。按照市场经济法则,谁投资,谁收益。而要获取收益,就要考虑时间价值和风险价值,将投入的建设和运营管理资金通过收取通行费的方式来补偿并且实现利润,使投资者受益。为此,需要进行长期经济效益分析。

根据会计基本准则规定,高速公路企业的营业利润为:道路通行费收入减去营运成本、期间费用和营业税金及附加后的余额。

经营高速公路这一特殊商品,既不同于生产企业,也有别于流通企业,市场竞争并不十分激烈,良好的通行条件有利于增加收入。当然,高速公路的通行费收入受很多客观条件的制约,收费车流量的多少不只受主观因素的影响。但最大限度地杜绝收费的跑、冒、漏、滴,加强成本管理,努力减少费用支出,增加运营期现金流量是工作的重中之重。

(一)净现值指标

净现值(NPV)是指投资项目在整个经济寿命周期内净现金流量现值的代数和,即这一时期内项目的总流入与总流出现值之差额。对于高速公路项目投资企业,项目的整个经济寿命周期是指企业对该项目具有经营权的期限,其计算公式为:

$$NPV = \sum_{t=0}^{n} \frac{NCF_t}{(1 + I)^t}$$

式中:NPV——高速公路项目累计的净现金流量现值;

NCF_t——第 t 年的净现金流量,$NCF_t = R_t - C_t$,R_t 和 C_t 分别表示高速公路

项目第 t 年的流入和流出;

I——期望投资收益率;

t——高速公路经营的各年;

n 表示经营的期限。

在实际应用当中,高速公路项目各年的流入和流出以及期望投资收益率都是预计数,这些因素的预测必须合理、科学,否则会影响净现值计算的精度,引起投资决策质量的下降。其要点:①用净现值法来评价单个高速公路项目,当 $NPV < 0$ 时,否决该方案;当 $NPV > 0$ 时,采纳该方案;当 $NPV = 0$ 时,需要参考其他评价指标才能做出决策。②在对多方案选取互斥评价时,NPV 值最大者为最优方案。

净现值指标考虑了高速公路项目整个经营期内的收入和成本,考虑了货币的时间价值的影响,可以比较客观地反映高速公路项目收益状况。净现值的大小直接反映了高速公路项目在运营期内可为企业带来的以现值表示的净收益数额,是评价方案的重要指标。

净现值中的投资期望收益率可以根据该项目投资风险的大小进行调整,因此由净现值指标反映的高速公路项目投资收益的大小相对比较保险。

但是,净现值指标只能反映项目的收益额,不能反映项目的收益率。这样,

投资大、收益大的高速公路项目将处于优势地位,易忽视营利能力更强但是投资相对较小的项目。此外,高速公路项目的经营期较长,预测经营期内的现金流量以及合理的投资期望收益率有一定困难。

例如河北省 B 高速项目可行性报告中根据有关资料预估的财务净现值为42.8 亿元,历经近 10 年的运营,其实际水平 2006 年 3 月就已达 46.57 亿元。

(二)净现值率指标

净现值率(NPVR)是指投资项目净现金流量现值与投资总额现值的比率。采用净现值率进行高速公路项目的选优决策,不仅考虑了现金流现值的大小,还考虑了投资总额现值的大小,弥补了净现值指标只着重于净现流量现值、不考虑投资总额大小的缺陷。净现值率的计算公式为:

$$NPVR = \frac{NPV}{NPI} \times 100\%$$

式中:NPVR——净现值率;

NPI——投资总额现值。

利用净现值率指标评价高速公路项目时,净现值率指标数值越大说明该项目收益越高。净现值率指标是在净现值指标基础上产生的,二者的优缺点相似。

但是,净现值率指标是以相对数形式表示各项目投资的收益,即单位投资现值所产生的净现值,便于在不同的项目中选取最优项目。

净现值率指标和净现值指标结合使用,就可以从相对数和绝对数两个方面反映投资项目的收益水平,提高投资决策的质量。

随着财务净现值的提高,净现值率也随之发生向好的变化。

(三)内部收益率指标

内部收益率(IRR)即内含报酬率,是指投资项目在整个经济寿命周期内能够使净现值为零的收益率。内部收益率指标的计算公式为:

$$NPV = \sum_{t=0}^{n} \frac{NCF_t}{(1+i)^t} = 0$$

式中:i 代表所要求的内部收益率。

在对内部收益率指标进行具体计算时,根据年净现金流量是否相等,分别采用年金计算方法和逐次测试方法。内部收益率是一个特殊的贴现率,即能使净现值为零的折现率。

当内部收益率大于实际贷款利率,项目可行;当内部收益率小于实际贷款利率,项目将无法收回投资。

内部收益率指标的优点:内部收益率显示项目投资贷款所能承担的最大利率,并可与实际贷款利率比较,这样可以减少企业利用贷款投资高速公路项目时的风险。内部收益率能够表明项目的优劣,通过与标准收益率相比较,采纳内含报酬率高的项目方案。

在多个项目进行比较时,选择内部收益率大于标准收益率中最大的项目。内部收益率能够反映各投资项目本身的投资收益率,而净现值指标和净现值率指标仅仅是从期望投资收益率计算投资项目的收益水平。因此,许多企业更青睐使用内部收益率指标进行分析决策。

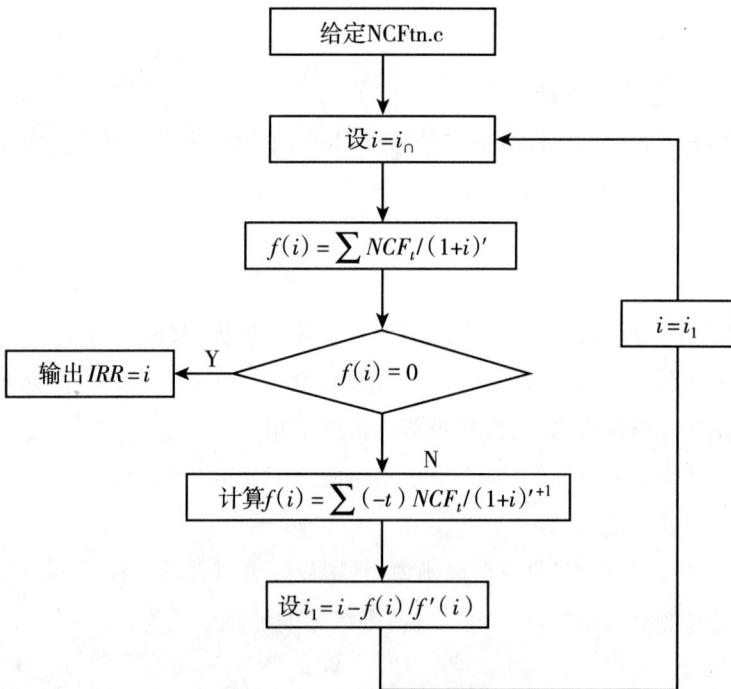

图6-2　内部收益率计算程序

内部收益率指标的缺点:内部收益率是根据投资项目本身的数据计算出来的,不能直接反映货币时间价值的大小。内部收益率指标是从相对数角度反映投资收益的水平,在进行多方案选择时,容易造成内部收益率较低,但投资大、收益总额大的项目处于劣势,影响决策质量。尤其是当突发事件致使高速公路毁损需要进行大修,又可能使现金净流量出现多次正负符号变化(非常规投资)时,会出现多个内部收益率,导致无法决策。因此,内部收益率指标应与净现值指标结合使用,从绝对和相对两个方面预测项目的投资收益水平。

河北省高速公路项目中的 B 高速开通以来,由于种种因素的影响,内部收益率指标则由可行性报告中预计的 10.5% 下调到 2006 年 3 月 10.2% 的实际水平。

(四)贴现回收期指标

投资的贴现回收期(DPP),是指一项投资所实现的投资报酬现值合计数,等于该项目全部投资总额现值时所用的时间。计算贴现投资回收期的公式为:

$$投资回收期(年) = (N-1) + \frac{前 N-1 年累计现金流净现值的绝对值}{第 N 年现金流净现值}$$

式中,N 是第一次出现累计现金流净现值为正的年份。贴现回收期指标是以投资项目贴现回收期的长短来评价分析投资项目优劣的投资决策方法。当企业对高速公路项目进行投资时,会设定一个期望回收期,若贴现回收期小于或等于企业期望回收期,该项目符合企业要求是可行的,否则,该项目是不可行的。

贴现回收期指标考虑了时间价值,反映了投资回收速度,但是不能反映投资的经济效益,对于经营期限不同、投资额不同以及收益额不同的项目缺乏选优能力。

高速公路评价中,建议以净现值、内部收益率和回收期为基本分析指标,结合具体情况和决策者最关心的因素等来选用其他指标,以便更全面地对项目进行分析。

《B 高速工程可行性研究报告》表明,河北省 B 高速的净现值 42.8 亿元,内部收益率 10.5%,投资回收期 15 年。但上述数据是根据 20 世纪 90 年代的资料计算所得。经济的快速发展、汽车保有量的大幅度提高以及通行费涨价等因素的影响,势必使以上的指标发生向好的变化。项目办提供的有关资料显示,道路开通近 10 年来,由于外部条件的变化及 B 高速管理处自身的努力,2006 年 3 月实际净现值调整为 46.57 亿元,但实际内部收益率下调了 0.3%,收回全部投资的年限则从 15 年调整为 16.4 年,即便如此,总体经济效益依旧十分可观。

二、高速公路资产的经济效益评价

高速公路公司作为一种特殊的企业形式,具有其自身的财务管理特点,因此在对高速公路公司的财务报表进行分析时,应结合高速公路公司的财务管理特点选择恰当的分析指标。

(一)高速公路公司财务管理特点

对高速公路企业进行财务评价,首先应了解其与一般企业在经营方式上的不同。高速公路公司对高速公路进行建设和管理,其财务管理自然也就围绕着高速公路展开,高速公路公司的收入来源主要是收取的高速公路通行费,这就决定了高速公路公司财务管理具有以下特点。

1. 高速公路车辆通行费作为高速公路公司的主要收入,是以现金的形式收取,因此高速公路的应收账款和其他应收款在流动资产中所占的比重较小。

2. 高速公路公司的行业特点决定了高速公路公司存货在流动资产中所占的比例很小。因为高速公路公司持有存货的目的是为了满足高速公路养护的需要,使道路通行条件符合要求,达到令人满意的状况。而高速公路养护成本一般只占通行费收入的10%左右。

3. 高速公路公司的资产主要由固定资产即高速公路路产及其附属设施构成,因为其价值巨大且回收期长,所以对日常经营管理业务成本的控制就显得十分重要。

4. 高速公路作为国家的基础设施,其收入和成本受外部影响较大,如政策、经济形式、道路状况、社会治安、气候等。而且高速公路公司不仅要考虑其经济效益更要考虑其社会效益,这就决定了公司的收益一般偏低。

5. 高速公路建设投资巨大,一般是通过国内外银行贷款建成的,高速公路公司需要用收取的通行费来偿还贷款。因此高速公路公司的偿债压力较大,如何合理优化资金结构以减轻偿债压力就成为公司需要关注的重点。

(二)高速公路公司财务评价指标的选择

一般情况下,可以从偿债能力、营运能力、营利能力及发展能力等四个方面对企业指标的选择进行分析。结合高速公路公司财务管理的特点,还可专门设置无形资产评价指标,以反映收费经营权的使用效果。

1. 偿债能力指标的选择

偿债能力,是指企业偿还到期债务的能力。偿债能力的强弱反映了企业经济实力的大小、商业信用的好坏。偿债能力又分为短期偿债能力和长期偿债能力。由于高速公路的建设资金巨大,取得收费经营权亦要付出不菲的代价,大量利用贷款成为普遍现象,所以,无论是收费还贷还是经营还贷,偿债能力都成为关乎高速公路企业的生死存亡的主要指标。虽然河北省 B 高速并无偿债之忧,但许多边远地区、边缘地带的高速公路甚至在经营期内尚无力收回投资。因事业单位的信誉保证极好,所以,其贷款中既有短期借款,又不乏长期借款,所以,应重视偿债能力的分析。

(1)短期偿债能力

短期偿债能力是指企业偿还短期债务的能力,反映短期偿债能力的指标主要有流动比率、速动比率、现金比率。

①流动比率:企业一定时期流动资产同流动负债的比率,用以衡量企业短期债务偿还能力,评价企业偿债能力的强弱。

$$流动比率 = (流动资产 \div 流动负债) \times 100\%$$

②速动比率:企业一定时期速动资产同流动负债的比率,用来衡量企业短期债务偿还能力,评价企业偿债能力的强弱。由于存货周转速度较慢且可能抵押,故基于谨慎性原则将存货从流动资产中扣除。

$$速动比率 = (流动资产 - 存货) \div 流动负债 \times 100\%$$

计算该项财务比率所需的数据可从资产负债表中获取。

说明:由于高速公路运营企业的筹资特殊性,绝大部分资金是长期债务和权益资金,故流动比率和速动比率不是分析的重点。

③现金比率:现金类资产与流动负债的比率;反映企业用现金偿还流动负债的能力。

$$现金比率 = (货币资金 + 交易性金融资产) \div 流动负债 \times 100\%$$

由于高速公路建设主要是依靠贷款,只要通行费收入能够偿还贷款利息,就可以通过银行办理展期续款,因此高速公路的负债主要是长期负债,短期负债较少,所以在短期偿债能力的分析上主要选择现金比率指标。

(2)长期偿债能力

长期偿债能力是指企业偿还长期债务的能力,反映企业长期偿债能力的指标主要有资产负债率、有产权比率、利息保障倍数等。

①资产负债率:企业一定时期负债总额同资产总额的比率;用来衡量企业总资产中有多少是通过负债筹集的,是评价企业负债水平的综合指标。

$$资产负债率 = (负债总额 ÷ 资产总额) × 100\%$$

其中,负债总额是指企业承担的各项流动负债和长期负债的总和;资产总额是指企业拥有各类资产的价值总和。根据国家有关规定,国有交通企业清产核资中土地估价入账金额,应当从资产总额中扣除。

②产权比率:主要用于反映财务结构,作为资产负债率的补充指标;除可反映公司的负债水平外,还是该公司的负债与净资产间的关系。对债权人而言,该指标越低越好;投资人则要通过比较投资收益率与债务利息率,来判断该指标水平的高低。

$$产权比率 = (负债总额 ÷ 净资产总额) × 100\%$$

其中,负债总额是指企业承担的各项流动负债和长期负债的总和。

③利息保障倍数:用来衡量当年赚取的利润是需偿付利息的倍数,是评价利息支付能力的指标。

$$利息保障倍数 = (利润总额 + 利息费用) ÷ 利息费用 × 100\%$$

其中,分母中的利息费用是指包括资本化利息在内的全部利息费用;但利润中不包括投资收益及营业外收支等非正常损益。

说明:由于高速公路的建设经验需要利用大量长期资金,所以,应重点计算并分析反映长期偿债能力的指标。虽然高速公路大量利用借款,但多条高速公路在运营前几年就已经将借款还清,后续大量的通行费收入使高速公路企业现金充裕,经营期利息费用多体现为存款利息收入,使该指标出现不合常理的数据,这恰恰是高速公路投资特性所在。如2007年12月31日河北省B高速管理处流动资产中应收利息103.64万元,而项目办作为还贷主体,无法反映该项目的利息保障倍数。解决问题的关键仍然在于模拟子公司的管理体制,将各条高速公路作为独立核算主题,项目办模拟集团公司,编制合并会计报表,但作为一级法人可统一对外发生经济业务,在项目办内部统一调拨资金、统一借款、统一还贷。

2. 营运能力指标的选择

营运能力主要指企业营运资产的效率与效益,可以选择固定资产周转率、应收账款周转率、存货周转率和劳动效率等指标,对高速公路公司的营运能力进行分析。

(1)固定资产周转率:企业一定时期营业收入总额同平均固定资产净值的比值。是综合评价企业固定资产经营质量和利用效率的重要指标。

固定资产周转率 =(通行费收入总额÷平均固定资产净额)×100%

平均固定资产净额 =(期初固定资产净额 + 期末固定资产净额)÷2

由于高速公路企业的主要资产是固定资产,资产数额大、比重高,应将财务分析的重点放在固定资产的运营效果上。其运营效果的好坏反映了其资产的利用效率,并直接关系到期获利能力的评价。计提固定资产折旧会使账面净值下降,然而持续的维护保养可以保持道路的完好率,通行量(即高速公路企业运营能力)并不会与固定资产净值同比下降,所以,从动态效益评价的角度而言,可以考虑采用固定资产原值来计算该指标。同样,此问题也会反映在无形资产的周转率方面。

(2)应收账款周转率:企业一定时期内主营业务收入净额同应收账款平均余额的比率。是反映企业应收账款回收情况的指标,也是对流动资产周转率的补充说明。

应收账款周转率 =(营业收入净额÷应收账款平均余额)×100%

应收账款平均余额 =(应收账款年初余额 + 应收账款年末余额)÷2

说明:高速公路经营企业的主营业务收入是高速公路车辆通行费收入,且一般为现金收入,所以,高速公路经营企业很少有通行费应收账款,其他应收款所占比重也较少。因此该指标不是分析的重点。

(3)存货周转率:企业一定时期内主营业务成本与存货平均余额的比率。是反映企业存货周转情况的指标,也是对流动资产周转率的补充说明。

存货周转率 =(营业成本总额÷存货平均余额)×100%

存货平均余额 =(存货年初余额 + 存货年末余额)÷2

营业成本总额,是指高速公路运营企业从事公司管理运营业务以及其他业务的实际业务成本总额,包括主营业务成本和其他业务成本。

说明:高速公路经营企业的存货不同于生产经营企业的存货,不是为了生存和销售产品,而主要是为了提供高品质的运营服务而储存的修理用材料物资。所以作为流动资产的重要组成部分,存货周转率指标是分析的重点。

因高速公路企业应收账款及存货发生几率较低,对财务收益评价的影响不大,是否做相关指标的分析,各企业可视自身情况而定。

(4)劳动效率:主营业务收入净额与平均职工人数的比率。人力投入在高速公路公司的成本费用中占有一定比例,因此选择这一指标可以考核公司的管理部门是否有效地运用了公司的劳动资源。

相对而言,高速公路企业属于资金密集型,虽然沿线各收费站点会雇用大量的收费人员全天候值守,且人工费用占经营成本比重较大,但劳动效率指标更多取决于道路通行费收入,虽然该指标可以考核劳动资源的利用效果,但人多不一定收费就高。

3. 营利能力指标的选择

虽然高速公路具有较高的社会公益性,营利不是唯一的目的,但营利水平的高低仍然成为考核其管理水平的最重要指标。营利能力是指公司赚取利润的能力,高速公路公司受行业特点限制,利润主要来源于收取的车辆通行费,不能过于强调或者单纯强调利润的高低,因此可以选择净资产收益率、总资产报酬率、营业收入利润率、主营业务收入利润率、资本保值增值率、成本费用利润率等指标来反映其营利能力。

(1)净资产收益率:企业一定时期内的净利润与平均净资产的比率。体现了投资者投入企业的股权资金获取净收益(净利润)的能力,突出反映了收益与投资的关系,是评价企业资本经营效益的核心指标。

$$净资产收益率 = (净利润 \div 平均净资产) \times 100\%$$

$$平均净资产 = (年初净资产 + 年末净资产) \div 2$$

年末净资产是指向投资者分配年度利润前的净资产。

(2)总资产报酬率:企业一定时期内获得的息税前利润与平均资产总额的比率。用于衡量企业包括净资产和负债在内的全部资产的总体获利能力,是评价企业资产运营效益的重要指标。

$$总资产报酬率 = (利润总额 + 利息费用) \div 平均资产总额 \times 100\%$$

其中,利息费用是指计入当期损益的利息支出以及溢价和折价的摊销。如果其他财务费用数额不大,也可以用当期财务费用替代利息费用。

$$平均资产总额 = (期初资产总额 + 期末资产总额) \div 2$$

(3)营业收入利润率:企业一定时期的营业利润与营业收入总额的比率。

用于衡量企业包括主营业务(主要指道路通行费)和其他业务(广告收入等)在内的全部业务收入转化为利润的获利能力,是评价企业经营效益的主要指标。

$$营业收入利润率 = (营业利润 ÷ 营业收入总额) × 100\%$$

$$营业收入总额 = 主营业务收入总额 + 其他业务收入总额$$

$$营业利润 = 主营业务利润 + 其他业务利润$$

(4)主营业务收入利润率:企业一定时期的主营业务利润同主营业务收入的比率。表明企业平均每元主营业务收入所获得的利润,反映了企业主营业务的获利能力,是评价企业经营效益的主要指标。

$$主营业务收入利润率 = (主营业务利润 ÷ 主营业务收入总额) × 100\%$$

公式中的主营业务利润,就交通企业而言,是指从事路桥通行业务等主营业务所取得的收入,扣除主营业务成本和主营业务税金及附加后的余额;主营业务收入是指交通企业从事主营业务所取得的各项收入的总和。

(5)资本保值增值率:扣除客观影响因素后的企业年末所有者权益总额,与年初所有者权益总额的比率。用于衡量企业当年资本在企业自身努力下实际增减变动情况,是评价企业财务效益状况的另一重要财务指标。

$$资本保值增值率 = (扣除客观因素后的年末所有者权益总额 ÷$$
$$年初所有者权益总额) × 100\%$$

其中,应当扣除的客观因素是指:①年内投资者追加投资增加的所有者权益;②非货币性资产评估和用非货币性资产对外投资增加或者减少的所有者权益;③企业接受捐赠资产增加的所有者权益;④"债权转股权"和债务重组增加的所有者权益;⑤住房周转金转入增加的所有者权益;⑥根据国家有关政策核减的国有所有者权益;⑦其他客观因素影响的所有者权益。

(6)成本费用利润率:企业一定时期的利润总额与企业成本费用总额的比率。表示企业为取得利润而付出的代价,也是从企业支出方面对企业收益能力的评价。

$$成本费用利润率 = (利润总额 ÷ 成本费用总额) × 100\%$$

其中,成本费用总额是指企业主营业务成本、营业费用、管理费用、财务费用之和。

4. 增长能力指标的选择

增长能力通常是指企业未来生产经营活动的发展趋势和发展潜能,它反映了企业目标与财务目标,是企业营利能力、营运能力、偿债能力的综合体现。增长能力分析可以从不同角度出发,存在多种形式。与增长能力的内涵相对应,存在两种有代表性的增长能力分析框架:其一是从增长能力结果角度分析剩余收益的增长;其二是从增长能力形成角度分析增长率,即跨年度的股东权益、资产、销售收入、收益的对比情况。结合高速公路公司财务管理的特点,这里选择第二种方式对高速公路公司的增长能力进行分析;选取的指标如下。

(1)通行费收入增长率:公司本年通行费收入增长额同上年通行费收入总额的比率。反映了企业通行费收入与上年相比的增减变动情况,是评价企业成长状况和发展能力的重要指标。因为高速公路公司的收入主要是通行费收入,因此选择通行费收入增长率更能反映公司的发展情况。

$$通行费收入增长率 = (本年通行费收入增长额 \div 上年通行费$$
$$收入总额) \times 100\%$$

$$本年营业收入增长额 = 本年通行费收入总额 - 上年通行费收入总额$$

(2)三年通行费收入平均增长率:用本年通行费收入总额与三年前通行费收入相比,来体现最近三年通行费收入的平均增长速度的财务指标。反映通行费收入的动态增长状况,体现企业可持续发展的能力。

$$三年通行费收入平均增长率 = \left(\sqrt[3]{\frac{本年通行费收入总额}{三年前通行费收入总额}} - 1 \right) \times 100\%$$

其中,公式中的三年前通行费收入总额,是指距离本年的三年前通行费收入总额。

(3)三年资本平均增长率:用企业年末所有者权益与三年前企业年末所有者权益相比,来体现最近三年所有者权益平均增长速度的财务指标。反映企业资本积累或资本扩张的历史发展状况,以及企业稳步发展的趋势,体现企业抗风险和持续发展的能力。

$$三年资本平均增长率 = \left(\sqrt[3]{\frac{年末所有者权益总额}{三年前年末所有者权益总额}} - 1 \right) \times 100\%$$

其中,公式中的三年前年末所有者权益总额,是指距离当年的三年前年末所有者权益总额。

(4)技术投入比率:企业当年技术转让费支出和研究开发的实际投入,与当年主营业务收入的比率。它从企业的技术创新方面反映了企业的发展潜力和可持续发展能力。

$$技术投入比率＝（当年技术转让费支出与研发投入÷$$
$$当年主营业务收入净额）×100\%$$

（三）企业无形资产运营效果的评价

由于高速公路公司管理运营企业实际掌控的是高速公路收费权，应作为无形资产管理，所以为了衡量无形资产的开发利用是否达到目的，高速公路企业可专门设置相关指标，对无形资产运营效果进行分析评价如表6－6所示。

表6－6　无形资产运营效果评价

反映无形资产运营能力的指标	无形资产周转率 无形资产利用率
反映无形资产增值能力的指标	无形资产收益率 无形资产成本费用利润率 无形资产实际收益率
反映无形资产管理与保护的指标	无形资产保护性支出比率 无形资产更新率 无形资产成新率
反映无形资产创新能力的指标	资产结构比率 资产结构优化比率 无形资产市场价值增长率

由于无形资产具有垄断性特征，因此，一般无法进行横向比较分析，只能在特定主体内进行纵向比较分析，借以评价特定主体拥有的无形资产在前后不同时期的价值变化；从财务管理角度，根据无形资产对企业价值贡献的机理，设置并集中考虑反映无形资产运营能力、增值能力、管理与保护能力及创新能力等高度相关或有实用价值的比率。

1. 反映无形资产运营能力的指标

（1）无形资产周转率：用来衡量和评价企业购建、投入使用等各环节管理状况的综合性评价指标，其计算公式可以参考资产周转率来设计：

$$无形资产周转率＝销售收入÷平均无形资产余值$$

注意：该指标计算时也可以采用无形资产原值，理由同固定资产周转率。

一般来说，无形资产周转率越高，反映无形资产购建、使用所创造的通行费收入越高,从而提高总资产的周转率和营利能力。

(2)无形资产利用率:反映无形资产在生产经营中的利用程度,体现无形资产使用价值的大小。

无形资产利用率=生产经营中使用的无形资产价值÷无形资产价值总量

一般来说,无形资产利用率越高,反映无形资产创造新价值的能力越强。其中无形资产价值总量是企业在评价期所拥有和控制的各类无形资产价值的总和。

2. 反映无形资产增值能力的指标

(1)无形资产收益率:是将企业一定期间的无形资产净收益与企业的无形资产总额相比,可反映企业无形资产运营效果的综合评价指标,用公式表示为:

无形资产收益率=无形资产净收益÷平均无形资产总额×100%

平均无形资产总额=(期初无形资产+期末无形资产)÷2

该指标值越大,表明无形资产的运营效果越好。应注意的是,如不能明确划分净收益的归属,可采用年金法分解过滤出"共同创造效益"中属于无形资产创造的超额收益。如果将无形资产在未来使用期限内每年创造的超额收益看做年金形式,贴现率可采用企业加权平均资金成本率,无形资产的现值以现存账面价值表示:

无形资产净收益=无形资产账面价值÷年金现值系数

从而将无形资产创造的超额收益从全部资产共同创造的效益中分离出来。

(2)无形资产成本费用利润率:是企业无形资产利润额与无形资产成本费用总额的比率,它反映企业无形资产运营过程中发生的耗费与获得的收益之间的关系。用公式表示:

无形资产成本费用利润率=无形资产利润额÷无形资产

成本费用总额×100%

其中,无形资产成本费用总额是为了获取利润而付出的代价,主要包括无形资产摊销费用、无形资产保护性费用、无形资产广告费用以及无形资产所消耗的其他费用。

(3)无形资产实际收益率:实际上可以看做企业的超额收益率。根据现行企业会计准则对无形资产的确认与计量的要求,很多能为企业带来利润的无形资产不能入账,使得无形资产的实际价值与账面价值往往相差很远,因此与无形资产的账面收益率相比,实际收益率更能体现无形资产的真实收益水平。

$$无形资产实际收益率 = (营业利润 \div 总资产价值 \times 100\%) - $$
$$行业平均资产利润率$$

3. 反映无形资产管理与保护的指标

(1)无形资产保护性支出比率:指企业为了管理和保护现有无形资产所付出的代价。保护性支出主要包括企业申请专利、缴纳专利保护年费、注册商标或支付侵权诉讼费用等各项有关无形资产保护方面的支出。

$$无形资产保护性支出比率 = 当期无形资产保护性支出 \div 当期销售收入$$

(2)无形资产更新率:

$$无形资产更新率 = 本期新增无形资产价值 \div 期末无形资产价值$$

其中新增无形资产价值以投资成本价值计量。

(3)无形资产成新率:是无形资产尚可使用年限与总寿命年限的比率。对于没有明确法定期限的无形资产而言,可以通过专家评估确定该指标的大小。

$$无形资产成新率 = 无形资产尚可使用年限 \div 总寿命年限$$

4. 反映无形资产创新能力的指标

(1)资产结构比率:一般是指企业各项资产的构成及其比例关系。本处指无形资产占总资产的比例。它反映了无形资产在企业中的地位问题。

$$资产结构比率 = 无形资产 \div 总资产$$

该指标值越大,说明无形资产在企业总资产中所占比重越大,企业就越应重视无形资产的运营。

(2)资产结构优化比率:与资产结构比率相对应的动态指标,反映评价期期末资产结构与上期期末资产结构的比例关系。

$$资产结构优化比率 = 评价期期末资产结构 \div 上期期末资产结构$$

这一指标主要是评价企业资产结构各期改善的情况,一般来说该值越大越好。指标值越大,则资产结构优化的速度越快,企业无形资产增长的速度越快。

(3)无形资产市场价值增长率:反映无形资产市场价值规模的增长情况,用以衡量企业无形资产在实际总量上的扩张程度,揭示企业无形资产的创新和获利能力。

无形资产市场价值增长率 = (期末无形资产市场价值 − 期初无形资产

市场价值) ÷ 期初无形资产市场价值 × 100%

无形资产市场价值 = 当期无形资产利润总额 ÷ 当期无形资产的实际收益率

其中,当期无形资产利润总额 = 自用无形资产利润 + 无形资产转让利润 + 无形资产对外投资收益;

自用无形资产利润 = 无形资产使用后利润总额 − 无形资产使用前利润总额;

无形资产转让利润 = 无形资产转让收入 − 无形资产转让成本费用、税金;

无形资产对外投资收益 = 无形资产对外投资分配股息、利润。

(四)高速公路经营企业现金财务分析

与一般工商企业相比,高速公路经营企业的车辆通行费收入基本上是现金收入,所以,加强对现金的管理,合理有效地使用现金,提高资金的利用效率,使其为企业带来经济效益,才是高速公路经营企业流动资产管理的重点。

1. 现金到期债务比率(可替代流动比率):企业一定时期经营活动现金净流量与流动负债的比率。与流动比率和速动比率相比,该项比率可以更好地衡量企业短期偿债能力,评价企业偿还短期债务能力的强弱。

现金比率 = (年经营活动现金净流量 ÷ 到期负债) × 100%

其中,年经营活动现金净流量 = 经营活动现金流入量 − 经营活动现金流出量。

2. 现金流动负债比率:企业一定时期的经营现金净流入同流动负债的比率。从现金流动角度来反映企业当期偿付短期负债的能力。

现金流动负债比率 = (年经营活动现金净流入 ÷ 年末流动负债) × 100%

3. 现金债务总额比:企业一定时期的经营活动取得的现金净流量同债务总额的比率。从现金流动角度来反映企业承担债务的能力。

现金债务总额比 = (年经营活动现金净流入 ÷ 年末债务总额) × 100%

三、结论

(一)努力从体制、经营和技术三个层面上实施运营成本的控制

尽管近几年我国高速公路建设取得了巨大的成就,但由于起步较晚,我国高速公路普遍存在管理手段单一,管理理念落后的问题,成本控制更是处于摸

索之中。鉴于高速公路运营成本控制是一项系统工程,应综合采用三条途径从三个层面控制成本。体制方面的途径降低成本的空间最大,经营方面的途径次之,技术方面的途径最不显著。所以,当前控制高速公路运营成本应首先从体制层面上解决问题,继而迅速在经营和技术层面上解决问题。要想切实改善高速公路运营成本的控制,必须针对影响高速公路运营成本的三个主要因素以及存在的问题入手,从体制、经营和技术三个层面上实施运营成本的控制和管理,提高经济效益。

1. 改革管理体制,按现代企业制度完善企业治理结构

上级管理部门应按照现代企业制度的要求来设置整个高速公路公司的组织架构,使公司真正从行政性委托代理制转化为企业性质的载体,对国有资产进行管理与资产经营。高速公路运营管理改制中要重视建立对经营者的激励和约束机制。

2. 建立专业化运营企业并使之公司化

高速公路的建设和经营都属于基础行业,基础行业企业的公司化、市场化与竞争性行业的公司化、市场化不一样。竞争性行业的企业其发展主要依靠自身的努力,而高速公路经营企业的发展与整个社会的全面发展紧密相关。从高速公路经营的效益和成本考虑,须组建高速公路运营管理方面的专业化企业,并使企业运作真正公司化。

建立高速公路专业化运营公司,使之不拥有高速公路产权,而是以自己的专业化经营管理取得竞争优势,与国有产权部门通过签订合约,获得高速公路经营权,通过有效的专业化经营赢得市场利润,使公司走向市场,节约成本,追求效益,以求生存发展,占领更多的高速公路甚至非高速公路的经营市场,另外,政府也应创造条件让高速公路专业化运营公司有生存与发展的空间。

综合考虑还债问题,并应制定相应的市场规则,从而建立有利于专业化运营公司发展的市场环境。如结合我国国情,对不同效益水平的高速公路采取不同的政策规定,对效益差的经营性高速公路,政府应提供优惠政策或者给予适当的政府补贴。

高速公路企业要从自身利益出发,选择成本较低、质量较好的养护公司承担养护和维修工作;管养必须分离,在高速公路养护维修方面,引进市场竞争机制。不少省份的高速公路养护维修工作采取外包形式,这已经成为节约运营成

本的一个主要措施。

高速公路专业化养护公司从专业化、规模化方面讲,其生产成本应是较低的,也有利于养护维修的质量得到保证。目前在高速公路运营队伍中有相当一部分人也是从事养护与维修工作。从事和人两方面来考虑,建立高速公路专业化养护公司都势在必行。

3. 积极研究和采用高速公路运营成本控制技术

高速公路运营的主要成本项目包括日常养护费、大修修理费、日常管理费、生产性水电费、配套设施维修费、其他费用等,其中日常养护费和日常管理费是成本控制的大头和要点。目前看来,有必要积极研究和采用下列措施:

(1)"三定"技术(定员、定额、定标准)夯实成本管理的基础工作,对高速公路成本费用进行有效控制。

(2)科学而有计划地对高速公路进行养护维修,必须要借助高速公路质量和维护的测定技术。通过这种技术检测高速公路的质量性能指标,并予以适时监控,进而对高速公路的维护作出规划,合理安排大、中修工程,使维护工作从经验性走向科学性。

(3)利用高科技监控技术充分开发高速公路运营管理计算机应用技术,对收费进行模式改革和监控。

(4)以财务信息系统为基础,与计算机管理辅助系统和专业化高速公路运营公司收费管理系统、工程管理系统等组成的经济信息网络,针对经济信息的控制和不同需求,特别是成本控制方面的需求,设置不同的计算机管理权限,保证加强控制作用。

(5)标准化和程序化技术高速公路运营管理和养护工作要实现标准化和程序化,特别要研究合理的日常养护费用标准,包括一些运营管理和养护的技术规范;并使用计算机信息系统的辅助功能进行监督管理,提高管理水平和管理透明度,达到控制成本的目的。

此外,从成本与效益的关系看,争取政策支持,也是降低成本提高经济效益的基本途径之一。为缩短还贷期,建议在还贷期给予一定的减免所得税的优惠政策,减免的所得税用于还贷,以利于投资者在较短时期内还清贷款,减轻负债压力;还清贷款后,再按现行政策依法纳税。通过政策的调节作用,加大对投资者的吸引力,增强投资者的兴趣,以调动国内外以及社会各界力量加速高速公路发展的步伐。

从增加通行费收入提高效益来讲,因高速公路是准公益性基础设施,车流量中有一部分是不能收费的,如警用车、军用车等;同时因回收期长,在其运营期有无自然灾害、战争等,都对其经营产生较大的影响,因而风险相对较大,这些都是运营中须予以充分考虑的问题。

根据建立社会主义市场经济体制的客观要求和政府对高速公路实行行业管理的需要,务必加强研究如何有效地降低工程造价及运营成本,提高施工质量及服务水平,增强高速公路经营管理者的负责意识,充分发挥高速公路应有的社会效益和经济效益。

（二）建立和完善经济效益评价体系

应当充分重视高速公路经营企业财务评价指标的建立和完善,良好的财务评价指标体系有助于分析和反映企业的财务状况和经营成果。目前,高速公路经营企业的财务评价指标包括:

1. 财政部和交通部于 1997 年 3 月 21 日颁发了《高速公路公司财务管理办法》。该办法在第十一章财务报告与财务评价第 79 条中规定的公司总结、评价本公司财务状况和经营成果的财务指标包括:流动比率、速动比率、资产负债率、资本收益率、营业收入利润率、成本费用利润率等。

2. 2002 年 9 月 24 日,交通部颁发了《交通部行业财务指标管理办法》,该办法中制定了高速公路经营企业的财务评价指标体系:①财务效益状况指标:净资产收益率、总资产报酬率、营业收入利润率、资本保值增值率、成本费用利润率;②资产运营状况指标:总资产周转率、应收账款周转率;③偿债能力状况指标:现金比率、现金流动负债比率、资产负债率;④发展能力状况指标:营业收入增长率、三年资本平均增长率、技术投入比率。但这些指标中,并非所有的指标都能适合高速公路经营企业的特殊业务要求,因此,需要对相关指标进行修订,使其更能反映高速公路经营企业的财务状况和经营成果。

考虑到公司管理运营企业的特点,在现行评价体系中应适当增加现金评价指标,对于通过评估转让获取收费权的企业更应增加无形资产评价指标。

第七章 高速公路资产运营社会效益评价

第一节 社会效益评价重要意义

一、社会效益评价理论溯源

(一)国外社会效益评价理论

国外理论界最初并没有严格的应用社会效益和社会效益评价的概念。与此相关的是对项目评价的研究,并取得了丰富的成果。关于项目的财务评价和经济评价,早已形成了较为成熟的理论和方法,对项目社会评价的专门研究则始于 20 世纪 60 年代西方国家。1844 年法国工程师杜比发表了题为《公共工程项目效用的度量》的论文,他提出了消费者剩余的概念,并认为公共项目的最小社会效益等于项目净产出乘以产品市场价格。这个最小社会效益与消费者剩余就构成了公共项目的评价标准。这一方法在西方社会持续了近百年而没有任何进展。

20 世纪 30 年代以后,项目的费用—效益方法主要在洪水控制、河道治理、水土资源开发等方面得到了较广泛的应用和发展。社会影响评价产生于 1969 年的美国国家环境政策法令(NEPA)。NEPA 要求编制环境影响报告(EIA),来分析美国联邦政府投资或实施的所有项目或规划在环境方面的影响。在 NEPA 中社会环境包括在环境概念中,因此社会影响评价被纳入了环境影响报告。按照 Carley 和 Walkey 的观点,社会环境可细分为社会背景和社会条件。社会背景是指自然的或人工的规划和过程,它们构成社区基础设施的主要组成部分。社会背景可用变化的社区经济、政治、人口统计、环境和社会文化特征的基础数据和指标来描述。社会条件主要指那些感性的或主观的指标。这些指标反映与相应的社会背景有关的个人的一般感觉、意愿和满意程度,并反映社会条件与拟建项目相关联的潜在变化的一致性或不一致性。

1978 年美国国会参议院提出,项目的费用与效益分析主要从四个方面考虑:国民经济的发展、环境的质量、地区发展和社会福利。1984 年世界银行(WB)提出"社会性评估"应成为世界银行进行项目可行性研究工作的一部分。世界大坝委员会(WCD)项目决策考虑次序为社会评价、生态环境评价、经济与财务评价、管理评价、技术评价。社会评价已经并将在项目评价体系与决策中扮演越来越重要的角色。世界银行倡导的投资项目的社会评价主要包括社会公平评价、社会公正评价、项目与所在地区互适性评价与可持续发展评价。北欧芬兰的对外援助项目的评价准则中,减少贫困、促进环保,以及支持平等、民主、人权是其最根本的三个标准。

(二)国内社会效益评价理论

国内关于社会效益的定义众说纷纭。董福忠主编的《现代管理技术经济词典》一书中认为社会效益评价是人们对所从事的社会活动或人们的社会行为所引起的社会效果的分析评价;社会效益评价可以从社会稳定、政治、国防、就业、福利、文化、精神、道德,以及自然、资源、环境、生态等方面进行评价。高学栋认为社会效益分为社会经济效益、社会生态效益、社会精神效益。王捷(2004)认为社会效益是社会利益的实现程度,社会利益包括企业的利益、居民的利益和政府的利益在内的综合利益,他建立了一个新的投入产出模型来计算社会效益。惠东旭(2003)在分析自然保护区时提出了社会效益概念,他认为社会效益是根本上对人类社会有利的各种影响,自然保护区的社会效益就是自然保护区自身功能对周围社会所产生的影响和带来的效益。颜伦琴(2004)认为社会效益是指某一件事情、某一种行为、某一项工程的发生所能提供的公益性服务的效益,具体表现在改善环境、提供就业机会、促进精神文明的建设、协调区域发展、繁荣经济和增加财政收入、方便人们生活、提高人们生活质量等。张颖博士(2006)认为森林的社会效益包括社会文明进步效益、提供就业机会、优化产业结构、减少林业职工医疗费、旅游效益等。

社会效益可以通过以下几个方面来理解:

1. 社会效益是一种社会评价

社会效益评价可以采取许多方法来度量。社会效益是采取某种理论模型,对某项社会活动的社会评价。从这个意义上讲,社会效益和经济效益的关系就像社会评价和财务评价、国民经济评价之间的关系一样。

2. 社会效益是对公共利益的度量

所谓公共的,即是含有外部性的某项活动,比如水利投资,可用于发电、提高防洪能力,减少自然洪涝灾害等等,这都是公共利益。所以说,社会效益评价多用在公共基础设施的评价上,其中主要包括水利枢纽项目、交通运输项目、矿产和油气固开发项目、扶贫项目、农村区域开发项目,以及文化教育、卫生等公益性项目。

3. 社会效益和经济效益的关系

社会效益是相对于经济效益而言的。对经济效益的分析是财务评价、国民经济评价,对社会效益的分析是社会评价。经济效益和社会效益的关系是可以统一的,经济效益是社会效益实现的基础和前提,社会效益是经济效益实现的条件和保证。一般来说,社会效益评价既包括生产经营类项目,又包括非生产经营类项目,而经济效益评价的范围仅限于生产经营类的项目。所以公共项目侧重社会效益的评价,而私人投资项目既注重经济效益评价,也要考虑社会效益评价。经济效益评价指标一般能够以货币作为度量尺度,而社会效益评价指标更多的是非价值形态的评价指标。

二、高速公路资产运营的社会效益评价

高速公路资产运营的社会效益,是指高速公路经营单位、所有单位在对高速公路资产运营和管理过程中,对社会所产生的影响。具体表现在高速公路建设运营时社会发展、城镇化和满足人民需求的程度,对振兴地区经济和生产力布局的影响,对活跃市场和产业结构调整的作用,对劳力资源再开发及产供销流程正常运转的效益。高速公路的社会效益与经济效益是相辅相成的,高速公路资产运营的经济效益开发得越充分,社会效益越容易提高;高速公路资产运营的社会效益发挥越好,经济效益也就越明显。

但是,高速公路的社会效益很难像其他的效益一样用货币的价值尺度来衡量。在社会效益的定量化并建立度量标准方面,国内外在理论和实践上存在着许多尚未克服的困难。这种困难也影响了对高速公路资产运营的社会效益指标所做的准确评价。

在高速公路的社会效益评价指标体系方面,赵风山(1996)曾提出了一个高速公路的社会效益评价指标体系,该体系有两个层次,第一层次主要包括四个大方面的指标:促进社会发展程度评价指标、促进经济发展程度评价指标、促进政治稳定程度评价指标和提高高速公路建设部门素质指标等,每个大指标下含第二层的小指标。骆有隆等(2004)提出了高速公路社会评价指标体系,包括区域内就业情况影响、区域内自然资源产值影响、区域内交通安全效果、运输网效率的变化、文化卫生事业、福利的改善、科技的发展等 7 个一级指标,每个一级指标下面又包括若干二级指标。

三、高速公路资产社会效益评价的意义

(一)壮大区域经济实力

高速公路的建设与发展对沿线区域经济的发展发挥了重要作用,一方面,为经济社会的可持续发展奠定了坚实的基础;另一方面,经济社会的持续快速发展又必须有良好的交通条件为支撑,同时也对交通提出了又好又快发展的新要求和新任务。

(二)促进社会的和谐进步

高速公路的一个重要社会功能在于有效促进社会和谐进步,具体体现为有利于促进区域协调、统筹城乡发展、建立和谐劳动关系、加快落后地区人民脱贫致富等诸多方面。高速公路的建设与发展,能够促进人们思想观念的巨大变革。经济发展必将增加对劳动力的需求,由此带来更多的就业机会,对于区域产业结构调整、生产力布局、缩小城乡发展差异、加快落后地区的发展步伐,作用显著。特别是位于贫困地区、革命老区和民族地区的高速公路建设项目,其社会效益远远大于经济效益。

(三)提高人民生活水平

高速公路的发展与提高人民生活水平之间是一种相互影响、相互促进的良性互动关系。一方面,高速公路能够改善沿线人民群众的出行条件,提供安全、快速、便捷的客货运输服务,为人民群众生活水平的提高起到积极的促进作用;另一方面,随着生活水平的逐步提高以及消费结构的升级,人们的交通消费需求趋旺,个性化趋势将愈加明显,方便、快捷、舒适、安全、自主等价值取向明显增强,这在客观上又为高速公路的快速发展提出了迫切要求。另外,运输效率

的提高,使各种农业、工业制成品可以更加便利地运出去,同时也使各种消费品运输成本降低,从而在一定程度上降低了消费品的价格。

（四）发展综合交通运输

尽管全国目前高速公路里程仅占公路总里程的1.53%,但却承担了公路运输4.94%的客运量和10.12%的货运量,而且高速公路客货运量的比重,全国高速公路里程及客货运量所占比重一直呈现上升趋势。随着高速公路建设速度的加快和全国高速公路网的逐渐形成,高速公路在公路运输乃至整个综合运输系统中的地位将得到进一步巩固,对国民经济和社会发展的作用和贡献将越来越大。

（五）促进居民就业

公路项目在建设过程中,需要大量的劳动力,可以在一定程度上改善当地的就业状况;在公路建设后,随着公路对当地经济的推动,经济的发展刺激了各经济部门投资和规模的增长,从而增大了对劳动力的需求;随着经济发展、居民收入提高、人口流动规模的扩大,也在一定程度上促进服务业的发展和服务业的劳动力需求。

（六）促进区域文明进步

公路项目的建设,于推动当地的经济发展、改善居民生活水平的同时,在更深的层面上,促进了区域文明的进步,改变了社会面貌。表现在:促进了当地居民医疗、卫生、文化环境的改善;加强了城乡之间的交流和联系;促进了邻里关系的改善和社会和谐;促进了科技文化在当地的传播等等。

第二节　高速公路资产运营社会效益评价方法

目前我国学界关于社会效益评价的方法主要有定量计算、定性分析、定性分析与定量计算相结合等三类。

定量计算方法:是指运用统一的量纲、一定的计算公式及判断标准（参数）,通过数量演算反映评价结果的方法。一般来说,数量化的评价结果比较直观,但对于项目社会效益评价来说,大量的、复杂的社会因素都要进行定量计算,难度很大。在这种情况下,往往需要通过某些假设权重以及各种参数等方法达到定量分析的目的。

定性分析方法:基本上采用文字描述,说明事物的性质。但定性分析与定量分析的区别也不是绝对的,定性分析在需要与可能的情况下,应尽量采用直接或间接的数据,以便更准确地说明问题的性质或结论。社会评价的定性分析,要求与定量计算一样,要确定分析评价的基准线:要在可比的基础上进行"有项目"与"无项目"的对比分析,要制定定性分析的评价提纲,以利于调查与分析的深入。评价提纲一般采取提问的形式,由评价者沿着提问的思路,深入进行分析。

具体来说,社会效益评价方法有以下一些类型:

一、利益群体分析法

项目利益群体是指对项目的成功与否有直接或间接影响的所有有关各方。项目利益群体一般划分为项目受益人、项目受害人、项目受影响人,以及其他项目的建设单位、设计单位、咨询单位与项目有关的政府或非政府组织。

利益群体分析的主要内容有:根据项目单位的要求和项目的主要目标,确定项目所包括的主要利益群体;明确各利益群体的利益所在以及与项目的关系;分析各个利益群体之间的相互关系;分析各利益群体参与项目的设计、实施的各种可能方式。

二、有无对比分析方法

有无对比分析方法是指有高速公路资产运营项目情况与无高速公路资产运营项目情况的对比分析。它是社会效益评价中较常采用的分析评价方法,通过有无对比分析,可以确定高速公路资产运营项目引起的社会变化,亦即各种社会效益和影响的性质和程度,从而判断高速公路资产运营存在的社会风险和社会可行性。具体分析方法如下:

(一)调查确定评价的基准线(或基线情况)

基准线是指没有进行高速公路建设运营情况下被研究区域的社会状况。调查确定评价的基准线应首先对研究区域现有社会经济情况进行调查,调查内容一般包括当地社会人文情况、经济情况、自然环境与自然资源状况,文教、卫生发展情况,已有资源、基础设施、服务设施状况,宗教信仰、风俗习惯等等。

调查预测基准线情况以后,应对收集的资料进行整理加工,写出"基准线调查预测"情况的书面材料,作为评价的基准,此即"无项目"时的情况。

(二)进行有无对比分析

有项目情况,是指考虑高速公路资产运营建设和运行中引起各种社会经济变化后的社会经济情况。有项目减去无项目情况,即为项目引起的效益和影响。例如,某高速公路扩建工程,在开工前,管理人员有 130 人,扩建工程完成后,管理人员增加到 180 人,则因扩建引起的就业人数增加 50 人,这就是项目的就业效益影响。又如某高速公路项目,在其实施前,本区域的人民主要以种田为主,由于项目占用了大量的土地,引起了移民搬迁,项目完成后,出现了从事工业、商业的人,种田的人减少了,即该项目的实施,引起了该区域社会结构的变化。

实践中通过有无对比分析来确定各种社会效益和影响的性质与程度,是比较复杂的,因为预测的无项目情况即基准线可能不准确,特别是政策、体制的变化。因此,在具体评价时,有时需要对原来调查预测的基准线重新研究确定。

三、条件价值法(CVM)

条件价值法(Contingent Valuation Method,CVM),又称假想价值评估法,目前是应用最广泛的公共物品价值评估的标准方法,因此也就成为社会效益评价中的一种重要方法。自 1963 年哈佛大学博士 Davis 提交了关于 CVM 的第一篇论文以来,CVM 方面的文献层出不穷,目前,CVM 主要应用于资源环境经济学方面。CVM 是通过一系列问题诱导出人们对公共物品变化的支付意愿(Willingness To Pay,WTP),最终获得公共物品总经济价值的一种重要和应用广泛的研究方法。CVM 是一种典型的陈述偏好评估法,它利用效用最大化原理,在假想市场情况下,直接调查和询问人们对某一环境效益改善或资源保护措施的支付意愿,或者对环境或资源质量损失的接受赔偿意愿(Willingness To Accept,WTA),以推导环境效益改善或环境质量损失的经济价值。CVM 可用于评估环境物品的利用价值和非利用价值,是近几十年来国外最重要和应用最广泛的关于公共物品价值评估的方法。条件价值评估的经济学原理是:假设消费者的效用函数受市场商品 z,非市场物品(将被估值)q,个人偏好 s 的影响。其间接效用函数除受市场商品的价格 P,个人收入 y,个人偏好 s 和非市场商品 q 的影响外,还受个人偏好误差和测量误差等一些随机成分的影响,如用 e

表示这种随机成分,则间接效用函数可用 $V(p,q,y,s,e)$ 表示。被调查者个人通常面对一种环境状态变化的可能性(从 q_0 到 q_1),假设状态变化是一种改进,即 $V_1(p,q_1,y,s,e) \geqslant V_0(p,q_0,y,s,e)$,但这种状态改进需要花费消费者一定的资金。

条件价值方法是利用问卷调查的方式,揭示消费者的偏好,推导在不同环境状态下的消费者的等效用点 $[V_1(p,q_1,y-w,s,e) = V_0(p,q_0,y,s,e)]$,并通过定量测定支付意愿($w$)的分布规律得到环境物品或服务的经济价值。CVM 有一套固定的工作流程:①确定调查对象和调查范围;②通过预调查对问卷进行精心设计;③问卷调查;④数据汇总;⑤调查结果统计分析;⑥有效性检验。其中以问卷设计和统计分析中推导平均支付意愿的计算模型是最为关键的环节。

条件价值法通常随机选择部分家庭或个人作为样本,以问卷调查的形式通过询问一系列假设的问题,通过模拟市场来揭示消费者对公共物品和服务的偏好,并获得受访者对一项计划项目的支付意愿。但是由于国内应用 CVM 历史较短,CVM 在调查问卷设计与抽样、环境信息提供、调查数据筛选、理论方法探讨、结论有效性和可靠性验证等方面需要深入探讨。

四、投入产出模型

投入产出模型是经济学比较成熟的方法,自从 1979 年美国新泽西港务局首先把它应用于港口产业对国家的社会效益研究,投入产出模型的应用就比较普遍。

投入产出模型的基本前提比较普遍,结果也比较令人满意。投入产出模型的基本前提是每一个产业把它的产出物作为投入物,依次进行另一货物或服务的生产。

所有产出物都在区域经济内销售。每一产业的行为由货物与服务的最终需求及其他产业之间的关系变化决定。这些关系形成了一张投入产出表,它反映了在某一特定的时间内区域内产业之间相互依赖的关系。从投入产出表的定量关系可计算出各产业的乘数。比如高速公路的社会效益可以表达如下:

$$高速公路的社会效益 = 直接效益 + 后向乘数效益 +$$
$$前向乘数效益 + 消费乘数效益$$

五、综合分析评价方法

社会效益评价的综合评价是在单项指标分析评价的基础上,进行综合分析,以求得项目的综合社会效益和影响,以利项目决策。应用数学、运筹学、决策学、预测学等学科的发展为项目的综合分析评价提供了重要的依据和方法,特别是通过建立数学模型将定性指标定量化,已成为项目社会综合评价的重要手段。常用的综合分析评价方法可归为两大类:一类是矩阵分析总结法;另一类是多目标综合分析评价法。

（一）矩阵分析总结法

矩阵分析总结法是将社会评价的各种定量与定性分析指标列一矩阵表,将各项定量与定性分析的单项评价结果,按评价人员研究决定的各项指标的权重排列顺序,列于矩阵表中,使各项单项指标的评价情况一目了然,然后由评价者对此矩阵表所列的指标进行分析,阐明每一指标的评价结果及其对项目的社会可行性的影响程度,将一般可行且影响小的指标逐步排除,着重分析考察影响大和存在风险的问题,权衡其利弊得失,说明补偿措施情况,最后分析归纳,指出影响项目社会可行性的关键所在,从而提出对项目社会评价的总结评价,确定项目从社会因素方面分析是否可行的结论。

表 7 – 1　　项目社会评价综合

顺序	社会评价指标 （定性和定量指标）	分析评价结果	简要说明 （包括措施、补偿及费用等）
1			
2			
3			
4			
...			
	总结评价		

本方法直观、醒目,能够突出主要矛盾,结论容易被决策者认同和接受。

（二）多目标综合分析评价法

多目标综合分析评价有多种方法,以下进行简要评述。

1. 专家评分法

专家评分法是出现较早且应用较广的一种评价方法。是在定量和定性分析的基础上,以打分等方式做出定量评价,其结果具有数理统计特性。专家评分法的最大优点是,在缺乏足够统计数据和原始资料的情况下,可以做出定量估价及得到文献上还来不及反映的信息,特别是当方案的价值在很大程度上是取决于政策和人的主观因素,而不主要取决于技术性能时,专家评分法较其他方法更为适宜。专家评分法具有使用简单、直观性强的特点,但其理论性和系统性不强,一般情况下难以保证评价结果的客观性和准确性。

2. 德尔菲法

德尔菲法(Delphi 法)是美国的兰德(Rand)公司于 1964 年创立的,随后在决策评价领域中得到了广泛的应用。德尔菲法是一种多专家多轮咨询法,具有三个特点:匿名性、多轮反馈性、统计处理。由此可见,德尔菲法是对调查意见进行统计处理、归纳、总结,然后进行多次信息反馈,使意见逐步集中,从而得出调查结果。在对调查数据处理时,主要应考虑专家意见的倾向性和一致性。倾向性即收敛于何值,一致性即分散程度,一般用均值 E 和方差对倾向性和一致性进行量化表示。

德尔菲法较为严密和完善,它经过大量的实验,得出的专家意见分布接近于正态分布的结论,由此作为对数据进行处理的数学基础。它考虑了指标的重要程度、专家的权威系数和积极性系数,并计算专家意见的集中度、协调系数和变异系数,进行显著性检验,从而使之成为预测和决策的权威方法而风行全球。这种方法的主要缺点是它所需要的时间较长、耗费的人力物力较多。在采用德尔菲法时,专家的选择是关键。为了得到全面的、有权威性的意见,不但要选择精通专业技术的专家,也要选择边缘学科、交叉学科的专家,以及承担领导职务的专家。专家人数应适宜,人数太少,限制学科代表性,影响评价精度;人数太多,组织困难,结果处理较复杂。一般情况下,专家人数根据课题大小、涉及面的宽窄和相关领域专家情况来定,通常大课题以 20 人左右比较合适,小的是 5 人左右合适。获得专家意见后,轮回反复征询专家意见。轮回的次数一般是 3 ~ 5 天。征询的间隔时间一般是 7 ~ 10 天,这样可以使专家有整理资料和思考的时间。

3. 层次分析法

层次分析法(Analytical Hierarchy Process, AHP),由美国匹茨堡大学教授

T. L. Saaty 在 20 世纪 70 年代初提出,是一种定性分析和定量计算相结合的系统分析方法,一种将决策者对复杂系统的决策思维过程模型化、数量化的过程。应用这种方法,决策者通过将复杂问题分解为若干层次和若干因素,在各因素之间进行简单的比较和计算,就可以得出不同方案的权重,为最佳方案的选择提供依据。用层次分析法做决策分析,首先要把问题层次化。根据问题的性质和总目标,将问题分解为不同的组成因素,并按照因素间的相互影响以及隶属关系将因素按不同层次聚集组合,形成一个多层次的分析结构模型。最终把系统分析归结为,最底层相对于最高层的相对重要性权重的确定,或相对优劣次序的排序问题,从而为决策方案的选择提供依据。

层次分析法的优点是:分析思路清楚,可将系统分析人员的思维过程系统化、数学化和模型化;分析时需要的定量数据不多,但要求对问题所包含的因素及其关系具体而明确。这种方法适用于多准则、多目标的复杂问题的决策分析。需要指出的是层次分析法也有其不足之处:判断矩阵是由评价者或专家给定的,因此其一致性必然要受到有关人员的知识结构、判断水平及个人偏好等许多主观因素的影响;判断矩阵有时难以保持判断的传递性;评价方案集中方案数的增减有时会影响方法的保序性;合评价函数采用线性加权形式,因而有属性的线性及独立性的限制,不能盲目应用。

4. 数据包络分析法

数据包络分析法(DEA 法)是 1978 年由 Charnes 和 Cooper 等人发展起来的一种评价方法。它应用数学规划模型计算比较,决策单元之间的相对效率,对评价对象提出评价。该方法不仅能够多输入单输出问题,还适用于具有多输入多输出的复杂系统。通过对输入和输出信息的综合分析,可以得出每个方案综合效率的数量指标,据此将各方案定级排队,确定有效的(即相对效率高的)方案,并可给出其他方案非有效的原因和程度。

数据包络分析法通过明确地考虑多种投入(即资源)的运用和多种产出(即服务)的产生,能够用来比较提供相似服务的多个服务单位之间的效率。它避开了计算每项服务的标准成本,因为它可以把多种投入和多种产出转化为效率比率的分子和分母,而不需要转换成相同的货币单位。因此,用该方法可以清晰地衡量效率。该方法的一个重要特点,就是它以方案的各输入输出指标的权重为变量,避免了事先确定各指标在优先意义下的权重,使之受不确定的主观因素的影响比较小,因此,各种数据包络分析模型的研究应用较为广泛。

5. 灰色综合评价方法

客观世界中,常常会遇到信息不完全的系统,如参数信息不完全、结构信息不完全、关系信息不完全等等,这种信息部分明确、部分不明确的系统为灰色系统。该方法的基本原理是:首先,让专家对各个评价方案就不同的评价因素进行评分,用灰色系统理论分析确定评价灰类等级、灰数、白化函数;然后,计算在不同的评价因素下,各方按所属灰类的评价系数、权向量和权矩阵,得出不同因素对各方案的所属灰类;最后,在此基础上,确定各方案的灰类,并进行综合排序。

灰色综合评价法的优点有:简单易行;考虑了不可避免的人为因素,信息量大,能做出高层次综合评价;既能评价出优劣次序,也能得出所属灰类,并能给出不同因素下优劣次序。而缺点有:具有一定的主观因素;评价因素较多时,信息收集和计算工作量大;同时,该方法的适用范围是评价因素少,评价精度不太高的灰色系统。

6. 模糊综合评价法

模糊综合评价法的基本原理是利用模糊数学的基本原理,通过设立模糊评价指标集和指标等级的评价集,将被评价对象分为若干要素(即指标)并确定出评价标准和评价等级。在此基础上,借用隶属函数或模糊统计,求得各指标的隶属度。然后,建立模糊评价模型,得到评语集在这个域上的模糊子集,根据最大隶属原则来进行模式识别,即方案评价。其中,该方法指标量化采用隶属函数或模糊统计,权重分配采用群体构权,指标合成则利用模糊合成运算。模糊综合评价法的优点有:①隶属函数和模糊统计方法为定性指标量化提供了有效的方法,实现了定性和定量方法的有效结合;②所得结果为一向量,即评语集在其域上的子集,克服了传统数学方法结果单一性的缺陷,结果包含的信息较丰富。缺点有:在某些情况下,隶属函数的确定有一定的难度;权重的确定有一定的主观性;该方法的适用范围是模糊系统的综合评价。

7. 满意度评价法

满意度评价法的基本原理是根据多项评价指标的分析,计算结果逐项进行评分(满意度),以此来度量指标达到目标的满意程度,然后用加权平均法求得总分值。其中,该方法指标量化采用升、降半梯分布的隶属函数,权重分配采用主观赋权法,指标合成则利用加法或乘法。满意度评价法的优点是实现了定性和定量分析的结合,缺点是满意度和综合满意度实际含义不清,具有主观性。该方法的适用范围是能合理得到升降半梯形分布函数的系统。

8. 主成分分析法

主成分分析法的基本原理是利用多元统计的原理,将多个原始指标转化为包含信息较多的综合评价指标,然后以综合指标所含的信息量占总信息量的比重为权,对综合指标进行加权平均,以此为评价依据。其中,该方法指标量化采用标准化,权重分配采用特征向量,指标合成则利用加法。主成分分析法的优点有:权重较为客观;可以确定影响系统的主要因素;结果比较准确。而缺点是计算过程比较复杂,对样本量的要求较大。该方法的适用范围是定量指标样本量大、评价精度高的系统。

9. 系统动力学方法

系统动力学方法的基本原理是应用系统动力学的基本原理,通过对系统的结构和功能的模拟,建立系统动力学结构模型。然后,利用各因素之间的关联关系、系统内部的动态性和反馈机制,对系统进行模拟,进而对系统进行评价和预测。其中,该方法指标量化采用应用统计数据,权重分配采用群体构权,指标合成则利用计算机动态模拟。

系统动力学方法的优点有:可以合理地动态地反映系统的结构和功能,评价结果比较准确,信息丰富;是一种定性与定量结合、系统、分析、综合和推理的方法;通过外生变量和参数的设置,可以得到不同状况下的评价结果。而缺点有:计算过程比较复杂,需要借助计算机模拟才可以实现;各因素之间要有明确的逻辑关系和时空关系。该方法的适用范围是处理社会、经济、生态和生物等一类高度非线性、高阶次、多变量、多重反馈、复杂时变大系统问题的研究。

10. 人工神经网络方法

人工神经网络(ANN)是建立以权重描述变量与目标之间特殊的非线性关系模型,对事物的判断分析必须经过一个学习或训练过程,类似人脑认识一个新事物必须有一个学习过程一样,神经网络通过一定的算法进行训练,Rumel-hart 将反馈传播(BP)算法引入神经网络中,很好地实现了多层神经网络的设想。

BP 网络是一种单向传播的多层前项网络,具有三层或三层以上的神经网络,包括输入层、中间层(隐层)和输出层。上下层之间实现全连接,而每层神经元之间无连接。当一对学习样本提供给网络后,神经元的激活值从输入层经各中间层向输出层传播,在输出层的各神经元获得网络的输入响应,然后,按照减少目标输出与实际误差的方向,从输出层经过各中间层逐层修正各连接权值,最后回到输入层。这种算法称为"误差逆传播算法",即 BP 算法。随着这种误差逆的传播修正不断进行,网络对输入模式响应的正确率也不断上升,直到误差达到容许水平。

由上面的分析可以看出,这些评价方法在基本原理、指标量化、权重分配、指标合成、优缺点和适用范围等方面都是不同的。因此,在选择社会效益评价方法时,应首先充分考虑到评价项目的特点,注意每一种方法都有自身的局限性。另外,选择评价方法时,还得在遵循客观性、可操作性和有效性原则的基础上,统筹考虑。

第三节　高速公路社会效益评价指标体系设置

一、高速公路社会效益评价指标体系设置原则

社会效益评价是一种新模式。这种模式不但要满足项目社会效益的复杂性要求,还要适应项目类型多样化的需要,更重要地,它必须能够有效地消除作为项目对象的社会系统的某种缺损,从而促进系统的良性运行和长期发展,对社会系统产生正面影响。当这种新的评价模式应用于各类项目时,应遵循以下原则。

(一)综合评价原则

即对项目的社会影响进行综合性的评价,包括项目的经济效益、社会效益、环境效益等,进行系统的分析、研究和预测,同时根据项目本身的性质及其所侧重的目标进行相应的调整。

(二)长期利益原则

任何工程技术项目的效益均可划分为短期的和长期的效益。项目的规划、设计及分阶段的实施应充分注重长远的效益(如社会效益、生态效益),当短期利益(经济目标)与长远利益发生矛盾时,应以后者为主要目标进行协调。

(三)可持续发展原则

任何一个项目在实现技术目标的同时必须看其是否有利于可持续发展的

目标,任何违背该原则的项目均应无条件地放弃或做调整。

（四）以人为本的原则

人是社会的主体,如果不体现以人为本的原则,工程技术项目的社会影响评价就失去了它应有的价值。以往大多数工程技术项目在不同程度上忽略了这一原则,从而将项目的实施与公众的参与割裂开来。

（五）分阶段评价原则

项目实施的不同阶段对社会的影响是不同的,因此项目的社会影响评价应分阶段进行。前期评价包括技术论证、公众意愿调查、实施对象分析和预期效益评价等,由此制定科学、系统的项目规划。中期评价指项目实施的阶段性、检验性评价,用以检验阶段性目标实现程度、项目计划与实际的吻合情况,修正偏差,从而保证项目的继续。后期评价是通过项目实施各个方面的总结,得出科学结论,并为下一期项目的论证提供理论和实践借鉴。

（六）全面性原则

各个指标应全面反映设计该指标体系的目的、作用与功能,因为社会效益的表现一般都很广泛,必须充分考虑它的方方面面。

（七）科学性原则

在设计指标时必须目的明确,在理论上有科学依据,在实际上行之有效。科学性原则主要体现在代表性、合理性、可操作性及创新性等方面。

（八）系统层次性原则

应根据影响类别设置分层级次,层次之间关系明确、权重合理,并与所选择的评价方法相容。各指标不但能反映社会效益的影响,而且相互协调,便于全面评价所研究的对象。只有遵循了系统层次性原则,才能在指标选取的基础上建立指标体系。

（九）可比性原则

有比较才能有鉴别,因此,指标设置应保证指标的可比性,以提供准确的信息。指标的可比性包括两方面:一是纵向可比,即不同时间和空间范围上的可比性;二是横向可比,即不同地区、不同产业或行业之间的可比性。

（十）不相关原则

为了保证最终评价的客观真实有效,在指标选取的时候,尽可能避免指标间的相关性,尤其是高度相关性。

二、高速公路社会效益评价指标体系

高速公路社会效益评价以社会效益为一级指标,同时为满足社会效益复杂性需进行多种类型的层级分解并给予分值评价。指标体系建设如表7-2所示。

表7-2　高速公路社会效益评价指标

一级指标	二级指标	三级指标	分值
社会效益	对地区经济贡献效益	对GDP的外部影响	
		对区域发展的影响	
		对地方财政的影响	
	公众评价效益	公众满意度	
		出行量	
		单位投资占用耕地	
	环境效益	对周围环境的空气、噪音等污染情况	
		公路线路绿化美化情况	
	扶贫减灾效益/劳动就业效益/协调发展效益等	扶贫效益情况	
		协调发展效益	
		单位投资就业人数	

第四节　高速公路资产运营与 GDP

一、高速公路资产运营与 GDP 的关系

作为重要的现代交通基础设施,高速公路的发展和完善是保证交通运输行业高效、有序运转,实现社会经济活动正常进行的前提条件。在市场经济日趋发达、经济全球化程度日益提高的当今社会,只有依靠网络化、现代化的高速公路设施,才能把国民经济各发展基点联结成为一个完整的体系,进行物质和信息的交流,从而达到加快商品和物资流通、促进国民经济发展的目的。反之,如果以高速公路为代表的现代交通基础设施短缺,则必然会阻碍国民经济进一步发展。纵观几百年来交通运输与经济发展的相互关系,以及实证研究的结果都表明,生产水平越高,就越要求基础结构超前发展。工业化时期的基础结构,已

经不允许交通运输滞后进入现代化社会。经济社会对交通运输的要求本质上就是超前的,交通运输是国民经济的先行官。发展经济,交通先行,是经济发展的内在规律。交通运输与经济增长存在着一致的关系。在交通运输中,高速公路建设里程,是影响国内生产总值(GDP)的一个重要的因素。

　　GDP 是衡量国民经济发展速度的最宏观、最主要的经济指标。它的含义是全国一年内生产的可供最终使用的产品和劳务的价值总和。与社会总产值不同之处在于:它包括一切劳务价值,但不包括产品生产过程中的物耗价值(即只含产品的新增价值)。因此,它能够比较客观地反映经济发展情况。

二、一个量化的例子

　　2008 年 7 月,随着廊涿、京化(一期)高速公路建成通车,河北省高速公路通车里程突破 3 000 公里大关,达到 3 010 公里。按照规划,到 2010 年,河北省高速公路通车里程将超过 4 500 公里。如今,河北省高速公路通车总里程位居全国第五位,每百平方公里已拥有高速公路 1.6 公里,密度已基本达到法国、日本等发达国家的水平。河北省从 1987 年开始建设高速公路,1989 年京深高速公路石家庄段试建的半幅公路的竣工通车,标志着河北省高速公路建设的兴起,到 1999 年通车里程超过 1 000 公里,用了 10 年时间;从 1 000 公里到 2005 年突破 2 000 公里,用了 6 年时间;从 2 000 公里到 2008 年突破 3 000 公里,只用了 3 年时间。根据计划,2010 年将达到 4 500 公里(见表 7-3)。

　　由表 7-3 可以看出,在高速公路里程大幅度增长之后的数年,地区 GDP 也发生了快速的增加。从 1989 年到 1999 年的 10 年间,河北省高速公路的里程从 0 达到了 1 009 公里,而 GDP 数值由 1989 年的 767.3 亿元增加了 5 倍多,达到了 4 586.1 亿元;2000 年,高速公路里程增加了 52.3%,伴随它的经济后果是 GDP 在随后的 4 年中迅速地由 5 076.31 亿元增加到 8 836.9 亿元,增加了 70% 多。2005 年,高速公路里程突破 2 000 公里以后,到 2007 年,GDP 数字又增长 30% 有余。

表 7-3　河北省高速公路发展

项　目 年　份	河北省 GDP (亿元)	比上年增长比率 (%)	河北省高速公路 里程(公里)	比上年增长比率 (%)
1989	767.3	4.6		—

续表

项 目 年 份	河北省GDP （亿元）	比上年增长比率 （%）	河北省高速公路 里程(公里)	比上年增长比率 （%）
1999	4 586.1	9.1	1 009	66.2
2000	5 076.31	9.5	1 480	52.3
2001	5 577.7	8.7	1 563	5.6
2002	6 076.6	9.6	1 591	1.8
2003	7 095.4	11.6	1 681	5.3
2004	8 836.9	12.9	1 706	1.5
2005	10 116.6	13.4	2 135	25.4
2006	11 613.7	13.2	2 329	9.1
2007	13 863.5	12.9	2 852.7	22.5

资料来源:各年度《河北经济年鉴》和河北省各年国民经济和社会发展统计公报。

从静态来说,对于某条具体的高速公路,也会随着建成时间的延长,对地区GDP的增长做出不同的贡献。下面就以河北省某高速公路管理处的例子来说明高速公路对于GDP的贡献。表7－4是该高速公路管理处1998～2007年的车流量、收费额一览表。

表7－4 河北省某高速公路车流量、收费额一览表

年份	下道车流量		收费额	
	数量(辆)	增长比例(%)	数量(亿元)	增长比例(%)
1998	2 623 680	—	2.324 4	—
1999	4 550 760	73	3.054 5	31
2000	6 319 800	39	3.503 2	15
2001	6 071 074	-4	3.634 1	4
2002	7 466 165	23	4.376 5	21
2003	7 947 667	6	4.678 4	7
2004	9 889 347	24	6.11	31
2005	10 045 011	2	7.94	30
2006	11 782 091	17	10.69	35
2007	13 515 099	15	14.15	32

　　由表7-4可以看出,从1998年到2007年这10年间,车流量由2 623 680辆增加到13 515 099辆,增加了4.15倍;收费额也由原来的2.32亿元迅速增长到14.15亿元,增长了5.1倍。

三、结论

　　高速公路与地区GDP具有高度相关关系。可以用相应地区的GDP增长率指标来进行衡量。

　　可用测量指标:

　　　　高速公路GDP影响力 = 高速公路运行期内当地GDP增长率 -
　　　　　　　　　　　　　高速公路运行前同期当地GDP增长率

　　指标说明:可以用年度GDP指标和3年度、5年度GDP进行计算,分别表示短期、中期、长期的高速公路GDP影响力。

第五节　高速公路资产运营与区域发展

一、高速公路资产运营和区域发展的关系

　　高速公路建设规模与地区经济发展存在着相互制约的关系。高速公路建设影响经济区域的发展。"要想富,先修路"已成为人们的共识,畅通的交通运输条件是区域经济发展的前提,高速公路以其快速、便捷、环境优越的特点在整个交通运输领域占据着举足轻重的地位。高速公路的建设与发展对沿线区域经济的发展发挥了重要作用,为经济社会的可持续发展奠定了坚实的基础。另一方面,经济社会的持续快速发展又必须有良好的交通条件作支撑,同时也对交通提出了又好又快发展的新要求和新任务。

　　高速公路的资产运营可以促进区域经济发展,主要表现在以下几个方面:

　　(一)提高可达性,改变区位优势格局

　　高速公路的建设和运营对沿线地区最重要的影响,是提高沿线各个地区、城市的可达性,使其经济地理位置,尤其是交通地理位置变化,从而改变区域和地点的区位优势,促进区域发展。实践证明,一个地区、地点的区位状况,尤其是经济地理位置,在很大程度上直接影响着该地区或地点在宏观区域中的地位

和作用,及在区域开发中的时序、水平、结构和组织等。具有良好区位条件的地区或地点,往往能够凭借区位优势条件得到优先快速发展,在落后地区尤其如此。高速公路修通和运营,首先通过改变地区或地点的运输可达性和经济可达性,改善其经济地理位置,从而使区位优势发生变化。区域或地点可达性的提高,往往意味着该地区或地点的易于接近性和易于联系性变好,对外联系的运输条件变好,可通达更远的地区;使运距相对缩短,运时减少,运费降低,方便程度提高。对企业而言则意味着,其产品易于到达新市场或原料、燃料地,使市场及原料、燃料来源地扩大,运营费用下降,利润相对增加,竞争优势加强。所有这些,必然使地区经济增长加快。利于空间扩散的进行,这对交通运输极为落后和高度短缺的落后地区开发极为重要。

(二)促进资源合理开发利用,加快工业化和现代化进程

高速公路的建设和运营,将会大大促进沿线地区土地资源及农、林、牧、副、渔资源和矿产资源等的合理利用向深度和广度进军;利于产业结构的调整及升级,和产业布局在更广大空间上的扩展,形成更为合理的生产地域分工格局;使农业专业化、集约化、工业化及现代化水平得以提高。

(三)带动流通业发展,促进交通优势向流通和经济优势转化

现代经济中,以商业贸易、信息交流、资金融通等为主要内容的流通业,正日益发挥着越来越重要的作用,任何一个产业的发展都依赖着流通产业的发展。而一个地区流通业发展的好坏,在一定程度上取决于交通运输及信息传输的发达程度。高速公路线路和枢纽,首先就是一个商品流通、人员流通和贸易的集散地。高速公路的开通必然会促进各种专业市场的形成,及以重要车站为中心的区域性强大商品流通中心的形成,在一定程度上为流通业的大发展创造了条件。

(四)成为沿线地区生产力布局的主轴线,形成交通经济带

交通运输在区域经济中发挥作用,最有说服力的典型性体现,就是在交通干线两侧形成交通经济带。重要交通干线的建成,及以干线为核心的基础设施的建设和完善,使沿线地区的时空可达性得以全面提高,投资环境得到根本改善。为沿线地区经济发展和向沿线集聚创造了良好的条件,从而使交通干线成为沿线地区发展轴线,尤其是宏观工业布局的集聚轴。高速公路的建设往往能够促成或触发沿线经济带的形成。因此可以认为,交通干线是区域经济发展和

沿线经济带形成的触发器,其运输能力的大小和线路走向规定了交通经济带在空间上和范围上的分布,是交通经济带形成和演化的前提条件。交通干线的建设使沿线经济部门的生产要素,能根据市场规律自由地流动,在一些拥有资金、技术和资源优势的地方逐渐形成具有一定规模的经济中心。在集聚效应的作用下,这些经济中心不断扩大,达到一定规模后,对周围地区产生扩散和辐射作用,尤其是向沿线地区扩散;并逐渐产生一批具有特定功能的城镇群,随着经济的发展和规模效益的产生,交通干线附近的增长点连成片,形成沿交通线展开的经济带。

(五)带动高速公路沿线产业带发展

高速公路产业带是指依托或借助高速公路的大容量、高速度、强辐射等作用,以高速公路为基本走向并向高速公路两侧扩延,创造出对各相关产业生成和发展有利的优良条件和环境,而且生产力要素和产业群体相对集中,经济发展水平和速度高于影响区平均水平,对沿线及周边地区的经济社会环境产生最大影响的带状区域。结合国内外已通车运营的高速公路的两侧产业带形成的实际情况,产业带主要有以下几个形成特点:①产业带的外边缘与高速公路的垂直距离有数百米至十几公里甚至数十公里,这与高速公路沿线两侧不同地点的具体情况和其不同发展阶段有关;②新兴的产业群体主要分布在高速公路互通式立交附近区域以及起终点和高速公路的子弦连接线两侧;③整个产业带由沿线两侧若干个点状、带状或块状的产业群及其所分布的地域空间共同组成;④产业带是逐步发展起来的,其形成发展的快慢与当地的经济政策环境、资源状况有关,其分布形态还受到自然地理环境的一定影响。但是,高速公路产业带形成需要一定的条件:①构成重要的交通运输干线,在一定方向上连接若干不同级别的中心城市、城镇,形成相对密集的人口和产业经济带;②沿线城市与工业基础很好,轴线及其附近地区已经具有较强的经济实力,并且还有较大的开发、发展潜力;③自然、经济、文化资源比较丰富,具有较高的开发价值;④在较短时间内,可以构成一定范围的吸引极、扩散极。

高速公路成为区域经济发展中的必要条件,在于促进交流圈、经济圈、经济带的形成;其对经济区带动的意义在于土地、资本、劳动力等发生很大变化,带动产业迁入。高速公路建设为新的产业进入,创造了高质量的投资、交流、交通、生活条件等,使产业激活。依托于高速公路的现有产业由于集聚、扩散因素作用,自然、经济、文化资源开发价值提高,新的市场发掘、崛起,使土地增值。依托于高速公路出入口相关土地增值,使区域资源开发利用价值提高。

二、高速公路资产运营与区域发展案例分析

高速公路的修建改善了沿线区域内的交通条件,扩大了企业生产或商业贸易活动的发展空间。高速公路产业带的形成是高速公路社会经济效益的一种具体表现,产业带的建立一般是以城市为依托,以高速公路为轴线,以产业布局的合理化为内容,达到规模经济,整个经济区域形成一个有序的空间经济系统。高速公路的建成通车,使高速公路沿线的经济发展步伐不断加快,产值也发生了明显的变化。而且高速公路沿线的经济发展速度明显高于其他周边地区。通过高速公路通车前后的比较,也能看出高速公路对沿线产值的巨大影响,通车后的经济增长速度要明显高于通车前的增长速度。

世界上一些经济发达国家的许多高新技术产业带,都是沿高速公路两侧发展起来的,如美国的硅谷和波士顿的128公里高新技术产业带等。国外高速公路建成投入运营3～5年后,就会使公路两侧的大城市沿高速公路走向延伸发展,形成以高速公路为轴线,以各出入口为轴心的一系列卫星城镇,如日本的大阪到神户等几条高速公路的14座立交桥投入运营5年后,形成新建工厂900多家,一些原来小镇现已发展成为工业城市,我国高速公路的建设同样为沿线地区经济发展及地区间合作提供了良好的契机和新的发展空间。

(一)杭甬高速公路促进沿线城镇发展与城市化进程

杭甬高速公路连接浙江省北部的三个重要城市,西起杭州,经绍兴,东端终至宁波。这三个城市的区域经济是浙江省经济的重要组成部分。2000年,三市GDP合计占全省GDP的55.3%,三市经济的整体增长速度高于全省平均水平。1996～2000年间,三市GDP年平均增长率达12.7%,超过同期全省11.4%的增长速度。

杭甬高速公路的开通促进了沿线地区就业结构和产业结构的变化和改善。高速公路的通车和两侧经济开发区的建立,促进沿线地区工业、运输业、商业和旅游业的兴旺发展。推动沿线地区的就业人口由农村向城镇,由农业向工业,由第一产业向第二、第三产业转移,促使科技含量和附加值较高的产品大幅度增加,从而使就业结构和产业结构不断改善。统计数据显示,三市从业人员在

第一产业中的比重逐年下降,在第二产业特别是第三产业中的比重不断上升。杭甬高速公路通车后,三市第三产业的比重从 1996 年 25.6% 增加到 2000 年的 29.1%,增加了 3.5 个百分点,三市的 GDP 产业结构也发生了类似的变化。1996～2000 年,三市第一产业比重从 10.9% 下降到 8.3%,第二产业比重从 55.8% 略下降到 55.1%,第三产业比重则持续上升,从 33.2% 增加到 36.6%,高于全省平均水平的 36.3%。

(二)同三高速公路沿线漳州、宁德两市突出县域经济,乡镇工业迅猛发展

与广东汕头接壤的漳州诏安县,原先是工业较为落后的农业县,同三高速公路通车以后,诏安县充分发挥闽粤边界独特的区位优势,利用县内农业资源、水产养殖资源的丰富优势,把高速公路通车的 2003 年定为"招商引资年",先后从广东引进了投资额 2 980 万美元的电子项目和投资额近 3 000 万美元的水产加工项目等;为做大做强县域经济,尽快形成产业集群和产业链,增强竞争力,2003 年诏安又引进总投资 2 亿元的数个项目。

高速公路通车后,沿线各县市的高速公路互通口所在乡镇,成为乡镇经济发展的火车头。诏安县依托三个互通口,建立了以乡镇为中心的工业园,带动了全县乡镇经济的快速发展;在闽粤站互通口,引进外资企业 57 家,引进内联企业 69 家;在诏安东互通口,以发展水产品加工和港区配套工业为主,总投资近 3 000 万美元的安邦水产食品项目投产;在南互通口,引进建兴水产、腾达矿泉水、自来水净化设备等 3 家企业,总投资近 1 亿元。

三、结论

一条高速公路的建成,必然会通过种种方式联结和辐射它周围的地区,使得区域资源以一种更有效率的方式进行组合,产生更大的扩散效应和极化效应,为区域经济的协调一致发展奠定物质基础。一个地区区域经济效率的提高可以从三次产业结构比率、主导产业经济增长率等指标来反映。

四、衡量指标

①三次产业结构比率＝第一产业比重∶第二产业比重∶第三产业比重;

②第一产业产值增长率＝(当期第一产业产值－基期第一产业产值)÷基期第一产业产值;

③第二产业产值增长率 =（当期第二产业产值 – 基期第二产业产值）÷基期第二产业产值;

④第三产业产值增长率 =（当期第三产业产值 – 基期第三产业产值）÷基期第三产业产值;

⑤主导产业经济增长率 = 主导产业占本年度 GDP 比重 – 主导产业占上年度 GDP 比重。

第六节　高速公路资产运营与财政收入

一、高速公路资产运营与财政收入的关系

我国的高速公路有相当大部分属于收费公路,在《收费公路管理条例》中规定:政府还贷公路收费必须存入财政专户,实施收支两条线管理。

1998 年《河北省财政厅、河北省地方税务局关于省参与投资建设的高速公路通行费收入缴纳所得税、营业税有关问题的通知》中规定:所得税以各条高速公路管理处为纳税义务人,其所在地有省直属征收局(或分局)的,由省直属征收局(或分局)负责征收管理,否则,由其所在地地方税务局负责征收管理。省独资建设的高速公路通行费收入缴纳的所得税和营业税全部为省级收入,就地缴入省级金库;省与市(县、区)共同投资建设的高速公路通行费收入缴纳的所得税和营业税按省、市(县、区)各自投资比例或合同、协议规定的分利比例分成,就地分别缴入省级、市(县、区)级金库。

湖南省地方税务局发布的《关于经营性高速公路通行费收入有关税收问题的补充通知》(湘地税函[2008]98 号)中明确规定:湖南省经营性高速公路收费站收取的通行费在票据中所反映的数据包括代收的县乡公路建设费和交警费,全额上交高速公路管理局,高速公路管理局每月将通行费收入进行分解,即将县乡公路建设费和交警费直接划入财政专户,剩下的收入划入经营性高速公路公司,经营性高速公路公司凭收入划拨单核算营业收入,并将营业收入按通行里程进行分解。鉴于经营性高速公路公司财务核算具有上述特殊性,在征收营业税时应以公司分解的营业收入作为计税依据。根据《中华人民共和国城市维护建设税暂行条例》及《湖南省城市维护建设税实施细则》规定,经营性

高速公路通行费收入城市维护建设税适用经营性高速公路公司核算地的规定税率。经营性高速公路公司向有关市州局的纳税申报实行邮寄申报方式,鉴于经营性高速公路收费站收取的通行费收入划入经营性高速公路公司有一个过程,因此于次月 10 日前进行预申报,年终进行结算。

由此可见,高速公路的通行费收入可以构成财政收入和税收的重要来源。一般来说,高速公路资产运营可以对当地政府财政收入产生巨大影响。如:2006年,粤高速(000429)上交所得税额为 383 380 556 元,2007 年为 408 766 938 元;2006 年,海南高速(000886)上交所得税额为 357 524 603 元,2007 年为 24 257 462元;2006 年,华北高速(000916)上交所得税额为 249 269 666 元,2007 年为347 073 591 元。

二、衡量指标

①高速公路通行费总收入;

②高速公路纳税总额;

③高速公路每公里平均通行费收入 = 高速公路通行费总收入 ÷ 高速公路总里程;

④高速公路每公里平均纳税额 = 高速公路纳税总额 ÷ 高速公路总里程。

第七节　高速公路与社会满意度

一、高速公路资产运营与社会满意度

社会满意度是一个内涵丰富并且具有多重层次含义的概念。一般来说,它是指社会成员(个体、群体和组织)对于社会和社会组织是否满足其个人和群体的需要、愿望、目标及其满足程度的一种关系认知与情感体验。公众对高速公路的满意度是高速公路社会效益评价的重要指标组成部分。

20 世纪初,Keith 等学者提出经济活动应当满足用户的需要和愿望,1986年美国消费心理学家 De Young 创造了用户满意度概念。1989 年,瑞典首先运用计量经济学模式对用户满意度指数(CSI)进行研究。美国等国家和我国台湾地区也相继建立了国家、地区的用户满意度指数,测量用户对产品或服务满意程度。到目前为止,世界上许多国家已构建了自己的用户满意度指数,其中,影响较大的有美国的 ACSI,瑞典的 SCSB,德国的 KD,欧洲的 ECSI,韩国的 KCSI 等。

我国有些行业(如彩电、电信、出租汽车行业)初步进行了测量,但由于受企业规模、市场信息、消费水平、用户质量意识和文化水平等因素的影响,构建我国的用户满意度指数(CCSI)还停留在探索和研究阶段。作为公共产品的高速公路,在建设发展的初期完全忽视了公路用户的满意。随着我国高速公路的建设发展,需要进一步提高高速公路效用,建立以用户为中心的高速公路经营管理体制,以科学的模式和方法测评用户满意度,分析高速公路用户满意度,对提高高速公路供给效率,优化公共产品道路资源配置具有重要意义。

现在可行的社会满意度评价方法主要是采用调查问卷法。例如:

2006 年 5 月 16 日在河北省某市××站、××分站进行了社会问卷调查。发放调查表 20 张,收回有效调查表 20 张。对收回的调查表进行了汇总分析,情况如表 7 - 5 所示。

表 7 - 5　高速公路满意度调查案例

序号	调查内容	评价意见					
1	您对行驶该高速公路的总体评价如何	满意	100%	一般	/	不满意	/
2	您对该高速公路收费站的服务态度如何评价	满意	100%	一般	/	不满意	/
3	您对通过该高速公路收费站时等待时间的评价	满意	100%	一般	/	不满意	/
4	您对该段高速公路的收费标准如何评价	合理	45%	可以接受	55%	不可以接受	/
5	您认为该段高速公路收费站的数量如何	不多	25%	还可以	75%	太多	/
6	雨雪雾天,该段高速公路管理部门是否采取相应的安全措施	是	45%	没注意	55%	没有	/
7	该段高速公路是否出现过无故关闭的情况	从不	100%	偶尔	/	经常	/

分析上述调查表结果可以得出结论:司乘人员对该段高速公路的总体评价基本满意。

对于社会满意度的评价,可以由高速公路管理单位来进行,也可以由社会其他组织来进行。由高速公路管理单位来实施的优点是简便易行,可以随时观测,由社会其他组织来实施的优点是系统客观。

二、衡量指标

①社会满意度;

②节省的行车时间比:

$$节省比 = \frac{项目实施前最短行车时间 - 项目实施后行车时间}{项目实施前最短行车时间} \times 100\%$$

③行车速度提高比:

$$行车速度提高比 = \frac{项目实施后行车速度}{项目实施前行车速度} \times 100\%$$

第八节　高速公路与出行量

一、高速公路与出行量的关系

高速公路的建设对国民经济的发展具有重要意义,在加速物资生产的流通,促进与其他运输方式的联运,促进工业和大城市人口向地方分散,节省运输费用,缓和道路交通阻塞,改善旅行条件,减少交通事故,加快沿线地区经济发展,提高沿途土地价值等方面发挥着决定性作用。而高速公路的出行量是衡量高速公路上述功能发挥的首要指标,一条高速公路的出行量越大,说明公路效率发挥越充分;单位公里出行量指标和总量出行量指标是衡量用的两个常用指标。

表7-6　河北省某高速公路车流量、收费额一览表

年份	下道车流量		收费额	
	数量(辆)	增长比例(%)	数量(亿元)	增长比例(%)
1998	2 623 680	—	2.324 4	—
1999	4 550 760	73	3.054 5	31

年份	下道车流量		收费额	
	数量(辆)	增长比例(%)	数量(亿元)	增长比例(%)
2000	6 319 800	39	3.503 2	15
2001	6 071 074	-4	3.634 1	4
2002	7 466 165	23	4.376 5	21
2003	7 947 667	6	4.678 4	7
2004	9 889 347	24	6.11	31
2005	10 045 011	2	7.94	30
2006	11 782 091	17	10.69	35
2007	13 515 099	15	14.15	32

由表7-6可知,该高速公路自1998年以来,出行量一直在不断增加。出行量的增加,一方面说明了该高速公路带来的社会效益在不断增加,另一方面也促使本单位经济收益大幅增加。由表中数据还可以知道,在通行量显著增加的年份,通常也伴随着收费额的显著增长。

二、衡量指标

①通行量;

②每年每公里平均通行量 = 高速公路每年总通行量÷高速公路总里程。

第八章　高速公路资产运营综合评价模型

第一节　高速公路综合评价工作流程

一、明确评价前提

首先,必须明确评价立场,高速公路是社会公益性很强的基础设施,因此,评价必须以车主和乘客出行方便、区域社会经济的发展为根本出发点。其次,要明确评价的范围和时期,从评价区域范围讲是某一级区域内的高速公路管理模式,但同时也涉及上一级高速公路管理模式。从牵涉的部门来看,包括该区域内政府交通及公安等部门。这些须在评价前确定下来,以便尽可能组织各方参与评价工作。至于评价的时期,一般分为近期评价、远期评价和跟踪评价三个阶段,不同时期的评价目的和要求各不相同,其评价方法也不完全一致。

二、研制评价指标体系

综合评价指标体系通常具有多层次结构。首先要确定评价目标,这是评价的依据。评价目标也是分层次的,可以分为总目标和具体目标。高速公路管理模式的综合评价总目标就是整体评价备选方案并选择最佳方案,具体目标要根据模式的评价期确定。其次要建立评价指标体系,评价指标和标准可以说是目标的具体化,根据具体目标设立相应的评价指标。

由于综合评价指标体系是从多个视角和层次反映了特定评价客体数量规模与数量水平的,所以,综合评价指标体系是一个信息系统。构建一个综合评价指标体系,就是要构建一个系统。而系统的构建一般包括元素的配置和系统结构的安排两个方面。在综合评价指标体系这一系统中,每个指标都是系统的元素,而各指标之间的相互关系则是系统结构。综合评价指标体系是对评价客体的水平和规模的反映,主客体是两个对应的系统,因此建立评价指标体系之前应该对评价客体进行深入的分析研究,把握评价客体中元素的关系。

三、定量各项评价指标

在指标体系建立过程中,评价指标选取是最重要的环节。评价指标如果选取得过多,容易造成内容重复,也会给实际统计分析工作带来操作上的不便;若选取得太少,则会因指标的代表性不足而缺乏说服力,甚至不能如实地反映出被评价对象的真实水平。目前比较定量的筛选,有直接聚类法、因子分析法、系统聚类法和模糊聚类法等多种方法。

要定量各项评价指标,须先确定相应的量化标准。每项评价指标都应有详细的评价标准,对于可用货币、时间、材料等衡量的指标,要进行定量的分析评价;对社会环境等的影响评价,则只能先做定性分析,然后确定量化方法。对每项该评价指标,均须规定计算方法,并对评价标准做恰当的说明。评价标准确定后,就可依据该标准对评价指标进行划分。

四、综合评价

首先,根据各指标间的相互关系及其对总目标的贡献,确定各项指标的合并计算方法。然后,根据各指标的重要性确定合并计算中相应的权重系数值,常用的方法有层次分析法、熵法等。最后,按选定的合并方法计算上层指标的值。如果评价指标体系有多个层次,则逐层向上计算,直至得到第一层指标的值为止,并据管理模式的优劣,进行分析和决策。具体过程如图8－1。

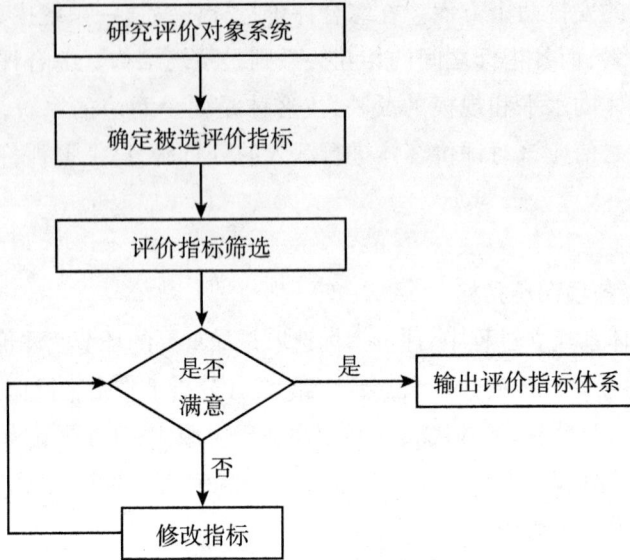

图 8-1 综合评价流程图

第二节 高速公路资产运营综合评价基本原则

一、综合评价的现实性

我们所建立的评价标准系统必须能确切反映整个管理模式在管理功能、技术经济和社会环境影响等方面的客观实际情况。

二、评价标准的可比性

不同管理模式相应的评价标准应可以相互比较。否则,各种不同的管理模式就缺乏相互之间的可比性,也就无法确定其优劣程度。

三、综合评价的科学性原则

科学性原则是高速公路项目运营综合评价的首要原则。在进行高速公路项目运营效益评价时,应遵照合理性、准确性和全面性的要求。评价应该以国家或区域制定的国民经济和社会发展目标为依据,从项目的影响空间、时间和对象出发,客观地考察有利影响和不利影响,力求分析评价任何标准。评价理论都必须建立在科学的基础上,才能反映客观实际,对实践具有指导作用。因此,评价标准必须具有科学性。

四、综合评价的系统层次性原则

应根据影响类别设置层次。层次之间关系明确、权重合理,并与所选择评价方法相容。各指标不但能反映社会效益的影响,而且相互协调,便于全面评价所研究的对象。只有遵循了系统层次性原则,才能在指标选取的基础上建立指标体系。

五、综合评价的可测性

对于定量评价标准必须具有可测性,才能用以检验所建立的评价指标是否合乎标准。

第三节　高速公路综合评价模型的构建

就高速公路资产运营的组织体制评价、财务效率评价、社会效益评价、战略评价的结果,构建综合评价模型。

高速公路资产运营综合评价指标体系的层次结构见图 8 - 2。对于图中所示的指标体系的层次结构关系,采用 Fuzzy AHP 方法综合评价高速公路的资产运营是非常有效的。

一、指标权重的赋值方法——AHP

层次分析法简称 AHP。它强调人的思维判别在决策过程中的作用,通过一定模式使决策思维过程规范化。它适用于定性与定量因素相结合的问题。高速公路资产运营评价是典型的定量因素与定性因素相结合的问题,因此,用AHP 法确定各指标的相对权重。AHP 法的基本步骤是:建立递阶层次结构,构造判断矩阵,求此矩阵的最大特征根及其对应的特征向量。确定权重,判断矩阵,进行一致性检验。

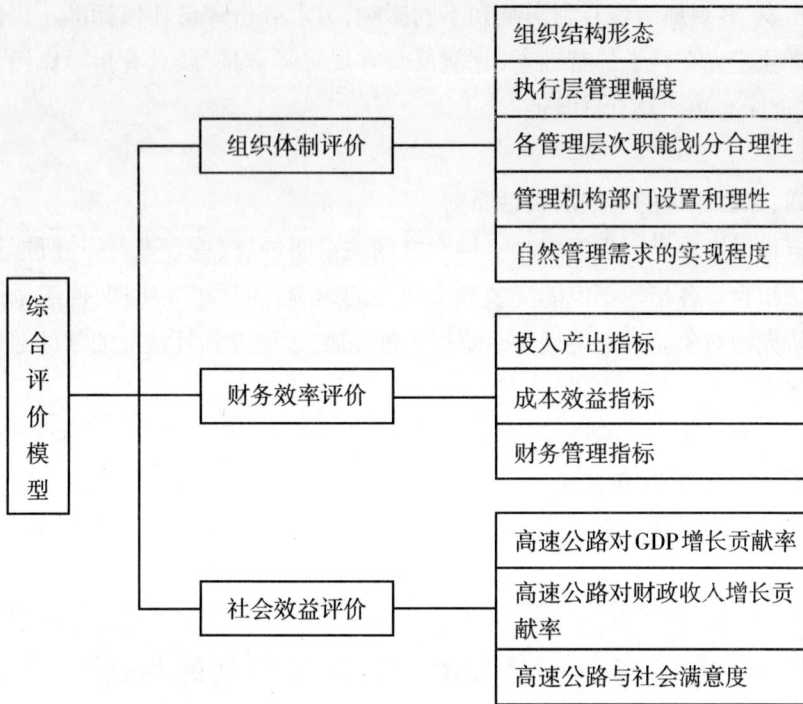

图8-2　高速公路资产运营综合评价模型

二、隶属函数值的计算

多目标决策的显著特点之一是目标间的不可公度性,即各个目标之间没有统一的度量标准,因而难以比较。所以在进行综合评价前,应先确定指标体系中各个指标的评价值,即计算隶属函数值。但由于评价指标的类型不同,因此其隶属函数值的计算方法也应不同。

(一)对于那些难以用数量来定量表示的指标,如政府资金管理情况、核算体制等指标,采用模糊统计方法确定其隶属函数关系

类似于定量的指标,评语由高到低的评价集为:

$$V = \{优,良,中,较差,差\} = \{v_1, v_2, \bar{A}, v_5\}$$

模糊统计的做法是让参与评价的各位专家按事先规定的评价集 V 给各评价因素划分等级,再依次统计各评价因素 u_{ij} 属于各评价等级 V_t ($t=1,2,3,\cdots,$

5)的频数 m_{ijt},记

$$u_{ij}^{(t)} = m_{ijt}/n$$

n 为专家的人数,$u_{ij}^{(t)}$ 表示评价因素隶属于 V_t 等级的隶属度。又记

$$R_{ij} = u_{ij}^1/v_1 + u_{ij}^{(2)}/v_2 + \bar{A} + u_{ij}^{(5)}/v_5$$

称 R_{ij} 为评价因素的单因素评价。

(二)对于评价指标体系中的数量指标的隶属函数关系的确定方法又可分为效益型指标(越大越好型)和成本型指标(越小越好型)两种情况考虑

1. 效益型指标。根据预先确定的对应于"优"、"良"、"中"、"较差"、"差"的临界值 X_5,X_4,X_3,X_2,X_1,得出指标 u_{ij} 隶属于等级 V_t 的隶属度:

$$u_{ij} = \begin{cases} 1 & u_{ij} \geqslant x_5 \\ (u_{ij}-x_4)/d & x_4 \leqslant u_{ij} < x_5 \end{cases}$$

$$u_{ij}^{(t)} = \begin{cases} (x_{6-i+t}-u_{ij})/d & x_{6-i} \leqslant u_{ij} < x_{6-i+t} \\ (u_{ij}-x_{x-i+t})/d & x_{6-i-t} \leqslant u_{ij} < x_{6-i} \end{cases}$$

$$u_{ij}^{(5)} = \begin{cases} (x_2-u_{ij})/d & x_1 \leqslant u_{ij} < x_2 \\ 1 & u_{ij} \geqslant x_1 \end{cases}$$

其中 $i=2,3,4$;$d=(x_5-x_1)/4$。

2. 成本型指标。根据预先确定的对应于"优"、"良"、"中"、"较差"、"差"的临界值 X_5,X_4,X_3,X_2,X_1,得出指标 u_{ij} 隶属于等级 V_t 的隶属度:

$$u_{ij}^{(1)} = \begin{cases} 1 & x_5 \leqslant u_{ij} \\ (x_4-u_{ij})/d & x_4 \leqslant u_{ij} < x_5 \end{cases}$$

$$u_{ij}^{(t)} = \begin{cases} (u_{ij}-x_{6-i+t})/d & x_{6-i+t} \leqslant u_{ij} < x_{6-i} \\ (x_{x-i+t}-u_{ij})/d & x_{6-i} \leqslant u_{ij} < x_{6-i-t} \end{cases}$$

$$u_{ij}^{(5)} = \begin{cases} (u_{ij}-x_2)/d & x_2 \leqslant u_{ij} < x_1 \\ 1 & u_{ij} \geqslant x_1 \end{cases}$$

其中 $i=2,3,4$;$d=(x_5-x_1)/4$。

三、高速公路资产运营的综合评价

(一)运用多级模糊综合评价方法综合评价的基本思想

把众多因素按其性质分为若干类,使每类包含较少的因素,先按类进行综

合评价,再对所有类进行综合评价。

（二）运用多级模糊综合评价方法的基本步骤

1. 将因素集 V 分类为 m 个因素集 $Q_1,Q_2,\cdots,Q_m$,且满足

$$\overset{M}{\underset{i=1}{V}}Q_i=v \quad Q_j\cap Q_k=\varnothing \quad j\neq k \quad j,k\in\left\{1,2,\wedge,m\right\}$$

2. 应用 AHP 法建立权重集,包括因素类权重集 $W=\left\{W_1,W_2,\wedge,W_m\right\}$ 和因素权重集 $W_i=\left\{W_{i1},W_{i2},\wedge,W_{in}\right\}$。

3. 建立评价集 $V=\left\{V_1,V_2,\wedge,V_p\right\}$,如果定义 $v=\left\{优、良、中、较差、差\right\}$,则对应于 $p=5$。

4. 对 Q_i 的每个因素进行单因素评价,得评价矩阵。

$$R_i=\left(r_{ijt}\right)_{n\times p}$$

其中 r_{ijt} 为第 I 类因素集 Q_i 中的第 i 个因素 U_{ij} 关于评价集第 k 个元素的隶属度。应用 Fuzzy 合成运算计算第 i 类因素的模糊综合评价为:

$$B_i=W_i\cdot R_i=\left(b_{i1},b_{i2},\wedge,b_{ip}\right)$$

由于对高速公路管理模式的评价要求评价整体效果,即对各指标依权重大小均衡兼顾,故计算 B_i 采用 M($\bullet$,$\oplus$)算子,其中" $\bullet$ "表示普通实数乘法,$a\oplus b=\min\left\{1,a+b\right\}$。

5. 对 O 的 m 个因素均做出综合评价后,得出总评价矩阵 $B=\left\{B_1,B_2,\wedge,B_m\right\}^{\Gamma}$,则综合评价值为:

$$A=W\bullet B$$

再根据最大隶属原则,给出模糊综合评判结论。

四、结论

通过 AHP 综合模型的评价,我们发现高速公路资产的运营管理随着高速公路资产规模的扩大,管理水平也相应地提高,但距离资产管理的精细化、标准化、规范化还有一定的差距。综上所述,对高速公路资产运营的评价可从组织体制、财务效率、社会效益等几个方面进行。

（一）高速公路资产的组织体制效率

从大的分类看,高速公路资产管理模式一种是公司制管理,一种是事业性

管理。从组织体制效率角度分析,实行公司制管理模式的效率较高,主要原因是高速公路资产产权清晰。实行事业性管理高速公路资产则组织体制效率有待提高,高速公路资产的产权不清是导致组织体制效率较低的主要原因:在事业性管理模式下的高速公路资产的运营,由于大部分高速公路管理企业直接隶属于政府行政职能部门,收入上缴财政,管理经费由行政主管部门下拨,使得企业没有成为真正意义上的法人实体和利益主体,其内部管理机制缺乏活力,组织体制效率低下。

（二）高速公路资产的财务效率评价

高速公路资产财务效率评价主要从投入产出角度、成本效益角度和财务管理水平三个方面进行。其中成本效益水平主要通过净现值、净现值率、内部收益率和投资回收期等几个指标衡量;财务管理水平主要通过偿债能力指标、营运能力指标、营利能力指标和增长能力指标来衡量。就事业性管理的高速公路资产而言,存在的问题是财务管理水平有待提高,主要表现为重采购轻管理。其中对固定资产的管理较混乱,存在固定资产确定标准不清晰、固定资产折旧年限不合理等问题;另外还存在账实不符等重要问题。但是从反映企业经营优劣的财务效益指标,比如内部收益率、投资回收期等指标来看,高速公路能带来直接的经济效益,能在规定的期限偿还贷款。

（三）高速公路资产的社会效益评价

从社会效益评价高速公路资产,有以下几方面:①高速公路对 GDP 的贡献度较高,高速公路与地区 GDP 具有高度相关关系;②高速公路可以促进区域经济发展,为区域经济的快速发展提供良好的基础设施;③高速公路对财政收入的贡献较大,它可以通过上缴税收和通行费收入两种形式增加财政收入;④高速公路的社会满意度还是较高的,它在很大程度上提高了人们的通行速度,节约了时间,从而提升了出行效率。

第三部分

高速公路资产运营管理

第九章　高速公路资产运营规范化管理

第一节　高速公路固定资产财务规范化管理

一、高速公路企业会计主体与持续经营问题

（一）会计主体问题

会计主体决定了会计信息的空间范围,是明确以谁为核算对象。"一路一公司"的运营模式会给实际工作带来困惑——能够明确会计主体但难以保证持续经营,而持续经营又使会计主体界限模糊。例如,河北省 B 高速公路管理处是独立的运营主体,但不是一级法人,没有独立的经营管理权和财产处置权,这对于占用巨额资产的高速公路企业来说,很难保证资产的有效管理,严重影响国有资产的保值增值。如果以经营多条高速公路的企业为核算主体,既可满足会计主体假定,又能符合持续经营的要求。

解决问题的设想是建立模拟子公司,就是将高速公路管理部门视为集团公司,每个管理处作为子公司进行管理,适当下放权力,进行二级核算;在此基础上对所属的二级核算单位编制汇总会计报表。

（二）持续经营问题

持续经营假设是进行会计核算的四大假设之一。作为会计核算的一个前提条件,持续经营是指企业的生产经营活动,在可以预见的将来,将会长期按照它现时的形式和现时的目的与方向,持续不断地经营下去。进一步解释就是企业可预见的未来不会面临破产的威胁,不会被迫清算,各种资产不需要削价变现。高速公路具有耐久性,其建成通车后,只要对高速公路按计划进行及时维护保养,在交通流量不超过饱和标准、未遭受重大自然灾害破坏的情况下,高速

公路几乎可以永久使用。但是,世界上大多数国家将高速公路经济寿命计算期定为 20 ~ 30 年;我国《收费高速公路管理条例》规定,其特许经营期限最长不得超过 25 ~ 30 年;2004 年交通部规定东部省份收费高速公路经营期限为 15 年。其实,无论是 25 ~ 30 年还是 15 年,都对持续经营假设在高速公路经营企业的实用性提出了挑战。

高速公路经营企业实际上是实行特许经营的,如果根据特许经营期来说,持续经营假设也许不适合高速公路经营企业,而且特许经营年限决定着高速公路资产折旧年限。

问题在于,当高速公路经营企业只经营一条收费高速公路,而且不打算再经营其他收费高速公路时,持续经营假设将受到挑战。对于这类高速公路经营企业,是不是持续经营假设不再适合了,如果不适合,企业对资产又应该采用什么计价方式?

根据对持续经营假设的描述,可以将其换一个角度理解:当企业面临着破产的威胁,并被迫清算,而且各种资产需要削价变现时,该企业不能再适用持续经营假设,各种资产不得再用正常的实际成本计价。对于只经营一条收费高速公路且不打算再经营其他收费高速公路的经营企业来说,它的经营期是可以预见的(一般最长也不过 25 ~ 30 年),在经营期内,企业的经营目标就是通过吸引更多的车辆,提高收费标准等实现收入最大化的财务管理目标。由于企业主要是实行特许经营收费,其高速公路经营成本只占高速公路经营收入的 15% ~ 25%,而且车辆通行费收入基本上都是现金收入,如果企业不需要扩大规模,从经营效益角度而言,并不需要通过借款来维持其正常的经营活动,换句话说,高速公路经营企业完全可以正常地生产经营,并不会面临破产的威胁,而且当经营期满,企业也是正常的清算,高速公路经营企业充足的现金存量也会使企业不需要削价变现来偿还债权人的债务。综上所述,高速公路经营企业除了可预见的经营期限不符合持续经营假设的条件外,其他条件是基本吻合的,那么可以说,即使是只打算经营一条收费高速公路的经营企业也是可以适用持续经营假设的。

而事实上目前多数高速公路经营企业所经营的收费高速公路不止一条,而且该企业准备不断地投资建路追求企业的滚动发展,那么,持续经营假设完全适合于这类高速公路经营企业。以河北省项目办为例,现已建成并逐步投入运营京石高速、京秦高速、京沪高速（河北段）、青银高速、邯长高速、沿海高速（唐山、秦皇岛）等多条高速公路，并拟对已经营 10 年的 B 高速投资 100 亿元进行双向八车道的扩建。因此，仅从 B 高速而言 25 年的经营期限是无法满足持续经营假定的，但项目办则可通过不断投资建新路追求持续经营。

在《高速公路公司财务管理办法》中，高速公路经营企业的固定资产分为高速公路及构筑物、安全设施、通讯设施、监控设施、收费设施、机械设施、车辆、房屋及建筑物，以及其他固定资产。其中，高速公路及构筑物占高速公路经营企业固定资产的绝对比重。

《高速公路公司财务管理办法》规定了使用期限和单位价值双重标准。河北省项目办固定资产管理办法中依例规定符合使用期超过 1 年，单位价值在 2 000 元以上为固定资产，显示了价值标准的重要性。

鉴于高速公路资产的特殊性，是否属于固定资产，关键看支出的性质，而不应以单位价值作为唯一标准，如京石高速滹沱河大桥南行方向因大修期间不具通车条件而在河道上花费数百万元修建的临时性道路，仅是阶段性替代功能，桥梁修复完毕，临时道路的寿命即告终结，所以，即使价值巨大，也不能作为固定资产入账，而应计入当年的成本。反之，即使单位价值达不到 2 000 元，但使用期较长的通讯设施、办公用品等亦应作为固定资产。

固定资产管理应作为财务管理的一项重要内容，财务部门应会同固定资产管理部门、使用部门制定一套完整的、切合本单位实际的、操作性强的固定资产管理方法，强化管理，完善制度，管好、用好固定资产，确保固定资产保值、增值。

二、高速公路资产财务管理规范及技术

（一）准确界定高速公路企业的固定资产

因高速公路经营的特殊性，在高速公路经营企业的固定资产的构成中，最有争议的就是高速公路及构筑物是否应该在固定资产中列示，其次就是高速公路及构筑物与高速公路及附属设施这两者之间存在着什么样的关系。因此，给固定资产一个更加合理的定义，有利于合理规范高速公路经营企业的固定资产范围，加强对固定资产的管理。

如果仅从满足固定资产定义的条件来看，将高速公路及构筑物列入固定资产并没有错，但这只是看到了高速公路及构筑物的表面。事实上，无论高速公路经营企业是投资建路,还是投资者将已建成的收费高速公路作为投资投入企业,其所取得的只是附着于高速公路及构筑物的高速公路特许收费权,高速公路及构筑物的真正所有权是属于国家的(而将高速公路及构筑物列为固定资产,会让不了解高速公路经营行业特点的投资者误认为该高速公路为高速公路经营企业所有),就是说,高速公路经营企业经营的收费高速公路不是长期拥有或占有的实物资产,高速公路的终极所有权属于国家而非企业。从这一观点来分析,高速公路收费权的实质是无形资产而不是固定资产;将高速公路收费权所依附的高速公路及构筑物作为固定资产从理论上来说不合适。但在实务操作中,为了保证会计实务的一致性,大多数的高速公路经营企业,将投资建路经营中投资者已投入建成的收费高速公路及其构筑物,列入了固定资产。为了有效地界定固定资产,对高速公路及构筑物的归属有两种思路。

第一种思路:鉴于目前我国绝大多数高速公路经营企业(尤其是上市公司)资产管理实务以及现行法律、法规的制约,高速公路经营企业投资建设取得的高速公路资产,以及国家入股投入已建成的收费高速公路,可暂时作为高速公路经营企业的固定资产;而高速公路经营企业投资已建成的高速公路收费权,作为企业的无形资产管理。由于河北省 B 高速是建营一体,所以将高速公路投资成本通过在建工程转入固定资产是比较合适的,是利于资产管理的。

第二种思路:高速公路经营企业将以任何方式取得的高速公路收费权(包括投资建路、投资者投入、企业购买)全部作为无形资产管理,同时投资建路、投资者投入的高速公路资产在备查簿中予以列示,实行实物、价值双重管理,当经营期届满,企业将高速公路无偿交还给国家时,再从备查簿中将该高速公路注销。这样符合高速公路收费权的经济实质。根据《高速公路财务管理办法》第八条的规定,以高速公路收费权进行投资的,首先应向国有资产管理部门申请评估立项,经合格的国有资产评估机构评估,报国有资产管理机关确认后投入。这就意味着,将高速公路收费权直接作为无形资产处理必须满足一个前提条件:投资建路或投资者投入的高速公路收费权必须经过相关部门评估,并以评估价值作为高速公路收费权的入账价值处理。这样做才符合无形资产的确定条件。但事实上,我国目前的实务操作中,除了以购买收费权方式取得高速公路收费权是通过评估机构评估之外,其他两种方式都直接以投资成本作为高速公路资产的价值入账,而且,鲜有将高速公路收费权作为无形资产入账的先例,项目办下属各管理处均将高速公路收费权作为固定资产入账。

在《高速公路财务管理办法》第二十二条,作为高速公路经营企业的固定资产,高速公路及构筑物包括路基(土方和石方)、路面、桥梁(跨线桥和跨河桥)、涵洞、隧道、防护工程等。在《高速公路财务管理办法》第九十九条:清算公司的财产为除高速公路及附属设施外,公司宣布清算时的全部财产以及清算期间取得的资产。在该条款中,只提到了高速公路及附属设施这个名词,但对其具体内容并没有说明,这容易对实际工作产生误导,到底"高速公路及构筑物"和"高速公路及附属设施"两者是不是一回事? 应该肯定的一点是,高速公路及构筑物包含在高速公路及附属设施范围内,那么除此之外,是否还存在其他高速公路及附属设施?

高速公路经营企业的另一项固定资产——安全设施,包括标志、标线、护栏、护网、灯杆、灯具、配电控制柜等。在《高速公路财务管理办法》中,安全设施是独立于高速公路及构筑物的,而事实上,将安全设施单独设立,在理论上没有依据。在实务中,也很难将这些设施从高速公路及构筑物中分离出来。鉴于此,可考虑将安全设施并到高速公路及构筑物中,合称"高速公路及附属设施",这样既解决了实务中两者难于区分的难题,也解决了《高速公路财务管理办法》中存在两个相似名词的情况。

为了便于管理,我们将高速公路经营企业的固定资产划分为高速公路及附属设施、沿路房屋建筑物和机电设备三大类,本处主要研究前两类,机电设备稍后另行论证。

①根据《企业会计制度》中固定资产的定义,以及《企业会计准则》中固定资产的特征和条件,高速公路及附属设施列入固定资产完全符合条件。高速公路及附属设施包括路基、路面、桥梁、涵洞、排水及挡防构造物、绿化带等,另外还包括道路照明设施、标志标线等安全设施。高速公路及附属设施一般呈带状,如果将多条高速公路连接起来则形成网络性。高速公路及附属设施一般不可分割、不能移动,且具有耐久性,其在高速公路经营企业固定资产中占绝大比重。在2007年5月8日报送的行政事业单位资产清查表中,河北省B高速管理处所使用的53亿元的总资产中的包括道路、桥梁等在内的构筑物达44.28亿元。

②根据国家有关规定,对高速公路沿路房屋建筑物使用者收取通行费,所

以沿路会设置多个收费站点,站点的房屋建筑物主要包括办公楼、车库、锅炉房、泵房、配电室、发电机房、宿办楼、浴室等建筑物,沿线房屋建筑物具有实物形态且不可移动。河北省 B 高速所属三个管理所总计在沿线分布了 5 个服务区和 19 个收费站点,基于目前 B 高速的管理模式,所有的高速公路交通用房权属持证人是河北省项目办。有资料显示,截至 2007 年 5 月,B 高速清查的房屋建筑物价值 4 481 万元,其中包括项目办自用办公用房。从资产清查资料可见,由于房屋建筑物财产的权属过于集中,虽然资料很细致,但不利于管理。我们建议项目办把握总体情况,将固定资产管理权限下放给各收费站(点),房屋建筑物彻底清查后交由具体使用者进行管理。

对于拥有多条高速公路的项目办来说,由于现行管理体制的限制,道路会出现已具备通行条件并已投入运营,但尚未办理竣工决算手续。以河北省项目办为例,目前已经开通了石安、京秦、京沪、青银、邯长、沿海唐山、沿海秦皇岛等多条高速公路,总资产 334 亿多元,但办理竣工决算手续,已作为资产入账的仅有石安、京秦和京沪 3 条高速公路,涉及价值仅 135 亿元。

这种因高速公路本身的技术要求和体制方面的原因所导致的固定资产入账滞后,并不完全是项目办的责任,但是带来了一系列管理问题。如资产反映失实,即使固定资产拥有者心中有数,但也仅仅是了解大致情况,对于具体情况难免会出现糊涂账,出现上级单位权力收回、责任下放,下级单位因无权而不负责任的现象。如此一来,不仅对固定资产使用的完好率不够尽责,甚至难以搞清楚资产的具体拥有情况。例如,河北省项目办 2007 年 5 月 8 日编报的资产清查报告中显示:所清查的 3 970 072 233.93 元的固定资产中,盘盈 807 594.88元,盘亏 16 482 269.87 元;当然,其中绝大多数是机电设备。

出现此类问题并非制度不健全,《河北省交通厅国际金融组织项目管理办公室固定资产管理办法》对此有相关规定,关键是责任落实不到位,这与事业性质、收支两条线、自收自支的管理体制有关,如果不是从体制上做根本性改变,很难真正解决问题。应在模拟子公司管理模式的基础上,完善固定资产的管理办法,强化责任,实行固定资产分类管理、分层负责制度,各单位一把手定为固定资产负责人,在任期间应确保固定资产的完整和使用状态的完好,离任或换岗进行固定资产的财产与账目移交,双方签字确认,确保固定资产不流失。为确保新增、调拨固定资产管理无死角,每季度新增固定资产填列调拨单,上下级以及平级各站点清楚固定资产的行动路径,实现标准化、精细化管理,不仅要制定严格、完善的制度,关键是更要保证制度的执行—考核—奖惩兑现。

表 9 - 1　责任划分

一级责任人	项　　目　　办				
二级责任人	养护中心	维修中心	信息中心	收费站	办公室
	高速公路及构造物	安全设施	通讯设施、监控设施	收费设施	机械设备、运输车辆、房屋、建筑物及其他设备
三级责任人	路段养护工	使用人	使用人	收费员	使用人

一级责任人负责确定固定资产的标准、分类及计价;根据下级单位上报的具体需要核定固定资产的需要量,并由项目办统一招标购入或购建,进行合理的调拨使用;根据各所属单位固定资产需要计划,对固定资产进行调度平衡、调剂余缺;固定资产折旧;固定资产清查、盘盈盘亏及报废的上报处理等。在财务制度方面,一级责任人管账。

二级责任人会同综合计划、财务、人事等部门组织实施设备的改造,备品备件采购保存,人员培训等工作;加强同各征管所、路政、交警、养护等部门的横向协调,避免脱节与内耗,优化资源的配置;在系统正常使用的条件下,实现最合理、最有效的运作能力,提高效益。在财务制度方面,二级责任人管卡。

三级责任人为固定资产的具体使用人或操作者,与上级部门签订责任状,应确保固定资产的存在及使用状态完好;对因非自然原因导致的提前损毁、报废,承担相应的经济责任或接受适当的行政处罚。在财务制度方面,三级责任人管物。

三级责任人就其所使用或保管的固定资产拥有状态及完好程度对二级负责人负责;二级负责人则要对本身控制使用的固定资产及三级责任人汇总上来的固定资产拥有状态及完好程度对项目办负责;项目办则要随时掌握固定资产的拥有及调拨情况,形成固定资产分级负责制。

(二)高速公路固定资产管理折旧

1. 计提折旧范围

《高速公路财务管理办法》中固定资产计提折旧范围,包括房屋及建筑物,处于使用状态的高速公路及其构筑物,安全、通讯、监控、收费、机械设施,车辆,仪器仪表,非生产用设备及器具,融资租入和以经营租赁方式租出的固定资产,季节性停用和修理停用的固定资产。并规定除高速公路及构筑物不预计残值外,其他固定资产净残值率按照固定资产原值的3% ~5%确定。

正常情况下,应对竣工验收的已投入使用的高速公路及附属设施计提折旧。但是,高速公路建设周期长,由于竣工验收手续繁杂及行政等其他方面的原因,多数路段已经具备通行状态仍作为在建工程入账而未提取折旧。此类情况应根据其预估价值计提折旧,待正式验收完毕后调整折旧额。项目办及下属各管理处也应视自身的实际情况重新审视并修改计提折旧的范围。

2. 折旧方法

《高速公路公司财务管理办法》中规定:公司固定资产的折旧方法一般采用平均年限法,对高速公路及构筑物可以采用工作量法,对通讯、收费、监控设施,可以采用双倍余额递减法或是年数总和法。

当然,管理当局可以根据需要和价值取向决定到底选择哪种折旧方法:如果为了简化成本计算和账务处理,可采取直线法计提折旧;如欲真实反映收入与费用之间的配比关系以及财产的保值增值,可采取工作量法;如果想要获得税收方法的利益,减少或推迟企业的纳税负担,可采取加速折旧法。

一般而言,对于道路资产(含高速公路、桥梁及构建物),高速公路公司常采用两种折旧方法——车流量折旧法与直线折旧法(极少部分公司采取加速折旧法)。

目前,在已披露年报的高速公路上市公司中,现代投资、皖通高速与山东基建等公司采用的是直线折旧法;深高速、福建高速与华北高速等公司采用的是车流量折旧;粤高速情况较为特殊,折旧政策一分为二,除对广佛高速公路、佛开高速公路以及九江大桥采用车流量法进行折旧外,其他道路资产依然采用直线折旧。

还有部分高速公路上市公司,在业绩达到一定水平后,就改变车流量折旧法为直线法。这种做法体现了公司管理层寻求财务稳健,以及对未来发展的信心。如现代投资从2004年1月1日起,开始采用直线法核算公司道路资产的折旧与摊销。由于其岳阳107国道及潭耒高速收费权一直是作为无形资产采用直线法核算的,因此公司另外两条道路资产——长潭高速与长永高速变更了折旧政策。采用直线法后,两条高速公路 2004 年的摊销金额为 7 405 万元,比采用车流量折旧法高 3 512 万元;并减少公司净利润 2 354 万元。但从长远来看,采用车流量折旧与直线折旧间的差额将变小,在直线折旧金额 7 405 万元不变的情况下,按车流量折旧计算,预计 2005 年公司在两条高速公路上摊销4 400 万元、2006 年摊销 4 982 万元、2007 年摊销 5 428 万元。

(1)平均年限法(直线法)

河北省项目办属于事业单位企业化管理,对所有的固定资产都采用了年限平均法计提折旧,B 高速自然也不例外。

正常情况下,高速公路及构造物、房屋及建筑物均可采取直线法计提折旧,按月计算折旧额并计入当月的成本费用。

因高速公路及构筑物不预计残值,其月折旧额计算如下:

$$某固定资产月折旧额 = \frac{固定资产原值 \div 预计使用年限}{12}$$

应该说,这种折旧方法具有简便易行、符合惯例、不需调整等优点。但有些问题值得商榷,因为高速公路公司高速公路资产使用年限折旧法存在以下不足:

①高速公路资产年限折旧法未能充分体现会计核算关于收入和费用确认与计量的配比原则。配比原则要求企业在进行会计核算时,收入与其成本、费用应当相互匹配,同一会计期间内的各项收入和与其相关的成本、费用,应当在该期间内同时确认。在采用高速公路资产年限折旧法的情况下,折旧的计提依据为高速公路资产原值,在国家规定的年限内平均计提折旧,计入当期损益,即不管通行费收入状况如何,计入各个会计期间的折旧费用相同。实际上,高速公路通行前期,由于经济发展水平的限制和用户对高速公路通行优越性的感知程度较低,车流量较低,收取的车辆通行费也较少,而随着全国高速公路路网的完善及后期经济发展水平的提高和用户对高速公路的熟悉程度和接受程度,车流量稳定并逐量增长,通行费收入随之提高。呈上升趋势的收入与一直呈直线的高速公路资产折旧费用明显不相配比。

②高速公路资产年限折旧法未能反映高速公路的实际损耗,从而影响当期损益。固定资产折旧是指固定资产由于磨损和损耗而逐渐转移的价值。高速公路资产的磨损和损耗,主要受高速公路通行车辆对高速公路碾压程度的影响

（也包括部分自然损耗），高速公路资产采用年限折旧法，其假设条件应为高速公路资产的实际损耗在各个会计年度相同或至少基本一致。换言之，需各年度资产损耗变动幅度不大，这种各期损耗相同的假设才可以接受。显然，此种情况下采用年限折旧法就不能真实反映高速公路资产的损耗程度，也会对企业损益产生不合理的影响。

③未根据固定资产所包含经济利益预期实现方式选择折旧方法。高速公路资产的经济利益预期实现方式在经营期内是缓慢逐渐增长的，而直线法计提的折旧是在经营期内平均摊销的。

（2）工作量法

《高速公路公司财务管理办法》中规定，除平均年限法外，还可采取工作量法和加速折旧法（具体包括双倍余额递减法和年数总和法）。

由于高速公路磨损和损耗主要受车流量的影响，故采用工作量法计提高速公路资产折旧，比较符合高速公路企业的实际情况。

高速公路资产选取工作量法的理由：①能够真实、完整地体现会计核算的配比原则。采用工作量法计提出的各年度折旧额与高速公路的相应年度通行费收入基本保持同方向增减水平，符合会计核算的确认和计量的配比原则。而年限折旧法计提的各年度折旧额增长率实际上为零，与相应年度通行费收入增长率有明显的差异。加速折旧法下所计提的各年度折旧额变化水平，与相应年度的通行费变化水平往往呈负相关关系。因此，可以说工作量法较之年限折旧法和加速折旧法而言，更能真实、完整地体现会计核算的配比原则。②工作量法的计算参数与营运管理的数据库紧密结合，资源共享。高速公路公司投入运营后，其工作重心就是收取车辆通行费和维护高速公路资产的安全与完整。围绕这两项工作，必然引入一系列先进、科学的管理方法和手段，其中建立和完善各类管理数据库就必不可少，而工作量折旧法所采纳的车流量数据就是当中重要的一项内容。因此，借助强大的车流量数据库管理系统，既达到了公司内资源共享的目的，又为工作量法所取用的参数提供了技术支撑。③充分发挥了折旧的抵税作用，合理合法地用好了税法的相关规定，增加企业整个经营期内的现金流量。

在《高速公路公司财务管理办法》中规范工作量法计提折旧的基本做法是：①根据预计总车流量，计算单位车流量折旧额；②根据实际车流量和单位车流量折旧额的乘积,计算实际折旧额。

　　与平均年限法和偿债基金法相比,高速公路资产采用工作量法计提折旧有显著的优势:①更加符合权责发生制原则。对高速公路资产采用工作量法提取的折旧费与其所承担的负荷是同向增加,进而与企业营业收入同向增加,这也符合随着通行量的增加,维修养护支出随之增加的客观事实。②减少高速公路经营企业的营利风险。采用工作量法由于遵循了配比原则和相关性原则,通行费收入和养护成本支出之间存在着较明显的正相关关系。因此高速公路经营企业每年的经营收益方差、标准差都较小,风险也较小。③减少股权投资者的投资风险。采用工作量法可以使经营企业提前进入盈利期,股东们因此可较早获得回报,提前收回投资。

　　高速公路资产折旧工作量法日常情况下月折旧额的计算:

　　高速公路资产月折旧额 = 单位折旧额 × 各年预计车辆通行量 ÷ 12

$$调整后单位折旧额 = \frac{公路资产总额}{经营期内预计车辆通行总量(标准车型)}$$

　　由于通行车辆包括多种多样,企业可选择通行量最大的车种作为标准车型,将所通行的其他车种折算成标准车型。至于经营期内预计车辆通行总量和各年预计车辆通行量可采取下列方法进行测算:

　　经营期内预计车辆通行总量 = $\sum$ 经营期内各年预测车辆通行量

　　各年预计车辆通行量 = 基年车辆通行量 × (1 + 车流量定基增长率)

　　车流量定基增长率的测算:①对于已通行的高速公路,车流量有一定的历史数据,可以根据社会经济增长率测定相应的车流量定基增长率;②对新通行的高速公路由于没有车流量历史数据,则可以先采用工程可行性研究报告上预测的车流量,测定相应的车流量定基增长率,取得车流量数据后再调整;③可聘请专门的中介机构测算。

　　工作量折旧法下会计期末对折旧的调整:折旧额的差异,包括本年度和以前年度的折旧额,主要是由于每年实际车流量与计提折旧时预计的车流量的差异。

$$调整后单位折旧额 = \frac{公路资产总额}{调整后经营期内预计车辆通行总量(标准车型)}$$

　　其中,调整后经营期内预计车辆通行总量(标准车型) = 以前年度及本年

实际车流量+本年实际车流量×(1+车流量定基增长率)

　　根据调整后的单位折旧额,调整以前年度和本年度已提折旧额,并计提次年折旧。以后每年年末均按此步骤调整折旧。

　　这项调整工作同时也反映了工作量法的缺点,就是操作起来工作量很大。在运营初期,如果采用车流量进行折旧,因车流量还未达到预期的流量,所需付出的摊销额就较小,因此可以保证一定的营利水平和较好的财务指标。但随着车流量的增长,摊销额也会水涨船高,给后期利润率上升带来一定的压力。

　　目前我国大多数高速公路上市公司都采用了工作量法对高速公路资产计提折旧,说明多数企业认可工作量法计提折旧的优点。但根据规范的工作量法计提折旧,存在着一个缺陷:由于收费经营期限由国家规定,当实际车流量不等于预计车流量时,实际计提折旧额不等于应计提折旧额。根据我国高速公路运营实践来看,除了广东省等极少数地区的收费高速公路以外,绝大多数收费高速公路投入营运后的实际车流量要低于预计车流量,这意味着高速公路经营企业无法通过计提折旧额来收回投资额。解决该问题的思路有两种。

　　第一种思路:依旧按照实际车流量和高速公路经营年限来计提每期的折旧,然后是每间隔一定时期(如每年年末),根据实际交通量与预计交通量的差额调整折旧。目前,深圳高速、福建高速等一些高速公路上市公司便采用这种方法来弥补工作量法的缺陷,但这种方法也加大了财务人员的工作量。

　　第二种思路:如果高速公路经营企业根据收费经营期限内的预计总车流量来计算单位车流量的折旧额,就可以根据预计的分年度车流量与单位车流量折旧额的乘积,来确定该年度应计提的折旧额,以保证高速公路经营企业可以通过固定资产折旧收回全部投资。

每年应计提的折旧额或无形资产的摊销额=
预计分年度车流量×单位车流量的折旧额

　　根据有关资料分析,采用车流量折旧的道路资产,大都地处经济较发达、车流量较大的地区;反之,车流量相对较小的地区,往往采用的是直线折旧法。年限折旧法与车流量折旧法,反映了一个共同特征,即公司尽可能加速主要固定资产的折旧,缩短折旧年限。虽然此举会导致公司当年的折旧摊销额偏大,并减少公司的当期利润,但从长远发展的角度看,由于折旧年限的缩短,折旧摊销完毕后,公司将拥有一份"干净"的道路资产,于长远发展有利。

（3）加速折旧法

《高速公路公司财务管理办法》第二十八条还规定，"对通讯、收费、监控设施，可以采用双倍余额递减法或者年数总和法"。这三项设施的折旧年限分别为：通讯设施（通信线路为 10～20 年，电源设备为 6～8 年，通信设备 5～10 年，其他通讯设施为 5～8 年）、收费设施 5～8 年、监控设施为 5～10 年。从折旧年限来看，除了通信线路的折旧年限最长为 20 年外，其他设施的折旧年限都较短，假设高速公路经营企业的经营期限为 20 年，那么这些设施折旧年限最长为经营期限的二分之一，若高速公路经营企业的经营期限为 30 年，那么这些设施折旧年限最长仅为经营期限的三分之一。因此，采用加速折旧法计提折旧的意义并不大。再者，采用加速折旧法的主要作用不是为了按照稳健原则人为地减少当期利润，而是为了通过减少应纳税所得额而进一步推迟缴纳所得税的时间，关键是事业性高速公路管理部门是免税单位，选择加速折旧并无减税利益。而且，影响应纳税所得额的折旧属于计税折旧；计税折旧由税法决定，企业无权变动，从这一个角度来看，企业采用加速折旧方法意义不大，并且计算方法复杂，对通讯、收费和监控设施完全可以采用平均年限法。

3. 折旧年限

固定资产管理的另一个问题是固定资产折旧年限问题，这里主要是涉及高速公路及构筑物的折旧年限问题。在《高速公路公司财务管理办法》第六十九条规定，高速公路及附属设施不属于清算资产，因此，该项资产需在经营期届满时无偿交还给国家。《中华人民共和国高速公路法》第六十六条还规定，交还国家的高速公路"应处于良好的技术状态"。这与《高速公路财务管理办法》第二十二条将高速公路及构筑物作为固定资产且在附件中规定了折旧的不同年限（见表 9－2），以及与"高速公路收费经营年限最长不超过 25～30 年"之间，都存在着明显的矛盾。假设某高速公路经营企业所经营的收费高速公路的经营期限为 25 年，而高速公路及构筑物采用的折旧年限为 30 年，那么该企业应如何通过计提折旧来收回投资？或者说，高速公路经营企业的经营期限不变，还是 25 年，而高速公路及构筑物采用的折旧年限为 20 年，那么，到了经营期的第 20 年末，高速公路经营企业是否应当对资产进行更新？如果更新，投资如何回收？

因此，需要合理确定高速公路及构筑物的折旧年限，确保高速公路经营企业能够在经营期内按期收回投资。一个解决办法是对高速公路及构筑物以经营年限为折旧年限计提折旧,随着道路通行时间增加,固定资产价值降低,但因饱和程度提高、通行条件逐渐下降,为保证正常通行状态的中、小维修成本计入当年的临近经营期满的最后一次;在征得财政部门批准后,在剩余经营年限中计提完毕,以保证收回投资。

表9-2　《高速公路公司财务管理办法》附件中高速公路及构筑物折旧年限

固定资产分类	固定资产内容	折旧年限
高速公路及构筑物	路基、桥梁、隧道	20～30 年
	排水及挡防构造物	5～15 年
	水泥混凝土路面	15～30 年
	沥青混凝土路面	8～20 年
安全设施	防护栏	10～20 年
	道路照明设施	5～10 年
	标志标线	3～8 年
	其他安全设施	8～15 年
通讯设施	通信线路	10～20 年
	电源设备	6～8 年
	通信设备	5～10 年
	其他通讯设施	5～8 年

　　根据现行会计制度,事业单位固定资产不计提折旧。事业单位企业化管理的高速公路运营单位,因为其免交营业税和所得税,即使固定资产计提折旧也无所谓折旧的抵税效应,并不影响现金流量,确定折旧年限更多是为满足固定资产的管理要求,防止因盲目确定使用年限以致固定资产保管不善,而造成清理报废手续上的困难。

　　由于高速公路及构筑物及沿线房屋建筑物具有明显的实物形态且不可移动,为简化管理手续,其使用年限可根据财政部门批准的高速公路收费经营权年限确定,如河北省项目办下属的石安高速、京秦高速、京沪高速的高速公路及构造物折旧年限为 25 年,房屋及建筑物则为 30 年,将由此造成收费经营权期满,房屋及建筑物尚未收回全部投资的现象,建议房屋及建筑物的使用年限修改为 25 年,以确保运营期满收回全部投资。

第二节　高速公路固定资产采购规范化管理

为了规范高速公路管理企业的经营行为,必须加强材料、物资管理,维护运营、工程材料、物资的供应。目前的管理体制及所采取的政府采购并不符合高速公路实际工作的需要,无限的采购供应带有一定的盲目性和滞后性,既多占用资金,又影响正常维护保养各自的顺利进行。管理当局可以根据国家有关文件精神,结合自身的实际情况,为加强公司的材料、物资管理与核算,特制定以下制度和办法。

一、材料和物资采购申请计划

（一）采购工作权责明确

项目办成立物资管理部,会同财务部门、物资供应部门共同管理材料物资管理工作。

（二）采购分类及其申请分工

1. 根据高速公路建设和道路维护保养的正常需要,严格编制物资需求计划。按照主管部门和公司批准的日常维修、大修、升级改造等计划任务,编制材料、物资采购计划。

2. 日常道路维修计划所需用的材料物资计划,一般由管理处按照项目办下达年度经营计划和所制定的主要物资消耗定额、道路养护材料费用、综合消耗定额等进行编制。

3. 道路大修、升级技改所需用的材料、物资的计划,应根据经项目办审批的初步设计方案的材料、物资清册,由管理处分工程项目编制材料物资总需要量计划,报项目办主要负责人审批。

4. 安全设施、通讯设施、监控设施、收费设施、机械设备、车辆及其他办公用固定资产所使用的维修备件,由生产技术部门会同收费站根据实际的设施类型和数量,核定合理储备定额数量后编制。消耗后的补充备品备件计划,由管理处提出,报项目办生产技术部门审核,分管经营的主要负责人审批。

5. 劳保用品计划,由项目办工会负责组织编制。

6. 材料物资采购申请计划必须附文字说明和主要需用量计算依据,经项目办业务主管部门审核,经项目办分管经营的主要负责人批准,才能下达计划给各路段管理处。

二、材料和物资采购

(一)物资采购工作原则

材料、物资采购要认真贯彻执行国家经贸委、安全监察室、审计署关于物资管理的有关精神及公司的有关规定。

(二)采购工作程序及要点

1. 除急需的零星材料物资和因特殊情况经项目办相关领导临时批准外,经营、工程等所需的材料物资原则上都应由物资采购部统一采购。

2. 物资采购部根据各管理处上报的经项目办审批的材料物资采购申请计划,进行汇总、平衡,确定采购计划,组织材料物资供应,满足项目办的需要。

3. 物资采购部按月份编制材料物资供应计划,临时重大采购项目编制临时供应计划,并及时报送项目办业务主管部门和财务部门,以便有关部门及时了解材料物资的准备情况和组织资金供应。

4. 在订货、采购和使用过程中,物资采购部有关人员应认真核对材料物资名称、型号规格、数量及技术要求。

5. 贯彻择优采购、讲求经济效益和兼顾扶持三产的原则,成立由项目经理、物资、工程、财务等部门人员组成的材料询价小组,充分调查路段所需主要材料的产地、质量、价格、运费,摸清材料供应商的价格组成、供货能力、资金状况等,给供货能力强、质量好的厂家发布招标邀请书邀请其参与投标。通过评标及实地考察,最终选择资质信誉好、单价低的供应商进行合作。要做到在同等条件下,先批发后零售,先近后远,定点采购。基层单位仓库所需的材料、物资应从物资部统一采购,要求供应商直接向各路段发货,基层单位一般无权对外采购。

6. 物资部购买材料物资的定价原则:生产、维修和检修所需的一般材料、工具仪器仪表,由供需双方协商定价,最高不得超过同质同类产品的当地市场销售价;大修、升级改造工程所需的材料物资(包括设备),由供需双方协商定价,最高不得超过按规定经审批的工程项目的预算价格。

7. 经项目办批准对外采购材料物资,必须选择有生产许可证的厂家,并比质比价择优选择供应商,对当年同类型材料物资,应做性价比分析。

8. 对外采购的材料物资,应努力争取采取信用结算方式或货到验收合格后付款或分期付款方式,严格控制预付账款和托收承付结算方式,以防范经营风险并节约资金。

9. 须按项目办有关规定签订对外物资采购订货合同的,由业务主管部门和供应商进行签订;重大的物资采购,还应由生产技术、计划、审计、财务、纪检等部门和使用单位商谈;公司的订货合同,由公司业务主管部门与供应商签订。所有的物资采购订货合同,必须符合以下要求:

①必须遵循《中华人民共和国合同法》。

②必须按照经审批的材料物资采购申请计划、加工定制计划和公司有关会议决定的供应商等要求。

③填写后的合同须核对物资名称、技术要求、数量、单价、要求交货期,以与工程项目计划相符;并要求填明售后服务的具体条件。

④按公司财务收支审批权限,物资采购合同金额2万元及以上需经公司业务主管部门,审计、财务等部门及分管副总经理、总经理会签审批,才能加盖公章。

⑤对合同组成部分有关签订合同的记录、文书和图表,与合同一起管理。

⑥货款结算应坚持用货付款或验货付款的原则,严格控制签合同就预付款和托收承付的结算方式。

三、材料和物资的验收及付款

(一)仓库分类工作

仓库可按照材料物资的性质和用途分为若干类管理。

(二)材料和计价

1. 根据项目办经营需要,材料的计价采取实际成本计价的方法,即收入、发出和结存材料都按实际成本计价。由于各批材料价格不同,仓库材料物资明细账应逐笔登记材料的单价。发出材料物资的成本遵循先进先出或加权平均法按各批材料入库顺序的不同单价分别计算。

2. 按照材料的来源不同,构成材料的实际成本如下:

(1)外来材料实际成本,包括买价(发票价款)、运杂费(运费、装卸费、包装费、搬运费及保险费等)及运输途中的合理损耗。

(2)委托加工材料物资的实际成本,包括被加工材料物资的实际成本、加工费用及加工材料的往返运杂费。

(三)材料的收入

1. 材料收入的种类,包括外购材料物资、自制加工材料物资、委托加工材料物资的验收入库、余料退库和废料的回收等。

2. 材料物资送达仓库或施工地点,有关人员要仔细核对物资采购计划、采购合同、收货单位、货物名称、型号、规格数量、包装件数和供货单位装箱单、发货明细表、发票(随货同行联)、运输部门的货运单,进行数量的检验。同时按合同或质量保证书或质量合格证与验收的材料物资核对,检验材料物资外观、机械性能的试验或供应商的试验报告;升级改造、大修工程的设备,主要物资和有关特殊要求的物资,由供应部门会同公司业务主管部门和各管理处进行检验。如发现不合格物资作退货处理。

3. 验收无误,材料保管人员根据发票中所列材料物资名称、规格型号、数量、单价、金额、税金等项目认真办理验收入库手续,并填写"进库单"一式三联,第一联仓库自存登记材料明细账用;第二联随货款结算凭证送财务部门作为入账依据;第三联交物资供应方。

4. 入库:①对符合固定资产条件的设施等专项工程使用的材料、物资,采用含税价格验收进入专项材料物资仓库;②对日常维护和道路检修的一般材料物资、不单独构成固定资产的备用件等物资,采用不含税价格验收进入"日常材料仓库";③对备品备件,如符合构成固定资产条件的,采用含税价格进仓,如不符合构成固定资产条件的,采用不含税价格进仓;④"进库单"采取数量金额格式,必须按栏项目逐栏逐项填写,中间不准留空,而且要填写金额并在备注栏注明入库材料单价是含税价或不含税价;⑤对短缺、破损和质量不合格的材料物资,应由项目办及时办理拒付货款、索赔和报损手续。

(四)材料款的支付

根据合同,如属验货付款的材料物资,由物资供应部门将货物发票、运单、合同等和公司业务主管部门检验合格证明材料、验收入库单等整理填制"费用开支报销单"和"银行付款申请单"送财务部门办理报账付款手续。

对已验收合格但暂不付款的材料物资,物资供应部门人员可先到财务部门办理材料物资验收入库的报账手续,需要付款时向财务部门办理申请银行付款手续。

承付期内未到货的,应在承付期内核对合同并及时催交,或拒付货款。购货款汇出时应准确核实汇入购货单位,任何人不得以任何理由汇入与采购物资无关单位,采购材料物资汇款,物资采购部门或责任人要随时清理,坚持一事一清,不得压长期使用。

（五）日常维护与保养用材料的财务账目

1. 日常经营、维护保养严格按计划由项目办向各管理处下属养护工段调拨材料物资,多余的材料及废料和报废的设备价值较高的,实物作退库处理,退回仓库验收时,应填写"退料单",注明原领用材料物资的单位及用途或工程名称,余料完好未用过的,其金额按材料物资出库价格入库;价值较低的沙石料等养护单位本月未用完材料,或本工程项目多余而下月或另一项工程需用,应办理假退库手续,即由领料单位既填写退料单又填写领料单,把两张凭证同时交仓库;多余材料物资不必退回,养护单位可继续留用。

2. 废料验收金额按暂估价入库,加强管理。

3. 回收废料余料和报废设备过程发生的清理费用、运杂费、差旅费等,由项目办开支。

四、材料和物资的发放

材料、物资发放细则应包括以下内容:

1. 需领用材料,先由领料人填写领料单,在领料单上填写清楚领料单位名称,领用事由（维修设备、地点、工程名称等）,领用材料物资名称、单位品种、规格型号、数量等,经养护工段领导审核签字后,到项目办仓库或持项目办资料调拨单直接到材料物资发售单位办理领料手续。领用事故备品备件,一般的需经项目办生产技术部审批,重要的经主管领导批准,才能到仓库办理领料手续。

2. 保管人员一律凭手续完备的领料单发料。对专项工程领用设备和大宗材料,应核对材料设备清单（计划）,并在备注栏注明生产厂家和出厂编号。项目办内仓库调拨,经项目办负责人签字或盖章,再经公司财务部门盖章后,才能办理。凡手续不完整的,保管员应拒绝发料。

3. 保管人员应严格按手续完备的领料单、调拨单上所填的品名、规格型号和数量发放,不得任意代为更改。掌握先进先出的原则,缩短材料物资在库时间。

4. 保管人员根据发料凭证发料后,应及时在发料凭证上填好实发数、单价等,核对凭证与实物是否相符,及时发现问题,及时处理。

5. 保管人员对所保管材料、物资,不得外借或先用后领,不得用白条领料,不得拆其设备零部件发料。如遇急需拆设备零部件的或先用后领的,须经生产技术部门领导批准,并在事后 5 天内补办领料手续。

6. 事故备品备件的领用如遇紧急事故处理,由事故处理单位领导或安全监察室同意后可先领用,于事后 5 天内补办领料手续。

7. 对已办理领料手续的物资,应一次领清,不能存放库内,以免造成混乱。

8. 领发料时,做到材料物资管理部门与养护工段双方共同监磅、检尺、点数,共同检查品名、规格、质量;如有不符,当场纠正。

9. 领料单一式四联,一联领料单位自存、一联送财务部门、一联仓库记账、一联供应部门备查。

五、材料和物资的核算

(一)物资供应部门或仓库有关要事

1. 材料的明细核算实行材料明细卡片和材料明细账合一核算,只设置一套数量金额式的材料明细账,在仓库按每一品种、规格型号的材料物资设置独立账页,每一类的账页装订在一起,前附该类材料的汇总账页。

2. 对已办理验收入库的材料物资,采购部门的有关人员要及时将有关票据整理填制"费用开支报销单",向财务部门报账,按规定办理银行付款申请手续。

3. 仓库保管人员,根据材料收发凭证每日逐笔登记材料明细账,序时地反映各种材料收发结存的实物数量和金额。月末,结算当月各类材料物资收发结存金额,月底将领料单报送财务部门。

(二)财务部门的材料明细账

1. 为了加强材料管理,便于材料账的核对,在材料明细分类核算中,除仓库设置材料明细账核算各种材料收发结存情况外,财务部门在会计核算上,设置"原材料"一级科目,并按照材料物资的保管地点和类别设置二级科目,如公司可设置"日常材料仓"、"事故备品备件仓"等材料明细分类账,专项工程的材料物资设置"技改工程支出——工程物资"科目进行单独核算、专门管理。

2. 财务部门根据仓库转来的材料收发凭证归类汇总登记,用以反映和监督各仓库各类材料物资资金的增减和结存情况。该账可以与仓库按类别或按品种设置材料明细账相互补充和核对。

3. 设置"应付账款"科目反映应付采购材料款的结算情况。

(三)材料稽核与材料账的核对

为了保证核算的正确性,必须做好材料的稽核工作和材料账的核对工作。材料稽核的基本做法包括下列要项:

1. 材料核算会计员在认真做好对每张材料收发凭证审核的同时,还要定期到仓库主动签收材料收发凭证,并对材料收发、保管业务和核算工作进行检查。要认真审核材料收发凭证,检查所发材料是否超过计划,核对明细账上登记的收发数量与材料收发凭证的收发数量是否一致,计价是否符合规定。

2. 在稽核过程中,应检查材料收发保管情况及核算手续的执行情况,可抽查某些材料实际库存与账面库存数量是否相符。只有认真做好材料稽核工作,才能保证做到账证相符、账账相符、账实相符。

3. 材料账的核对,是在材料稽核的基础上,对财务部门和物资供应部门或仓库的材料账簿之间相互数额进行核对。材料账的核对办法主要采用余额核对法,财务部门和仓库的总分类账账面余额核对相符,材料总分类账的余额与其所属各明细分类账余额之和核对相符。

六、库存材料和物资的保管

库存材料和物资的保管工作需要上下呼应,并采取科学技术措施:①项目办应按照上级主管部门的物资管理标准化有关规定,贯彻"以防为主"的方针,根据材料物资性能进行科学的分类、分库、维护保养。②各管理处及下属养护工段认真保管保养,做到"保质、保量、保安全、保急需";确保库存材料物资"无盈亏、无锈蚀、无霉烂变质、无损坏事故"。

七、材料和物资清查

为如实反映材料、物资资金的数额,保证材料核算的真实性,基本的工作是:①日常要做好材料收发计量、计价和记账工作;②对库存材料进行月末盘点自查、年中巡回盘点、年末全面盘点和不定期重点抽查,努力做到账物、账卡、账证、账账相符;③清查核对结果如不相符,应查清原因,填制"材料盈亏报告表"报送项目办有关部门,按规定程序报请财政部门审批处理;④在清查中,对超过有效期限的物资,应及时向有关部门和公司领导报告,及时处理,以免物资失效浪费。

第三节 高速公路机电设备规范化管理

一、高速公路特殊资产

由于高速公路运营有别于一般工业企业,道路及构筑物、房屋及建筑物之外,其他某些固定资产在运营与管理上也具有特殊性。易损耗或技术升级换代易带来价值贬损的机电资产定位为特殊资产,包括通信系统、监控系统、收费系统和电源系统等。

(一)高速公路通信系统

包括干线通信(微波、光纤等)、移动通信、程控交换、紧急和指令电话等系统设备。主要完成下列任务:根据规定的技术要求确保全系统数据、命令、图形及语音信箱传输的及时性与准确性。

(二)高速公路监控系统

包括信息采集(主干线和匝道)、中心监控及信息显示、电子监视等系统设备。主要完成实时采集、记录和显示交通流量数据、事故信息、气象信息,并据此判断各路段的交通状况,发布交通控制信息,对全线交通状况进行控制和调度。

(三)高速公路收费系统

包括出入口检测和收费控制设施,具体由路段收费中心、收费站、收费车道三层系统组成。主要功能:收费口交通量统计和车型分类,按标准收取道路通行费并发放收据,汇总、整理收费的有关数据和交通量数据,传输到上一级计算机和监控中心进行处理,并根据监控中心发布的命令,对出入高速公路的车辆进行调解和控制。

（四）高速公路电子系统

包括交流直流供电、接地系统和路面供电系统等设施。主要功能:按照规定的技术要求,不间断地对机房内部设施和场外终端安全供电。

二、高速公路机电设备管理的现实问题

（一）采购手续严格而管理随意性较大,固定资产使用不能发挥应有效能

虽然采购有严格的招标程序,但由于经费的自收自支,固定资产购置随意性大,缺乏统筹安排、调剂余缺的意识,没有从厉行节约、整合资源的角度合理安排预算,购置计划缺乏科学性、合理性,贪大求新,重复采购,资源独享。

（二）固定资产购回后,管理观念淡薄

规章制度只是写在纸上,挂在墙上,应付检查,未贯彻精细化管理。管理责任不明确,或虽然明确却难以落实,对使用情况不闻不问,甚至有的资产长期闲置不用,导致资产低效,资源浪费;或是只用不养,不考虑设备如何保养延长使用寿命,提高经济效益;或是人员变动未履行严格的资产交接手续,给日后的盘点工作带来麻烦。

（三）固定资产与低值易耗品的界限相互混淆

划分不符合有关制度的规定标准,不能真实完整地反映单位的资产和财务状况。

（四）财务部门与设备管理部门资产数量不能核对相符

固定资产管理需财务部门、设备管理部门和使用部门的协作与配合。财务部门负责固定资产价值管理,设备管理部门负责固定资产实物管理,使用部门负责维护保管,配合财产清查。然而,由于财务部门与设备管理部门在入账时间上的差异,购置后未能及时建卡,资产调配、丢失等不及时通知财务部门做账务处理等原因,造成账、卡、物不符,不能真实反映固定资产的数量和增减变动情况,致使资产存量不清。尤其是非生产用设备,由于移动方便,随着人员、科室的变化,迁移到哪里,是否存在,已很难查清。

（五）固定资产折旧期限不合理

高速公路全年365天不间断运营,简单依照《高速公路公司财务管理办

法》中规定的折旧年限计算折旧,导致公路使用期未满而固定资产已不具备使用价值,提前报废手续繁杂,挂账又会使资产不实。如河北省 B 高速经清查有大量的固定资产实际已经报废、毁损或随着科技的进步早已失去使用价值,却长期挂账未做处理,使固定资产的价值管理与实物管理相背离,虚增资产,淡化管理部门成本意识,弱化财务部门经济核算,丧失资产保值增值意识。B 高速管理处截至 2007 年 5 月所盘点的 3 970 072 233.93 元的全部资产中,盘盈807 594.88 元,且全部为在用状态的固定资产;而盘亏则高达 16 482 269.87元,亦全部为固定资产,其中毁损 2 745 714.81 元,报废 416 094.44 元,贪污、盗窃、诈骗损失 47 312.79 元,令人震惊的是使用保管不善造成提前报废损失13 273 147.83 元。虽然盘点数据明确,账目财产完整但实物管理混乱,甚至有账无实。

(六)发现固定资产差异不能及时调整

虽然每年都做固定资产清查,但因为高速公路管理部门管辖路段里程长,固定资产随路网延伸分布,资产数量多、分布广、调度频繁,未建立固定资产卡片、未粘贴固定资产标签以前,日常固定资产不对账、不盘点,未按固定资产的行动路径进行时时追踪,导致年底清查工作难以完全彻底。财务部门与设备管理部门每年核对都有差异,发现问题不能及时查清原因、调整差异,问题积累日益严重。

(七)财产清查"不作为"

每年虽然有例行的财产清查,但处置不够及时,造成固定资产有账无实。

(八)管理手段落后,管理水平低下

高速公路需要数量大、价值高的固定资产,且易损件更换极其频繁,但未建立联动系统的手工操作难以提供适用多层次、多部门管理的信息,即使基层单位固定资产状态已经发生改变,但因无处置权,项目办无法及时进行账务处理,导致部分固定资产有账无实。

(九)淘汰固定资产处理被动,损失浪费严重

因审批手续的繁杂未能及时处理的特殊固定资产的价值进一步下降,甚至无任何利用价值。例如河北省项目办下属的各管理处清退下来的固定资产在等待财政审批的过程中变得一文不值;而京石高速却能做到所有的固定资产在使用期届满、已经提足折旧后进入拍卖行,通过拍卖形成价值回流,进一步提高

了资产使用效率。

三、高速公路机电设备管理的规范化改革

（一）固定资产招标采购和定额预算管理

1. 执行固定资产招标采购制度，从购进环节有效管理固定资产。加强支出管理，维护国家利益和社会公共利益。公司应提高执行招标采购制度的自觉性，对采购目录上单位价值在 1 万元以上或单位价值虽不足 1 万元但全年累计采购额在 5 万元以上的特殊固定资产，坚决严格执行招标采购，杜绝擅自采购，自觉接受监管，以节约资金，加强固定资产管理。

2. 加强预算管理，细化费用定额标准；深入开展预算管理与资产管理相结合工作，从源头上控制资产的形成；特殊固定资产采购要有全年预算，实行定额管理（定额由财务部门、固定资产管理部门、使用部门根据项目办制定的定额标准，年初基层部门上报计划的具体情况，制定资产配置数量和费用标准，并跟踪计划定额执行情况，每个季度根据固定资产的使用情况调整预算）；定额指标与经济责任考核相结合，制定相关资产管理奖惩措施；开源节流，大力推进闲置设备租赁工作，提高固定资产使用效率（财务人员要严格执行会计制度，将租赁收入纳入单位预算管理，防止国有资产流失）。

（二）针对高速公路机电资产的特殊性，实行机电设备三级管理制度

1. 公司层次（三级）的机电设备管理

高速公路公司领导层根据企业发展战略，进行安全设施、通讯设施、监控设施、收费设施等特殊固定资产的引进及购置的招投标等决策，加强设备的采购、建造管理。根据高速公路运营管理的需要制定机电设备的建造、开发和采购计划。采用招投标的方式获取高速公路企业运营所需要的机电设备。加强对特殊固定资产预算、采购、验收、使用、维护、处置等全过程的财务监管力度，从制度上保证固定资产业务操作合理化、规范化与高效率，堵住财务管理漏洞，保证账务处理及时准确，实物安全完整。

2. 路段层次（二级）的机电设备管理

路段层次的机电设备管理是管理的重点。在路段公司领导下，以各监控分中心为主，会同综合计划、财务、人事等部门，组织实施设备的改造、备品备件采购保存、人员培训等工作。

　　加强同各征管所、路政、交警、养护等部门之间的横向协调,避免脱节与内耗,优化资源的配置。在系统正常使用的条件下,实现最合理、最有效的运作能力,提高效益。

　　落实备品备件保障制度的贯彻执行,实现各路段备品、备件统一应急调配功能。做好零备件、维修机具的采购、保管和使用工作。

　　3. 现场(一级)机电设备管理

　　针对设备工作现场的运行特点,特殊固定资产的具体操作者(使用人)负责设备有效地按规程操作正常运行,保证工作场所的正常秩序,使整个系统运行优质、低耗、高效、安全地展开。检查系统是否运行正常,保持监控室、机房、车道内设备和操作台安全完整。

　　实行分级分类管理,责任到人。建立标准化、精细化的管理标准,确保管理无死角。建立健全责任制度,各级负责人(或财产使用人)根据内部管理制度负责所属固定资产的安全完好,订立考核指标(有关考核指标见附件3),并根据完好情况兑现奖惩。

　　(三)简化管理手续,重新划分固定资产与低值易耗品

　　安全设施、通讯设施、监控设施等特殊资产中,有些虽然单位价值较高但极易损坏,如果作为固定资产入账手续繁琐,管理台账过多,则不利于提高效率。可将部分经营专用资产划入低值易耗品,并采取一次摊销方法将其价值计入当期营业成本。

　　由于工作的特殊性,高速公路需要大量的生产与非生产通用资产,如电脑、通讯工具、摄像照相器材、电视机等,即使单位价值低于2 000元也应作为固定资产管理,防止国有资产流失。

　　(四)固定资产实行职能管理制度,财务部门管账,资产管理部门管卡,使用部门管物

　　财务部门负责固定资产的价值核算,设置专职或兼职的资产核算、稽查岗位,设置固定资产总账、明细账;管理部门组织资产的数量核算,资产领用要有台账、有卡片、有出入库手续,根据收发情况及时调整卡片,保证账、卡、物相符。

　　(五)加强特殊固定资产折旧管理

　　高速公路全年开通,安全设施、通讯设施、监控设施等特殊资产使用频率较高,为了更加真实地反映固定资产的使用状况,可适当缩短折旧年限,以便及时

回收投资,目前项目办下属各高速公路管理处的安全设施、通讯设施的折旧年限为 10 年,监控设施和收费设施的折旧年限为 8 年(后附有关复印件),财务部门应会同资产使用部门根据各年资产清查的实际情况适当缩短折旧年限,并报上级财政部门批准。

据《上海证券报》2008 年 3 月 8 日消息:伊煤集团拟将公司公务用车的折旧年限由原来的 8 ~ 12 年统一调整为 5 年,电子设备折旧年限由原来的 5 ~ 8 年统一调整为 5 年。类似情况在全国各地各行业并不鲜见,而高速公路运营单位的情况更为特殊,如 B 高速采取计重收费方式后,淘汰下来的原收费设施净值高达 1.96 亿人民币。

缩短折旧年限后问题就可以得到缓解。为简化会计处理,特殊固定资产可采取年限法计提折旧,将折旧额计入当年成本。

缩短折旧年限并不意味着放松固定资产的管理,因为按照现行会计制度规定,固定资产提足折旧继续使用的可不再计提折旧。具体资产使用人高度的责任感,加上日常精心的维护保养会延续固定资产的使用寿命,所以,对于事业单位企业化管理的公司管理运营单位而言,缩短折旧年限的根本目的在于加强固定资产的实物管理,减少后顾之忧。

(六)建议设置固定资产转移"四联单"

运输设备、机械设备、机电设备等固定资产在公司内相互拨转时应由移出部门填写"固定资产移转单"一式四联由管理部门签章后,送移入部门签认(管理部门不同时,要加印一联同移入管理部门会签),第一联送管理部门(管理部门不同者,影印联送移入管理部门转记入"固定资产登记卡"),第二联送会计部门,第三联送移入部门,第四联送移出部门。

(七)建立固定资产清查制度

不定期开展财务清理、财产抽查工作,在此基础上每年进行一次固定资产全面盘点,基层单位自查,主管部门复查或抽查,财政部门组织核查,或委托中介机构核查。财务部门会同资产管理部门所进行的全面资产清查,可采用实地盘点法,按《固定资产分类及代码》,逐项逐台(件)建立资产卡片,粘贴管理标签,将固定资产账目与资产卡片、实物核对,不重不漏。盘点后,由资产管理部门填制"固定资产盘点表",相关人员签字。无论盘盈盘亏均属于管理漏洞,应查明原因,除自然不可抗力造成的盘亏外,其他原因造成的账实不符,具体负责人员应承担相关的责任。通过资产清查,全面、准确地掌握资产的实物量、价值量及运行状况等信息,及时提供准确、完整的资产统计报告,资产清查和财务报表。针对清查中发现的问题及时查明原因并做相应账务处理,堵塞漏洞,加强管理、兑现奖惩。

(八)建立固定资产管理信息系统,实现各级信息共享

一般情况下固定资产数据基本上都是静态数、账面数,实际资产变动状况没有得到及时、准确的反映。单一的手工核算已不能适应形势发展需要。利用计算机信息技术和会计电算化技术建立资产数据库,自动生成明细账、分析报表,可以有效降低管理成本,提高工作效率,对固定资产实施动态、实时的管理,实现信息交换,资源共享,共同监管,使固定资产核算与管理更加高效、快捷、科学、规范和现代化。使用财务软件——固定资产模块或专门为固定资产清查开发的会计软件,深入挖掘和充分利用软件,以发挥其应有的作用。可以考虑建立区域范围高速公路固定资产动态监管信息系统,及时将资产变动信息录入管理信息系统,切实加强各基层单位固定资产静态与动态管理。

(九)建立退役固定资产评估、拍卖、捐赠机制

清退下来仍具有实用价值的特殊固定资产应按正常渠道进入拍卖行,经评估、竞价拍卖后尽量为单位争取最大利益或减少损失;也可将有民用价值的特殊固定资产做捐赠处理。财务部门应及时入账,核算固定资产清理损益,最大限度减少国有资产的流失。

四、结论

高速公路企业的资产主要集中在高速公路及附属设施、机电设备等固定资产上,其占总资产的90%左右,加强固定资产的管理对于提高整体经济效益至关重要。

当前各高速公路管理单位对固定资产的重要程度的认识比较充分,制度也还健全,但管理过于粗放,而且存在管理死角,导致整体管理水平不高。因此,应该从以下方面加强管理:

1. 重新界定固定资产含义及其分类,实现固定资产分级分类管理,将日常管理的重心由路产资产向资产机电设备转移。

2. 实行固定资产精细化管理,落实三级管理体制,签订责任状,实行责任

到人,消除管理死角。

3. 进一步完善固定资产管理制度,并将制度的执行结果与考核结合起来,真正做到制度的制定—落实—奖惩兑现,做到有令必行、有禁必止。

4. 灵活制定固定资产折旧年限,实现固定资产折旧的分层次管理。基于使用频率的不同,基层单位固定资产折旧年限可适当缩短,与上级部门固定资产折旧年限有所区别。如果仅仅出于管理和便于申请贷款的需要,可采取年限法计提折旧,并预留3% ~5%残值以抵减报废损失。

5. 加强固定资产的现代化管理,采用财务软件对固定资产的购进(建造)、改造、调拨、使用、报废等进行全程控制,实现信息在财务部门、资产管理部门、资产使用部门之间的共享,保证信息处理的及时性,实现信息联动,一旦固定资产发生变化,财务部门迅速调账、资产管理及时调整卡片并与资产使用部门的实物核对相符。

6. 对清退的系统固定资产采取分拆方式,对有利用价值部分进行拍卖处理,一般机电设备退役后全部进入拍卖程序,尽量挽回损失或最大限度提高其利用效率。

第十章　高速公路养护管理

第一节　高速公路养护管理概述

高速公路养护管理是高速公路营运管理的重要组成部分，是一项经常性、长期性的工作，也是保证高速公路优良服务水平的主要手段之一。公路是一个国家的重要基础设施，公路网的发展直接标志着该国家或地区经济发达程度与社会进步水平。改革开放以来，尤其到 20 世纪 80 年代末，随着高速公路的起步，我国公路建设事业得到蓬勃发展，形成了以北京为中心向全国辐射、以各省、自治区、直辖市为中心连接各地、市、州、县四通八达的公路交通网。

高速公路投入营运后，必须进行养护维修。随着时间的推移，交通量不断增大，车辆荷载增加，养护维修工作将越来越突出。由于高速公路为社会提供的服务是在大交通量的情况下，车辆能够高速、安全、舒适地运行通过，因此，高速公路所具有的设施种类、数量及标准都高于一般公路，其养护管理工作的要求也与一般公路不同。

相对于普通公路，高速公路具有技术标准高、使用周期长，外观质量好、结构层次多，交通流量大、行车速度快，道路设施全、工程造价高，交通事故少、经济效益高等特点，因而其养护管理也就显得更为复杂和严格。

一、高速公路养护管理概念

高速公路养护管理，是指经常保持高速公路及其设施的完好状态，保障行车快速、畅通、安全、舒适、经济，为高速公路的有关设施、环境等方面提供技术、物资、人力保障，以及在决策、计划组织、控制与激励等方面所进行的全部活动。

二、高速公路养护管理的作用

（一）可以全面地了解并正确评价养护对象状况及服务水平

通过养护调查可以建立相应的技术状况数据库，为高速公路的营运管理提供完整、科学的技术数据，并将数据分析处理后为决策服务。应当指出的是，在高速公路通车初期，许多技术数据及养护数据往往易被管理者忽视，而这些数据对于今后高速公路养护管理具有无法替代的重要作用。

（二）可以发现并及时弥补由于设计或其他原因造成的道路及其设施的先天不足和使用缺陷

一般来说，在高速公路投入使用后，由于建设时期的种种原因，在实际使用中往往会发现诸如道路排水、边坡防护、通道设置、标牌处置、建筑物使用功能不完善等问题，这些问题只能通过后期的养护维修加以弥补，并逐步形成高速公路较完善的使用及服务功能。可以说养护也是对高速公路建设的补充与完善。

（三）可以提前预防道路及设施病害的发生，及时治理随时出现的损坏，尽可能延长道路及设施的使用寿命，延缓大修周期，降低营运管理成本

由于高速公路具有高车速、重交通、大流量的特点，因而通过早期养护可以防止微小病害的进一步扩大，使高速公路经常保持原有技术状态和标准。

（四）可以减少或杜绝由于道路及设施维护不当给使用者带来的意外损害，避免为此引发的不必要的法律纠纷

近年来，我国高速公路因路上障碍、设施维护不当等造成使用者伤害的事件时有发生，不仅增加了使用者与管理者的双重负担，也直接影响了高速公路的声誉。进一步加强养护管理是解决这类问题的最根本手段。

高速公路的养护管理是高速公路营运管理中不可缺少的一个重要内容，一定要常抓不懈，常养不怠，为使用者创造一个良好畅通的行车环境。近年来，交通部提出了"高速公路建设是发展，高速公路养护也是发展，而且是重要的发展"的观点，把高速公路的养护管理提到了一个新的高度。由此可见，高速公路的养护管理更应是一项具有战略意义的工作。进一步加强高速公路的养护管理，是实现国家交通运输长远发展目标的需要，是持续改善国家路网结构的需要，也是加速高速公路现代化进程的需要。没有高速公路养护管理工作持续

稳定的发展,要实现国家高速公路的规划目标是不现实的。

从某种意义上说,养护管理好一条高速公路与建设好一条高速公路同样重要,甚至更加重要。

三、高速公路养护管理的特点

高速公路设计标准、车辆行驶状态、道路设施等与一般公路有很多不同,因此高速公路的养护管理有着自身的显著特点。

（一）养护实施的强制性

由于我国高速公路既是国家基础设施又具有收费的特性,因此,保证高速公路良好的使用性能和优质的服务水平,就成了养护管理的首要任务。养护工作的任何懈怠和疏忽不仅会对道路及其设施本身造成潜在危害,也会对使用者的生命构成严重威胁。因此,高速公路的养护应当是一种强制性的养护。特别是一些合资、合作营运的高速公路,在养护上更难做到及时、到位,就更加显示了强制性养护的重要性。解决这一问题的关键是通过立法来加强政府的行业监督,在法律、行政、经济三个方面加以约束。营运管理单位应给高速公路养护以正确定位,即先养护、后还贷、再经营。

（二）养护对象的广泛性

高速公路的养护对象除道路、桥涵、隧道及其沿线附属设施之外,还应当包括交通工程设施,监控、通信、照明设施,绿化、环保、园林设施,棚亭建筑设施,以及各种生活服务设施等。这些设施的养护和管理几乎涵盖了道桥、建筑、园林、机电、光电、机械、计算机等多种专业与行业,形成了一个内容广泛、互有联系、缺一不可的综合养护体系。

（三）养护的高成本性

高速公路由于建设标准高、养护范围广、材料选用精、机械规模及使用比例大、施工程序复杂且保护措施全、现代化设施多等原因,使高速公路养护管理的成本要比一般公路高出许多。但这种投入不仅合理也十分必要。高速公路的养护投入换来的是道路及设施的长久完好,是服务水平的不断提高,是通行费收益和社会效益的双重回报。

（四）养护方式的独特性

高速公路养护面对的是大交通流量下的快速通行环境,这种环境对高速公路的养护方式也提出了更高的要求。①在养护管理上要建立一整套尽早发现病害并迅速治理的快速反应机制;②在养护过程中要确立时间意识,尽量缩短作业时间,尽量保证开放交通;③高速公路养护要严格履行安全操作规程,除具体的养护工艺环节外,还要按规定设置不同的交通安全管制区段,并在限定的区段内作业;④高速公路因其路段长,设施多,流动性强,必须最大限度地采用并依靠机械作业,以便提高高速公路的养护质量与效率等。

（五）养护技术的复杂性

高速公路养护除需要具备机械化、专业化技术外,还需要随着养护管理的发展不断探索新技术、新工艺和新材料。其中如路面高强修补、桥梁伸缩缝修复、护栏快速更换、通道防渗处理、土工合成材料综合使用等,都是今后高速公路养护管理中普遍遇到并需要认真研究的课题。同时,在养护检测手段上,也要不断配备现代化设备,以适应高速公路长距离、多点位的快速检测及分析方式。此外,由于高速公路养护对象广泛,监控、通信、收费等各种现代化设施的科技含量较高,也将会促进养护技术含量的进一步提高,形成养护技术的复杂性。

除此之外,高速公路养护管理还有注重环保、提供服务等其他特点,这里不再赘述。

四、高速公路养护管理的内容

高速公路养护管理的内容,归纳起来可分为如下几个方面:

（一）为保持路况及设施完好而进行的日常维护保养

高速公路日常维护保养是确保高速公路正常使用功能的重要手段。它具有经常性、及时性、周期性的特点。这种养护尽管每天都要进行,但却具有一定的不可预见因素。即在每日的常规养护中会经常发现新的问题和缺陷。这些问题和缺陷如不及时处理,往往会对行车安全造成大的隐患或威胁。如标志的修复或重宣、监控通信设施故障的排除、冬季的各种作业等。这些工作只能在当天或较短的时间内做出计划或反应,具有较强的随机性。

高速公路日常维护保养一般包括路基路面保养、桥涵隧道保养、沿线设施保养、机电设备保养、绿化保养等。日常维护保养作业具有点多、线长、面广、分散以及移动作业等特点,往往受自然因素影响较大。在施工组织上一般采用专项责任承包或分段综合承包等方式,更好地落实责任,提高养护质量和考核力度。日常维护保养是高速公路养护资金使用的主要方面。

(二)为加固完善道路及营运设施而进行的专项工程

专项工程是在保证交通畅通的情况下进行的规模性养护施工,是对高速公路及其附属设施的一般性磨损和局部损坏进行修理、加固、更新、完善的作业,是针对不同养护对象提出的具有保护作用的维护措施。这种措施并非紧急需要,因此可以合理地进行预测,分步实施。例如易损边坡的护砌加固、桥梁伸缩缝及桥头跳车的处置、沥青路面整段罩面、沿线建筑及收费棚亭的粉刷油饰、易动岩体的灌浆稳固、增设沿线景点和树木更新等。这些工作对于防止高速公路及营运设施的后期损坏,减少今后长期费用的支出往往具有重要意义。在实际养护中常被列入专项工程计划,由专业施工队伍实施。

高速公路专项工程会随着高速公路使用年限的增长而逐年增多,根据资金状况对其进行合理预测与安排,是保证高速公路服务水平的重要一环。

(三)为恢复或改进原设计功能而进行的大修工程

高速公路大修工程是指高速公路及其附属设施已达到或将达到其服务周期,必须进行应急性、预防性、周期性的综合修理,使之全面恢复原设计状态,或根据高速公路发展的要求进行的局部改善工程。其中包括重建或增建的防护工程,整段路面的改善工程,增建小型立交或通道,大中桥梁改善,沿线设施的整段更换,房屋建筑的改造,监控收费系统的改造,以及站区广场的改造等。这些项目一般按年度做出规划,在养护费用中列支,是"养护也是发展"理念的较重要的诠释。由于高速公路具备了现代交通设施的种种特征,因此这类养护不仅重要而且必不可少。

(四)对沿线景观、绿地的绿化美化和环境保护

绿化美化是高速公路养护管理的重要内容之一。目前我国高速公路的绿化任务大都是在通车后的养护期内完成或分步实施的。这项工作一般包括沿线中央分隔带及边坡的绿化养护、站区及办公环境绿化养护、服务区绿化养护、沿线特殊景点的绿化养护以及苗圃的保养等。高速公路的绿化养护可以用"三分栽,七分养"来描述,其效果好坏不仅取决于设计和栽种,更取决于后期保养是否适当,因此是一项占用人力和资金都很多的工作。它对于提高路上景观效果,改善驾乘人员的视觉印象,表现地区人文环境,体现高速公路营运管理

水平等都有着不可低估的作用。高速公路的绿化美化工作一般都列入高速公路日常维修保养与专项工程之中,并根据高速公路管理的需要,有计划地完成。

此外,做好环境保护也是高速公路养护的重要内容。在这方面我国起步较晚,但随着环保意识的逐步加强、环保设施的逐步增多,这项工作会很快被重视起来。其中噪声控制设施、生态保护设施以及结合绿化进行的养护等,是高速公路环保养护的重点。

(五)灾害及恶劣气候条件下的抢修及应急对策

高速公路在营运过程中,会遇到不良灾害天气的侵害,例如,飓风、暴雨、山洪、雪、地震和岩体滑塌等。这些情况尽管发生的机会较少,但造成的危害很大,往往会使高速公路营运工作陷入瘫痪。因此,对上述危害做好充分的物资准备,制定切实可行的抢修预案和快速反应机制,是高速公路养护管理不可缺少的重要内容之一。重大灾害造成的路基路面损害、桥涵结构物损害的修复,依据其工程量的大小一般都列入高速公路大修工程的范围。此外,在冰雪等恶劣条件下,尽快改善通行条件,减少高速公路不必要的关闭,则是高速公路养护管理经常遇到的问题,处理是否及时将直接影响着高速公路的社会效益和经济效益。

(六)沿线机电设施的维护与管理

机电设施的维护与管理是高速公路养护区别于一般公路养护的重要特征,也是保证高速公路正常营运不可缺少的重要环节。随着我国高速公路现代化水平的不断提高和技术含量的进一步增强,这项工作将会愈来愈受到高速公路管理者与使用者的双重关注。它不仅为营运管理单位提供服务,也给使用者带来了莫大的方便。

就目前而言,机电设施的维护一般包括监控系统维护、收费系统维护、通信系统维护、通风照明系统维护、供配电系统维护以及消防等。这些工作往往具有技术要求高、程序复杂、危险性大等特点,维护人员须经培训或持有专业证书方可上岗作业;特别是在执行规范和规章方面,有着更严格的要求。机电设施维护对于高速公路行业目前来讲是较为生疏的一个领域,但它体现了高速公路养护是多行业、多任务、多工种密切配合的管理特性,同样也是高速公路养护管理中需要认真对待的一个方面。

除此之外,高速公路养护工作还涉及有关机械设备管理、作业安全管理以及养护技术管理等很多内容,这些内容都是高速公路养护保障体系不可缺少的重要组成部分。

第二节　高速公路养护管理体制

我国高速公路养护管理伴随着高速公路的诞生及发展,经历了不断探索的过程。20多年来,我国高速公路养护管理人员经过不断地探索,已经积累了较丰富的经验。加上改革开放以来,国外高速公路先进的管理经验不断被引进,更加丰富了我们的管理方式和手段。可以说,近年来我国高速公路的养护管理已经走上了一条健康发展之路。

一、养护管理体制的概念

养护管理体制,是指养护管理权限划分及管理活动赖以进行的物质存在形式(养护管理机构设置、管理人员配置)与一系列管理规则、秩序规范所构成的制度体系。

高速公路由于投资主体多元化、建设方式不同,以及受不同时期国家行政与经济体制等因素的影响,养护管理体制和运行机制形成了多模式、多元化的格局。

我国高速公路养护管理体制大体分为三种:①承包给专门的养护公司,按签订的养护合同进行管理;②营运单位自己组建队伍进行养护;③日常养护由营运单位自行负责,大、中、小修及一些工程量较大、工作难度较高的项目承包给养护单位进行养护。

二、高速公路养护管理的运行机制

在养护体制中,机构设置是物质基础,运行机制是保障条件。作为养护管理体制的一个有机系统,在运行过程中各组成部分相互交换物资、能量和信息,彼此联系作用的方式和规律,就是高速公路养护管理的运行机制;它主要包括竞争、协调、监督和激励等方面。

在养护运行机制问题上,由于比较及时地吸取了一般公路养护改革的经验,基本上突破了僵化的事业性管理模式,避开了人员膨胀、机构重叠、效率低下、铁饭碗、养人不养路等问题,有意识地将市场竞争机制和现代化企业制度引入高速公路养护管理中。

（一）竞争机制

高速公路养护具有经营性质,可以归属于市场行为,应努力建立竞争机制,通过培育养护市场,规范市场行为,打破行业垄断、部门垄断和地域垄断,系统选择养护维修队伍,遵循公平、公正、有序竞争的原则促进养护工作健康发展,提高养护工程质量和投资效益,推动养护技术进步。

建立养护工程的竞争机制应首先完善经营规则规范市场行为。国家交通主管部门主管全国的高速公路养护市场,实行行业管理。省级地方交通主管部门负责本行政区域内的高速公路养护市场的监督和管理,省级高速公路管理机构行使本行政区域内的养护管理职责,负责资质审查与复查、招投标管理、质量和造价管理,发布高速公路养护市场信息等。

资质审批是对高速公路养护、勘察设计、监理和咨询单位的资历和能力进行确认。养护从业单位可根据自己的从业经历、技术实力和资本金情况,按照有关规定,申报相应级别的从业资质。

养护工程招投标是建立公平竞争机制的关键,应逐步完善和规范,按照《中华人民共和国招投标法》和《高速公路养护招标投标管理规定》执行。高速公路养护工程的招标工作由高速公路管理机构负责组织,经营性收费高速公路的招标工作可以由业主负责组织实施。

（二）协调机制

养护管理的协调机制主要包括情况通报机制、协作机制和调度制度。

在高速公路逐步成网,担负起国家交通运输主动脉的责任后,建立起一个有效的情况通报机制,对于改善高速公路的营运管理,提高维修的快速反应和优质服务就显得更为重要。养护维修的安排,往往对交通顺畅造成影响,养护管理部门应依靠情况通报机制将维修信息通报到各有关方面。向管理部门内部通报信息,其作用是协调工作,以便配合相关的养护维修安排。一定要将信息通报到路政、收费、交通安全等管理部门。在网络内起重要作用的路段,还应将信息通报到相邻的高速公路管理部门。向社会上通报信息,其作用是对用户起到事先告知的作用。此项工作并非可有可无,国内高速公路管理部门因没有充分重视信息通报问题而被用户投诉的案件已有发生。面向社会的信息通报有多种手段和方式,可以由管理部门在高速公路入口处通过信息板来发布,也可以通过各种媒体来发布,例如交通信息台、电视台等。养护及管理部门要有意识地建立和维护好情况通报机制,以保证高速公路的高效、安全运行。

协作机制是协调机制的重要组成部分。高速公路养护管理所涉学科和行业很多,必须打破行业封闭和系统封闭,建立一个有效的协作机制,在系统内部与路政、通信、收费、监控、经营、服务部门,以及交通安全部门密切协作,提高养护作业的效率、质量,降低工期、成本和安全作业的风险。

调度制度是高速公路养护管理协调机制中的另一个重要机制。在交通运输行业中,调度制度是安全、有效、有序运输的关键环节。民航、铁路、港口的调度制度已相当完善,高速公路运行的调度制度还有待形成;随着网络逐步形成,这方面的需求更为突出。

(三)监督机制

高速公路养护管理应建养并重、协调发展。目前存在的重建轻养、养护资金投入不到位等问题,使养护标准得不到严格执行,养护装备不足,水平较低、养护质量难以保证,其主要原因是缺少有效的监督制约机制。对于养护管理单位内部,需要逐步建立各项规章制度、完善内部自我监督体系,以保证在实现高速公路的养护、服务水平的前提下,追求管理单位的合理成本和最佳效益。内部的监督体系,包括财务合同方面的体系,从项目立项审查、设计预算的编制、项目合同和资金拨付、工程验收的多项环节来实现,以保证养护资金能够合理、恰当地用到养护工程上。技术质量管理方面的体系,应从设计方案、施工图纸的编制、材料管理、质量监理、工程质量检测鉴定和实行缺陷责任追究等环节来实现。养护安全作业体系,可以通过工作目标责任制、事故责任追究制以及现场检查、督促、通报、奖惩等多种方式来组织实施。

此外,社会监督是做好养护管理工作一项不可缺少的环节,它包括媒体监督和高速公路用户监督等多种形式,目前正在建立和完善中。近几年来,涉及高速公路营运管理和服务质量的问题,引起诉讼的案件已有多起,不论谁是谁非,都应看做用户监督机制的一个雏形。

《高速公路养护市场管理规定》和《高速公路养护招标投标管理规定》将是政府监督机制的一个重要组成部分,必将会进一步强化政府的监督作用。

(四)激励机制

在招投标选择养护队伍的过程中对讲质量、重合同、守信誉的养护公司,对在以往养护合同实施过程中管理严格、效率较高、文明服务的养护单位,应该引入激励机制,采取究其以往业绩的方式择优使用。营运管理部门可以根据养护标准,对养护成果进行检查、评定,并向社会公布;也可以按照养护成果调整养护单位的资质等级,并采取荣誉称号、样板示范、优质评价等方式对表现突出的单位给予表彰及奖励,以充分发挥奖励的正向激励作用。政府行业管理部门对高速公路营运管理单位也可以采取各种激励机制。可以按行业管理服务标准对养护和综合服务进行检查和评定,向社会公布资信情况;也可以考虑将养护质量和综合服务的软、硬件条件及水平,按照相应的标准与许可的收费费率挂钩。养护服务不好的,不能执行较高的收费费率标准,或不具备申请收费费率提升的条件等。

第三节　国外高速公路养护管理

一、美国高速公路养护管理

美国是世界上高速公路最发达的国家,公路总里程达 632.7 万公里,其中高速公路 88 500 公里,居世界第一位。美国自 1937 年在加州建成第一条高速公路开始,经过几十年的建设,高速公路已经密布成网,高速公路管理早已由"建设管理为主"、"建养并重"转化到"以养为主",养护管理经验比较成熟。

美国联邦政府负责高速公路建设投资的 90% 以上,高速公路建成后交各州按照《美国 AASHTO 养路手册》的规定,统一进行养护管理。各州设置的养护单位以地理区域划分,只考虑工作现场和时间因素,作业对象没有高等级和一般高速公路之分。下面以弗吉尼亚养护服务中心为例介绍美国的新型养护管理方式。

弗吉尼亚养护服务中心 VMS(Virginia Maintenance Service),是弗吉尼亚州交通厅为解决高速公路系统老化导致费用不断增加,而革新的一种富有成效的高速公路养护管理模式,这种承包性质的高速公路养护管理模式出现后,其他州纷纷效仿。

弗吉尼亚交通厅与 VMS 公司签订养护管理合同,期限是 5 年半。VMS 公司开发了 HQMS 高速公路质量设施管理系统进行复核,根据收集、分析的数据进行预测和预算,确定合同金额。对于不可抵抗的自然灾害引起的养护项目的支出,如果有总统或州政府发出的紧急通告,相应的费用由联邦政府或州政府支付。另外,VMS 公司对一些不可预测的项目支出或事故(如桥梁损坏、重大雪灾等),通过购买保险来弥补有关损失。弗吉尼亚交通厅不仅对 VMS 公司提出了养护要求的标准,而且要求 VMS 公司在第一年完成执行计划、工作计划、冰雪控制计划等,并得到交通厅的批准,同时要求每月提交工作完成情况汇报。VMS 公司并不直接进行养护工作,主要是建立永久性办公场所,雇用调查、养护和管理人员,确定所需的装备和承包商,收集高速公路设施数据,开展高速公路设施状况调研,提出合同准备工作的投入量,向承包商提供所需的劳务、材料和装备。

VMS 公司对承包商的养护、施工、作业质量,进行检查和控制。对于承包商拥有哪些施工设备,原则上并不要求,重要是看结果。一些专用设备,主要由公司提供给承包商。对养护结果的评估,弗吉尼亚交通厅和 VMS 公司双方实行公开、合理、认可的评估程序和方法。

美国弗吉尼亚这种私有公司进入高速公路养护行业的方式,取得的效果显著。原来弗吉尼亚交通厅的设计、施工、管理养护人员共计 1.3 万人,直接的养护人员达 4 200 多人,承包后人员大大减少。承包养护的结果使高速公路评估分值由最初的 85.1 提高到 95.4,州交通厅节约经费 2 200 万美元。

上述这种养护管理体制的前提和基础是:①路网已经构成,交通量稳定,路况稳定,养护费用可以做到比较精确的预测,养护作业的主要内容是日常养护和小修工程;②养护市场成熟,养护施工企业完全走向市场,企业的待业资质评定统一;③保险行业规范、完整;④养护标准完善、细致,路况设施检测评定标准、检测方法应用广泛、统一,养护结果的检测和评定可以做到公平、公正,并得到双方的认可。

这种承包养护的优点是:①可以精减州交通厅养护管理机构人员,降低人员费用、养护费用,节约的经费还会逐年增加,使联邦政府从日益增长的高速公路养护投资中摆脱出来,养护投资更趋合理;②路况在养护承包期内可以得到较好的保障,路面及构造物得到较好的改善。缺点是:①在承包期内政府的调控能力降低,由于私人承包公司要考虑效益成本,不利于推广新方法、新材料、新工艺;②一旦私人承包公司经营不善中途撤出,政府需要重新选择承包商,容易导致养护的连续性中断。

二、日本高速公路养护管理

日本从利用世界银行贷款修建名神高速公路开始,到 1997 年,日本高速公路通车里程达 5 860 公里。1956 年日本颁布了道路公团法,同年成立了日本道路公团。日本国家汽车干线高速公路(占全国汽车专用高速公路 82.3%)的养护管理由道路公团负责。道路公团是受建设省建设大臣监督的半官性质组织,是独立的、特殊的法人。

道路公团下设建设局 10 个和管理局 9 个。管理局是负责管理和养护高速公路的单位,基本上按行政区划设置。管理局设有技术部,主要负责道路的改建、大修、日常养护、各种设施和机械设备的维修管理,以及处理和解决上述业务有关的一些技术问题。局内每 50 公里左右设一管理事务所,一般均按路线的区间划分,个别情况下,如高速公路的交叉处,也可按片设所。管理事务所是负责管理和养护高速公路的基层单位,主要从事管理工作。

日本高速公路的养护管理有这样特点:①依法管理,1952 年道路法和 1956 年道路公团法的颁布,使高速公路修建和管理一体化体制正式确立并用法律形式固定下来;②养护管理方式统一,采取公司化垂直管理,管理机构层次清楚完整;③养护管理机构的管理、质量监督职能突出,属技术密集型管理;④养护施工社会化程度高,养护工程采取对外发包或委托,下设独立的养护施工队伍,养护管理部门一般不配置施工设备,只集中资金购置急需的管理用车和日常维护设备。日本高速公路养护管理体制的突出优点是:①养护管理机构设置统一规范,有利于政令畅达,有利于养护标准、规范的统一和行业管理;②有利于机构精简,减少人员、设备投资;③有利于促进委托、承包企业高质量完成养护业务,为道路使用提供最佳服务。这种养护管理体制建立的基本前提是:有立法保障、社会分工的高度细化和企业信誉制度的建立,并要求养护管理部门具备较高的管理水平,以协调、处理与相关企业的关系。

三、加拿大高速公路养护管理

加拿大地域广阔,公路运输发达,有 93.6 万公里,其中高速公路 19 000 公里。加拿大联邦政府负责由联邦直接投资建设的特殊性高速公路的管理,如国家园林大道、军事高速公路等,其余高速公路由各省政府负责管理。加拿大的高速公路养护管理工作,基本上是由私营承包商管理。但其管理方法及承包概念与美国不同。

以加拿大卑诗省为例。卑诗省政府和承包商在招投标时呈报的是 5 年合同期第一年的养护费用总价,而不是通常采用的单价,即"年公里"或"年千平方米"等。1 年后,政府将根据联邦公布的物价增长指数,慎重制定价格调整系数,对总价进行必要的调整。合同执行过程中,卑诗省政府将年总价按 12 个月平均付给养护承包商,不再考虑工作量的实际完成量情况以及气候、环境等外部影响因素。遇有灾害,政府在承包商先支付 25 000 加元恢复费用后再予核补。日常养护费用占养护合同总费用的 65%,预防性养护和年养护占合同总价的 35%。

养护合同的主要内容是根据《养护工作手册》确定承包商的养护管理责任。这些责任包括养护的质量、养护的进度以及养护中承包的风险,还包括承包商应对公众的申诉和控告负责,即承包商将承担养护管理工作的全部责任。政府的责任只是通过养护质量的保证来确定合同的履行,政府只强调养护的最后结果。这种养护承包形式需要有完备的养护质量保障体系支持,具有具体、操作性强的养护成果标准。

加拿大卑诗养护管理私营化的优点是:①采用总价承包的运作方式,使承包商在基础设施的维护上承担更大的责任,必须具有较长远的考虑(否则,小的缺陷不处理,将直接导致养护费用的增大),因此有利于提高经常性养护的质量;②承包商受道路使用者及舆论的监督,能提供尽可能好的道路服务;③政府能够腾出更多的时间对高速公路进行宏观管理,养护上能完成更多的工作量,养护工作的分配也更趋于均匀合理。这种养护管理方式的缺点是:①确定养护承包总价困难,需要科学的高速公路、桥梁评价体系和经验积累,否则容易造成双方的风险加大,导致招投标失败;②承包商与政府职员承受的压力都较大;③管理的基础数据容易从政府的一方落入承包方等。

四、英国高速公路养护管理

英国是世界上高速公路最发达的国家之一,英伦三岛上分布着四通八达的高速公路网。公路总里程达 36.5 万公里,其中高速公路 3 200 公里。

英国的道路分两个等级管理:干线道路和地方道路。在英国,干线道路由高速公路机构代表政府进行管理,干线网由 3 200 公里的高速公路和 8 000 多公里多用途干线道路构成。英国将干线道路划分为 24 个管理地区,每一地区的养护管理机构由高速公路机构、管理代理机构(超级养护代表)和限期承包商组成。非政府和政府部门均可投标代理机构,现有 16 个公司或联合团成为 24 个地区的代理机构,11 个不同的限期承包商负责 24 个地区。

在每个干线道路养护地区,高速公路机构和管理代理机构签订合同,另一份是公路机构和限期承包商之间的合同。代理机构和承包商之间没有合同,但是代理机构负责管理和监督限期承包商的工作。各地区的代理机构和限期承包商的主要任务是负责那一地区路网的日常管理,即日常和周期性工作之和总值不超过 10 万英镑的工作,对价值超过 10 万英镑的工作则采取公开招标的方式,即分离合同由公路机构自行管理。合同基本期限是 3 年,为了鼓励代理人和限期养护承包商为公路机构和道路使用者提供最好的服务,作为奖励,合同可以延长 1 年或 2 年。

英国的干线高速公路养护超级代理人制建立了合作三方的伙伴关系,这种养护管理实际上就是养护合同管理。这种体制建立的前提是干线高速公路网已经形成,养护管理统一分级(运输部—地区高速公路机构—养护代理机构),养护市场成熟(运输部和地区高速公路机构对承包商资格统一审定),市场法制健全(《1991 年高速公路法》),合同管理规范(《干线高速公路养护手册》是一份管理性文件,对代理商进行各种活动的主要规则做出了具体的规定;运输部编写了全面的高速公路养护合同范本、程序及《单位投标方法》)。

这种养护管理体制的突出优点是:①管理层次清楚,责任明确,突出政府机构的审查、评估职能,把养护管理职能下放给超级养护代理;②选择超级养护代理和限期承包商时,引入竞争机制和大中修(估算金额大于 10 万英镑)招标制,对提高养护质量,降低养护成本起到了很好的作用。存在的缺陷是:①不同的地区的养护代理制定的养护计划、养护技术标准不易统一;②养护代理与限期承包商的关系及与投标承包商的关系,不易为高速公路机构所考察,高速公路机构的疏忽会给代理人和承包商带来合作舞弊的机会。

其他国家,如法国高速公路的养护体制比较简单,非特许经营的高速公路由政府委托专业公司进行养护,费用由财政支出;特许经营高速公路则由特许经营公司负责日常养护和小修,大中修则由合作企业或专业公司承担,费用从通行费收入中列支,通行费收入的 25% 用于养护和管理。法国高速公路养护方式主要依据车流量大小来确定,在建设初期就对养护方式进行分析,一种是采用日常性小修养护方式,另一种则根据路面寿命采用周期性的养护方式。养护技术标准和质量标准由法国高速公路和高速公路科研部制定。法国于 1995 年经议会审议通过,颁布了《高速公路特许经营法》。意大利高速公路养护体制基本和法国一样,主要由特许经营公司养护管理。

第四节　高速公路养护市场化[①]

一、高速公路养护市场化的内涵及其本质

所谓高速公路养护市场化,是指使市场机制在高速公路养护运行机制中发挥基础性作用,即通过引入市场竞争机制、价格机制、供求机制及激励机制,实现养护市场人员、资金、生产设备的合理配置,保证养护质量、降低生产成本、提高养护效率,从而推动高速公路事业持续、快速、规范地发展。

从经济学角度分析,高速公路养护作为一种保障公众出行"服务",其供给可以采取高速公路管理机构直接提供的方式,也可以采取市场采购的方式。相比较而言,市场采购方式在提高效率、降低成本、改进技术等方面明显优于直接提供方式。正因为如此,高速公路养护市场化才成为国家积极推动的一项体制改革。通过改革,其目标是要将原有的养护管理部门和养护生产部门二者之间的行政计划关系,塑造为管理部门、组织、中介机构三者之间的市场合同关系。

从宏观角度分析,高速公路养护市场化改革实质上是改革开放 20 多年之后,在高速公路养护领域进行的一场国有组织改革和政府职能再造。这样说是因为从改革路径上看,塑造符合市场经济要求的管理部门、组织、中介机构三者之间的关系,至少需要两个前提:一是形成规范化的(交通主管部门)监管体制,建立统一开放、公平竞争、规范有序、诚实守信的养护市场运行"游戏规

---

①　本节内容主要参考樊建强:《高速公路养护市场化的难点及对策》,《综合运输》2006 年第 6 期。

则",这实质上就是养护领域中政府机构改革;二是培育养护市场主体和完善养护市场体系,通过改革,形成一定数量的"产权清晰、权责明确、事企分开、管理科学"的养护组织和保障养护市场顺利运转的中介机构,这相当于养护领域中的国有组织改革。

既然高速公路养护市场化是一场政府职能再造和国有事业单位改革,因此改革的主要内容就是在"管养分离"的基础上,对养护管理体制和养护运行机制同时进行协调改革。养护管理体制改革是通过对规章、组织、职能、人员等改革,使养护管理机构明确"管什么、怎么管、依据是什么"等一系列问题;养护运行机制改革则主要是通过培育市场主体,完善市场体系、统一开放市场、建立市场规则等措施,理顺高速公路管理机构与养护机构的关系。

二、高速公路市场化养护目标模式

高速公路市场化养护就是要在养护工作中最大限度地引入市场竞争机制、供求机制、价格机制及激励机制,以此实现降低养护成本、提高养护质量的目标。鉴于此,高速公路养护的远景目标模式应该是建立适应市场经济要求的政府部门、高速公路经营公司、高速公路养护公司、高速公路中介机构(包括路况咨询机构、计划设计机构、质量监理机构等)之间良性互动的市场化运作框架。在这个框架中,"养护服务"作为一种商品而存在,其需求者是高速公路经营公

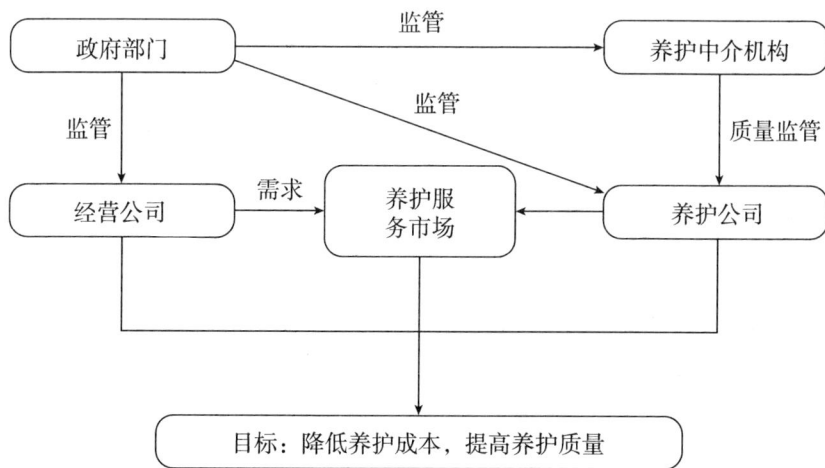

图 10-1　高速公路养护市场参与者之间的关系

司，其供给者是高速公路养护公司，政府部门是市场监管者和政策制定者，而各种中介机构则辅助市场化养护的顺利开展。

在上述目标模式中，政府部门是养护市场的"掌舵者"，而非"划桨者"，它以自己的行政权威对高速公路经营公司、高速公路养护公司、高速公路养护中介机构的市场行为进行有效监督，同时制定有关政策及规则保障养护市场规范有序运转。高速公路经营组织作为"通行服务"的提供者，为了保障"通行服务"的质量而对"养护服务"产生需求，因此高速公路经营组织是养护市场的需求者。对于高速公路经营组织的"养护需求"，其满足方式是通过多个竞争性的专业化、社会化、规模化的养护公司来竞标供给。中标者与高速公路经营组织缔结契约，明确各自权利、责任和义务，由此形成"养护服务"供求双方的经济合同关系；作为第三方，养护质量检测部门、咨询公司、监理公司等中介机构在供求双方之间发挥桥梁和纽带作用，同时也与高速公路经营组织之间形成一种合同关系，为高速公路经营组织提供道路检测、评价、养护方案设计、养护质量监理等技术工作，发挥咨询与监督作用，以此弥补高速公路经营组织人员编制少、技术力量不足的矛盾。

三、高速公路养护市场化的实施进程

综观国内各个行业的改革，无非两类形式：急速推进型和循序渐进型。急速推进型是希望通过支付较高的改革成本，迅速实现改革目标模式；而循序渐进型则是以改革、发展、稳定相互协调为前提，根据实际情况，因地制宜地逐步推进改革，实现改革目标。

目前，我国很多省份都在进行高速公路养护体制改革，但各地市场化进程并不一致，且普遍存在高速公路养护管理部门和养护生产组织并没有完全分开的机制，养护管理部门既是养护决策、计划安排、质量监督机构，又是养护施工主体。因此，养护市场化改革不可能一蹴而就，目标模式也不可能短时期内实现，高速公路养护体制改革应该按照"趋向目标、态度积极、工作扎实、推进有序"的方针分阶段、有步骤地实施。

（一）市场化养护的起步阶段

市场化养护的起步阶段是养护市场形成的准备时期，其特征是"培育内部养护市场"，这一阶段的主要任务是：①完成高速公路管理机构改革；②健全和

完善养护管理制度;③选择一条高速公路进行体制改革试点,养护、咨询、监理生产实行组织化,并与高速公路管理部门逐步分离;④完成内部养护公司实体的组建,初步形成单条高速公路范围内的内部养护市场。

（二）市场化养护的发展阶段

市场化养护发展阶段的特征是"管养分离"、"事企分开",该阶段主要任务是:①通过身份置换、资产置换、社会保险的实施,将各类生产性、经营性、服务性养护实体与高速公路管理机构脱钩,实现"管养分离",各类养护实体取得相关资质,成为"自主经营、自负盈亏、自我发展、自我约束、独立核算"的法人实体;②推行部分路段的管理体制改革,逐步打破高速公路养护地域化垄断局面,初步形成省内"跨路段、跨行政地域"的高速公路养护市场。

（三）完全市场化养护阶段

完全市场化阶段的特征是"政资分开",这一阶段的主要任务是:①全面推进高速公路管理体制改革,理顺高速公路管理体制,通过产权制度改革和投融资改革,使国有股份在养护公司的比重逐步降低,最终达到彻底退出;②继续完善各种养护管理制度及相关政策,培育社会化养护公司及各类中介机构,形成养护市场由一定数量、不同所有制养护公司充分竞争的局面;③彻底打破养护市场垄断经营,形成全省范围内的高速公路养护市场;④通过竞争,形成若干个高速公路养护集团公司,实现养护生产的"集约化、规模化、机械化"。

（四）市场化养护深化阶段

随着国家高速公路网的建设完成,高速公路在建数量将不断减少,高速公路将由"重建轻养"、"养建并重"阶段最终过渡到"以养为主"阶段,即市场化养护深化阶段,其特征是"跨地域、跨省域","社会化养护"。这一阶段主要任务是:①统一高速公路管理体制,国家建立高速公路管理统一机构(高速公路集团公司),对全国高速公路实行统一管理;高速公路集团公司根据高速公路网分布情况,将全国的高速公路划分成若干区域,这种区域不局限于行政区划,在每个区域设立高速公路管理分公司,分公司下还可以设若干养护管理所,负责该区域的养护管理。②进一步完善法规、明确责权,健全高速公路养护管理体制,国家出台政策,彻底开放养护市场,形成"跨地域、跨省域"养护竞争局面。

在这样的市场背景下,养护主体特征主要表现为:①养护公司实施"政资分开"，国有养护公司与其他类型的养护公司并存，形成"产权清晰、权责明确、政企分开、管理科学"的现代养护组织制度；②各类中介机构发育成熟，健全的养护体系形成，养护公司规模不断壮大，通过市场竞争，优胜劣汰，形成若干专业化、规模化、社会化养护集团公司；③养护市场分工进一步深化，路况咨询、计划设计、质量检测、养护施工、质量监理等专业机构普遍建立，管理机构、养护公司、中介机构三者之间的市场合同关系运转协调。

　　以上对高速公路市场化养护实施进程的分析，仅仅只是从一般角度进行了分析，各地在具体实施过程中，由于受区域经济、配套政策、改革成本等因素的影响，各地的市场化养护实施会具有一定的差异性和特殊性。各地具体实施进程并非一定要完全按照上述阶段进行，可以根据实际情况因地制宜地进行。

　　(五)高速公路养护市场化实施的难点及对策

　　1. 养护市场化实施中面临的难点：养护职工思想、观念的转变问题

　　由于高速公路养护体制改革刚刚开始，各地在这方面比较缺乏经验，特别是小修保养方面，养护职工一直在事业单位模式下进行养护作业，计划安排生产任务，平均主义、大锅饭思想比较严重。现在进行养护体制的彻底改革，养护走向市场化，管养分离、事企分开，这必然涉及人员的分流问题和人员身份置换问题，在改革中如何让养护职工尽快转变观念，增强竞争意识，如何让员工在改革中思想稳定，安心工作，加强学习，苦练内功，是改革中碰到的重大问题，而且必须解决好。

　　2. 产权置换中国有资产的保值、增值问题

　　养护体制改革最终是要达到管养分离，养护单位要成为真正的市场主体，这就涉及原养护单位产权置换问题。对养护生产组织所占用、使用的房屋、土地、机械设备等国有资产的界定、划转或出售，必须按国有资产管理规定履行必要的手续，要建立有效的资产管理、监督和运营机制，明晰产权，有效重组，防止流失，确保国有资产保值增值。这里涉及问题较多，需要政府的支持和相关部门的配合。

　　3. 养护市场不成熟，运行机制不规范的问题

　　从全国养护体制改革实践看，这几年全国各地均根据自身特点进行养护体制改革，但由于缺乏经验，且没有现成模式，往往达不到预期目的，甚至出现急于求成、适得其反的后果。高速公路大修、中修等养护市场化的条件是

比较成熟的,进入养护市场进行招投标完全可行,并且有一套比较规范的操作程序。而小修保养进入市场的条件目前尚不太成熟,一在于其自身特殊性、复杂性,二在于小修保养的技术规范特别是工程质量验收标准未出台,三是小修保养定额标准不够完善,四是缺乏政府配套政策。在改革条件不成熟时,急于将小修保养工程进入市场,招投标操作不易规范,往往达不到改革目的。

4. 政府及相关部门支持的问题

养护运行机制改革是一项涉及面广、政策性强的系统工程。改革中涉及的问题较多,如人员分流、身份置换、养老保险及补偿、产权置换、给予养护公司政策倾斜等,这些问题的顺利解决涉及财政、税务、国土、人事、劳动等诸多交通行业外部部门。因此可以说,改革条件的成熟,改革面临诸多问题的根本解决,都有赖于政府部门大力支持和各相关部门的良好配合,否则养护体制改革工作将会因为现实问题的困扰而难免陷入停滞不前的境地。

四、高速公路市场化养护的基本对策

(一)改革要分步进行

首先一步是引入竞争机制,养护单位实行组织化管理,让养护职工思想转变,认同改革的必要性和紧迫性,改变事业单位时形成的各种观念,增强危机意识和竞争意识。其次一步是成立养护组织,培育主体,管理单位与养护组织实行合同管理,养护工程实行招投标制,逐步形成养护市场,使养护组织在市场竞争中不断地强大自己,并使优秀的养护组织的经营范围逐步跨出行政边界。再一步是实行管养分离,管理机构与养护公司彻底分离,养护公司逐步成为"自我发展,自主经营、自负盈亏、自我约束、独立产权"的市场主体。

(二)养护工程推向市场,也要有循序渐进的过程

从市场形成,到市场主体、市场体系的成熟,需要一个摸索和实践过程。条件未成熟,改革步伐太大不利于改革目的的实现。从高速公路建设市场来看,经过20多年的努力,尽管建设市场在不断地完善和规范,但是至今仍然存在不规范、不科学的问题。由此可见,市场中出现的问题需要在市场中不断解决、不断完善,不可急于求成,以免留下改革"后遗症"。

(三)要解决好人、财问题

高速公路养护体制改革中触及到的最大问题是人、财问题,人员置换和产

权置换过程有较多的问题需要解决。养护职工从"事业人"置换成"社会人"，要积极推行养老保险、失业保险和医疗保险社会统筹，避免引起不稳定因素发生。同时要妥善安置分流人员转岗就业，制定和争取人员分流政策，采取积极的政策和措施，通过采取提前退一批、买断一批、分流第三产业一批等措施，逐步消化分流和妥善安置富余人员。另外要积极利用高速公路优势，发展种植、养殖、广告、材料供应、设备租赁、餐饮、旅游、园林绿化、机械维修等，开拓多种就业途径，解决养护职工的后顾之忧，要使职工在改革中成为受益者。

对于产权置换，由于其涉及多个部门，并且原养护单位的固定资产大多数是国家投资购置、建设的，养护工区房产大部分是政府划地建设，有关建设手续不够齐全，因此产权置换中需要政府出台相关政策和相关部门支持，保证国有资产的保值、增值。

（四）正确处理改革中的各种关系

一是处理好改革、稳定和发展的关系，改革是手段，稳定是保证，发展是目标。二是正确处理好近期利益和长远利益的关系，既要保护好近期利益，更要着眼于长远利益。三是处理好行业主管与养护组织的关系。高速公路主管部门要从微观管理转向宏观管理，对养护组织进行行业管理。四是处理好改革机制与加强管理的关系，改革是手段，管理是基础，在推进改革的同时，必须加强管理，规范运作，严谨科学，确保改革效益的充分发挥。

（五）争取政府支持，加快养护体制改革

任何一项改革都离不开政府的支持，高速公路养护体制改革也不例外。吉林、上海养护体制改革进展比较快的一个根本原因，就是省政府、市政府出台强有力的支持政策和方案措施，将养护体制改革由部门行为上升为政府行为，为改革创造了基本条件。因此，要加快养护体制改革步伐，使改革工作顺利进行并取得成效，就需要政府出台相关政策，对养护组织给予政策倾斜，扶一把，让它少走弯路，推动养护市场形成。

（六）养护公司树立竞争意识，尽快成为市场竞争中的强者

养护体制改革的成败，在一定程度上取决于养护公司的市场运作情况。现阶段，养护职工对养护市场化心存疑虑，主要原因是对养护公司的运作前景没有一个正确的认识。因此，养护公司应该树立市场竞争意识，不断提高自身管理效率和生产效率，在市场竞争中抢占有利时机和市场份额，尽快成为市场竞

争中的强者,提高养护公司的经济效益,以实际利益向养护职工证明养护市场化的好处,以此推动养护市场化的不断发展。

五、高速公路养护管理体制构想

(一)职能转换

1. 建立符合现代组织制度的高速公路经营管理体制

总结我国高速公路管理的经验与教训,借鉴国外管理模式,根据《高速公路法》的规定,以及我国建立社会主义市场经济体制的要求,高速公路的经营管理应按照"产权清晰、权责明确、政企分开、管理科学"的现代化组织制度要求,组建特许公司进行管理,实行组织化管理,实现规模经营。养护生产工作走社会化、专业化的运行机制。每省设一个总公司对全省高速公路进行管理,一条路或几条路设分公司,对分管的路段进行管理,实行养护管理型的组织模式。这种公司在政府的授权下担负起高速公路的筹资贷款、建设施工、收费还贷、养护以及经营管理等直接责任,实现滚动发展。

2. 剥离生产与管理,实现政企分开

目前,各级高速公路管理机构基本上是以公益为主导的事业单位。尽管近几年来各地都进行了较大的改革,但与整个国家的改革步伐相比,还有一定差距。因此,只有加大改革力度,才能跟上国家整体改革的步伐,逐步适应社会主义市场经济的要求。

改革的基本思路是"事企分开,转变机制,生产与管理剥离,建立效率高、机制灵的新型高速公路养护生产运行机制"。①必须加快培育和发展高速公路养护工程市场,建立适应市场规律的运行机制。对现有的高速公路养护机制进行改革,在条件成熟的地方,允许和鼓励组建不同所有制形式的养护工程专业队或公司,参与高速公路养护工程项目竞争。②改变目前高速公路养护生产单位过于分散、效率低下的状况,实现规模化、专业化、机械化,以提高养护质量和投资效益,也有利于高速公路管理机构从生产型向管理型的转变。③对高速公路改善、大中修、绿化、水毁专项修复等适宜于市场竞争的养护工程,要逐步推向市场,实行招投标,以促进养护工程市场的发育,降低工程造价,提高资金使用效益。④根据事企分开的原则,对高速公路管理机构所属的各类站、场、队、所进行改革,能推向市场的要转为自负盈亏、自主经营、具有法人资格的经济实体,参与市场竞争。⑤提高高速公路管理机构的管理水平和技术手段,精减管理人员,逐步建立办事高效、人员精干、技术先进、面向社会的新型高速公路管理机构。

3. 规范机构理顺关系

(1)必须对各级政府在高速公路管理上的职责和事权进行合理划分

从国外发达国家的高速公路管理模式来看,一般来讲,各级政府在高速公路网管理中有明确的分工。如:国道统一归中央政府负责,由其所派出的高速公路管理机构负责管理;地方高速公路归属各级地方政府负责,由其派出机构或通过合同委托国道管理机构进行管理。从我国的实际情况和资金渠道来看,应该逐步按照"统一领导、分级管理"的原则,明确划分各级政府在高速公路管理中的职权。我们认为国省干线高速公路应由省级政府负责,具体工作由省级交通主管部门和省级高速公路管理机构全面负责;县道、乡道的养护管理及其机构的设置,由县级人民政府决定。

(2)努力构筑高效、科学、合理的高速公路管理体系

我国的高速公路建设正处于一个继往开来的关键时期,随着大规模高速公路建设高潮的逐渐消退,高速公路工作重心必然要转向管理工作,特别是国家税费改革工作正在进行之中,延续了数十年的高速公路建设、养护、管理筹资方式和资金渠道将发生重大变革。

在这种形势下,各级高速公路主管部门应切实把改革高速公路管理体制作为一项重要任务进行研究,逐步建立适应社会主义市场经济运行规律的新型高速公路管理体制,努力构筑一个高效、科学、合理的高速公路管理体系。改革和完善高速公路管理体制和运行机制,特别是人事、用工、分配制度的改革,是十分艰巨而复杂的工作,也是一项涉及方方面面的系统工程。为此,各级交通主管部门和高速公路管理机构应当按照"积极、稳妥、有序"的原则,加强领导,深入研究,抓好试点,积极推进。

4. 高速公路建设与管理应实行省以下条条垂直领导、统一管理的体制

参照国外和国内各省高速公路管理体制成功的经验,改革的唯一途径是实行省以下条条垂直领导、统一管理的体制。

(二)高速公路养护体制设计

按照系统理论观点,高速公路养护管理是高速公路建设的延续和发展,对

高速公路使用功能的发挥起着重要的保障作用。随着国家高速公路网结构的日趋完善,养护管理在整个高速公路系统中的主导地位将逐渐建立起来。新形势下,对国省干线高速公路养护提出了更高的要求,对目前已存在的问题,我们必须高度重视,站在战略发展的高度,集中精力,重点研究解决。

1. 养护管理体制改革对策

在河北省,国省干线省级高速公路是高速公路网的主骨架,承担着全省70%的交通量,对全省乃至周边省市的经济发展具有十分重要的意义,应该首先保畅通的高速公路;地市级以下的高速公路作为省级高速公路网的补充和延伸,对沟通城乡物资交流,促进区域经济发展,具有重要意义,但其车流量小,使用率低,覆盖面小。

(1)省直接负责省属高速公路的养护管理工作,地、市级以下高速公路的养护与管理权下放到市,省高速公路局只负责宏观管理,以便于集中精力将高速公路养好、管好。

(2)改革干线高速公路养管体制。为了保证分级管理方案的实施,必须改革高速公路养管体制。现提出以下两个方案。

方案1:上收国省干线高速公路,下放县级及县级以下高速公路,将全省干线高速公路养护与管理的人、财、物上收到省厅高速公路局。在机构设置上,全省形成省、市二级高速公路局便于与地方政府各部门沟通。在资金拨付渠道上,省高速公路局对市高速公路局,形成二级高速公路管理体制。人事管理上,市高速公路局党团归地方管理,人事任命、人事调动等由省厅高速公路局负责,既便于纵向管理,又便于横向联系,取得政府的支持。这样有五个好处,一是可以控制高速公路养护机构膨胀;二是可以提高养护职工素质,便于高速公路养护工作实现科学化、规范化、机械化;三是可以减少高速公路养护资金的流失;四是适应当前改革和市场经济的要求,打破地域界限,实行大中修工程招标投标,日常养护异地承包,最大限度地降低养护成本;五是可以调动地方政府的积极性。

方案2:建立市干线高速公路局,省厅直接拨付养管资金。以各市交通局高速公路处为基础,组建高速公路管理局,并作为市政府的一个职能部门,主管全市高速公路的养护与管理工作。省厅拨付高速公路管理局养管资金直接对各市干线高速公路局。

这类机制可以使养护资金流失、机构人员膨胀得到一定控制。可以在一定程度上激活高速公路养护的市场竞争机制。

（3）引进竞争机制，实施公司化管理。高速公路养护体制上收后，可以引入竞争机制，实行公司化的管理模式，提高设备使用率，提高养护质量、降低养护成本：一是对较大型的水毁工程修复、大中修工程，在全省或全市养护系统进行招投标，在保证工程质量的前提下，降低养护成本；二是对日常养护工作引入竞争机制，推行异地承包，优化资产组合，形成你追我赶，比质量、讲效益的氛围；三是在全省合理配置、统筹调动高速公路测试、养护机械设备，提高设备使用率，使设备达到投入最小、贡献最大的目标；四是对各级领导岗位实行竞争上岗，合理调配与调动领导干部，形成能者上、庸者下的运行机制，保证养护事业长盛不衰，高速公路养护质量节节上升，高速公路畅通无阻。

2. 养护管理法规体系建设对策

由于高速公路的养护管理对国民经济发展，公众安全具有重大影响，政府必须加大立法与执法力度，对养护管理行为进行约束与规范，充分体现养护管理的强制性要求。

（1）按照《公路法》的条款内容，加快制定相关配套法规，完善法规的细则说明。借鉴国外发达国家对高速公路特许经营立法的成功经验，制定适合中国特色的高速公路养护管理条例，使高速公路公益性属性得到充分保障。

（2）加强政府对高速公路行业的监管力度。明确经营性公司只有在依法履行了养护、维修义务和责任的前提下，才具有合法的收费、经营权力。养护的强制性通过地方交通主管部门来实施或委托实施。中央政府要尽快组织制定相应的运营高速公路的养护技术标准、操作规程和规范，养护作业实行社会监理、政府监督。

（3）对新建高速公路的设计与施工，明确规定有关养护管理方面的要求。强制设计中的养护管理技术储备，制定相应的高速公路养护方案，强调高速公路施工缺陷维修期施工单位养护的责任与义务，采用法律与经济手段进行约束。

3. 养护管理技术发展对策

先进适用的养护技术，保证了高速公路的正常使用，规范、科学、高效的管理使国省干线高速公路的服务水平不断提高。面向 21 世纪的高等级高速公路养护管理,必须具备强大的技术支撑。

(1)利用交通地理信息系统(GIS—T)促进高速公路养护管理现代化。由于交通地理信息系统可以将空间信息数字化,并使这些信息可视化,通过功能强大的软件,使高速公路沿线三维空间分析直观简明,数据管理便捷高效,为高速公路养护和运营提供大量、及时、准确的数据信息,为高速公路交通的发展、科学管理和决策提供依据。

(2)利用高科技检测技术促进工程质量监测和高速公路养护智能化,通过利用高精度传感器、雷达技术、遥感(RS)技术等高科技手段,实现人工检测向自动化检测发展,由破损类检测向无损检测技术发展,使高速公路质量的检测、评估和病害分析更加快捷,使高速公路养护更加合理经济。

(3)推广使用国外高速公路养护适用新技术、新材料、新工艺,提高路面耐久性,延长高速公路使用寿命。目前,我国高速公路建设中普遍采用的改性沥青技术、SMA路面技术、土工合成材料、乳化沥青、稀浆封层等都是发达国家在高速公路养护过程中发展起来的,其推广与使用,改善了高速公路桥梁等建筑的稳定性和耐久性,达到了节约能源、降低成本,实现高速公路交通可持续发展的目标。

4.养护机械发展对策

养护机械化是高速公路现代化的必由之路,养护机械化是实现高等级高速公路使用功能,提高服务水平的关键。高等级高速公路养护的主要特点是追求高效率、高质量、高效益,这要求养护机械要具有操作性能好、自动化程度高、作业能力大、速度快、污染小的特点。实现养护机械化,除了部分引进国外先进的大型综合养护机械外,必须不失时机地抢抓目前我国高速公路大发展的机遇,立足养护机械的国产化,不断提高高速公路养护机械的装备率、配套率。

(1)学习、引进国外先进的机电液一体化技术、电子显微技术,开发节能、高效、低噪声、低污染且自动化程度较高的养护机械;研究开发故障自动监控系统,提高养护机械的安全性、舒适性和易操作性。

(2)养护机械向大功率、多用途的方向发展,提高机械的使用效益,适应国省干线高速公路安全、快捷的作业要求。

(3)引进国外先进的CNC加工设备和工艺技术,提高养护机械的制造技术和工艺水平,提高产品质量及机械性能的可靠性,延长使用寿命。

（4）加强养护机械的组织管理,组建社会化的养护机械租赁公司。

高速公路的作用及特点决定了高速公路养护管理的重要性与特殊性。如何搞好高速公路的养护管理,是摆在高速公路管理部门及经营组织面前一项长期而艰巨的任务。正确树立"高速公路建设是发展,高速公路养护也是发展,而且是更为重要的发展"的观点,是我们从事高速公路养护管理工作的根本出发点。按照我国建立社会主义市场经济的要求,为满足高速公路的使用公益性,及其社会化大生产的商品属性,我们必须从高速公路可持续发展战略的高度,研究现代化高速公路养护管理对策,深化改革现行高速公路养护体制与运行机制,走出一条适合我国高速公路事业不断向前推进的新路。

六、高速公路养护管理机制发展趋势①

（一）科学决策全面实现预防性养护

在绝大多数发达国家,公路网已经完善,养护管理成为公路工作的重点,很早就着手于公路养护管理的相关调查、研究工作。例如,美国公路管理部门从20世纪80年代以来,通过对几十万公里不同等级道路进行跟踪调查,发现道路的使用性能和寿命有一个共同的变化特征:一条质量合格的道路,在使用寿命75%的时间内性能下降40%,这一阶段称之为预防性养护阶段。此阶段如不及时进行养护,在随后12%的使用寿命时间内,性能再次下降40%,而养护成本却要增加3~10倍,这一阶段称为矫正性养护阶段。因此,预防性养护在许多国家得到广泛运用,并已取得成功经验和十分显著的成效。

AASHTO对预防性养护（Pavement Preventive Maintenance,PPM）定义为:在公路寿命期内,为了保证路况良好、延长公路寿命并将寿命周期内养护成本降到最低,而应用一系列的预防性养护措施的系统过程。而在这一系统过程中,要在不增设建成公路系统及其附属设施的条件下,达到延缓路况退化,保持或改进系统功能性状况的目的。

预防性养护理念的核心在于防患于未然,基础在于经济性最优。也可以说,预防性养护就是指在道路技术状况衰减的初期,在最适当的时机,应用最适当的预防性养护措施,以最小的寿命周期成本,最大程度地延缓路况退化。

---

① 本部分参考了陈其学:《高速公路路面预防性养护决策》,《公路交通技术》2007年第2期。

而这一有限资源的最佳分配问题,要依赖于科学的决策程序和评价方法。预防性养护决策,是通过预测道路技术状况的发展趋势,分析养护措施对道路技术状况产生的影响,对可行的预防性养护方案进行评估,以最小费用效率比的方案为基础进行决策。在预防性养护方案评估过程中,主要考虑三方面因素:①需要处理的现有病害和应当被预防或减缓的预期病害;②确定现有公路技术条件下可以采取的最适当的养护措施(技术评估);③以最小费用效率比确定获得最佳结果的养护处理时间(效益评估)。

此外,由于影响道路服务水平的主要因素是路面技术状况,因此路面养护工作占到道路整体养护工作的70%以上。而道路路面技术状况随时间(自然因素和行车荷载作用)的变化具有一定的规律性,亦符合预防性养护的基本概念。就目前的研究和应用而言,预防性养护主要是指对道路路面的预防性养护。

(二)识别路面技术状况

识别现有路面技术状况,预测路面技术状况的发展趋势,确定需要处理的现有病害和应当被预防或减缓预期病害,是预防性养护决策和方案评估的基础。

在我国,高速公路路面技术状况评价体系在交通部《高速公路养护质量检评方法(试行)》中有较为系统的规定。路面技术状况以路面质量指数 PQI (Pavement Quality Index)表达,即由路面状况、路面强度、行驶质量和抗滑性能等四个指标加权计算得到。①路面状况指数 PCI 由沥青混凝土路面破损率或水泥混凝土路面坏板率计算;②路面行驶质量指数 RQI 由国际平整度指数 IRI 计算;③路面结构强度指数 PSSI 由路面允许弯沉和实测代表弯沉计算;④抗滑性能指数 SRI 由横向力系数和抗滑性能限值计算。

由于沥青混凝土路面结构强度的变化主要受到行车荷载和路基工后沉降的影响,而与路面预防性养护措施的相关性较小。因此在路面预防性养护决策中,可以仅考虑其余三个指标。以检评方法规定的权值为基础,根据养护的最主要目的和单个指标间的相对重要关系,对权重系数做出相应调整。

同时,要确定路面技术状况所处的状态,亦即等次。对预防性养护而言,关键是确定各项路面技术指标的效益截线值 BCV,即在何种状态下,路面达到破坏状态而需要进行重新修复,这是路面技术指标可被接受的低限值。各个项目的 BCV 可根据历史路面状况数据确定,但当没有足够数据时,也可依据相关标准规范进行确定。根据《高速公路养护质量检评方法(试行)》,要求高速公路 PQI 应保持 75 以上。根据评价模型的模拟结果,PQI 为 75 时,路面状况指数(PCI)对应的路面破损率(坏板率)为 3.5%,道路行驶质量指数(PQI)对应的国际平整度指数为 6.6 米/公里,路面抗滑性能指数(SRI)对应的横向力系数为 45.0。上述数据都表明路面处于养护关键期,需要及时进行养护,否则,将致使更多的养护投入和更高的用户费用。

对每一条高速公路来说,由于交工验收时质量状况和外界因素的不同,其路面技术状况变化都有其独特的规律。因此,有必要从高速公路营运通车起,就对路面技术状况进行定期的检测和调查,建立起信息系统(如高速公路路面管理系统 CPMS),对所检测的数据进行分析处理,以确定其路面技术状况,并对其发展趋势进行拟合和预测。

(三)路面预防性养护技术措施

预防性养护技术评估的目的,是要选择最适当的养护措施。应当综合考虑技术措施的可靠性、合理性、适用性和经济性。根据养护工程的实际情况,首先,应确定现有病害和应当被预防或减缓预期病害所需的技术处理措施,即评价技术措施对病害的有效性和不适应性;其次,评价路面状况、气候、交通和环境对施工的影响,养护后的预期寿命以及养护费。根据国内外的养护施工经验,符合预防性养护定义的典型技术措施主要包括以下几类:

1. 灌缝:这类处理措施主要是防止水通过裂缝渗透,并反复侵蚀沥青和集料的界面直至面层乃至破坏路基。裂缝灌缝是指用密封剂修补随温度变化的裂缝。主要适用于修补宽度较小的纵横向裂缝、网裂,不适用于结构性裂缝。其预计使用年限为 2~6 年。

2. 喷雾封层:是将稀释的慢凝乳剂直接喷洒在清洁的路面,主要是用于密封路面,约束路面松散,改善硬化和氧化沥青。适用于非结构性裂缝,松散,沥青老化、硬化和水的渗入;不适用于结构性裂缝(如明显的疲劳裂缝),且会致使路面摩擦力降低。其预计使用年限为 1~2 年。

3. 微表处:采用级配良好的细骨料、矿质填料与稀释沥青乳液的混合物,适用于沥青路面过分氧化而变硬的区域。单层的厚度通常为 3~6 毫米。它用来封闭细小的表面裂缝或孔隙,延缓路面的松散,防止表面氧化,使不同路面表层的轮廓更清晰。当加入适当的骨料时,还可以加强路面的摩阻性能,可一次性修补轻微的不平整和40毫米内的车辙。其预计使用年限为4~7年。

4. 热沥青混合料罩面:采用沥青混凝土或沥青碎石,罩面层的厚度一般为20~40毫米,可使用普通沥青或改性沥青。适用于非结构性裂缝、沥青氧化、泛油,可增加路面摩阻力,修复车辙和不平整。其预计使用年限为7~10年。

此外,还有一些新材料、新技术、新工艺应用到预防性养护施工中,如开级配摩阻层、增厚封层、沥青再生密封、就地热补等。

(四)预防性养护最优时间的选择

预防性养护决策的核心在于养护时机的选择,这是达到预防性养护经济性目标的关键。而对给定的路面,选择的预防性养护技术措施相关的最优时间,使得养护成本最小而养护效果最好。在这里,可以应用寿命周期成本分析法,即"为了使用户所用的系统具有经济寿命周期成本,在系统的开发阶段将寿命周期成本作为设计的参数,而对系统进行彻底的分析比较后做出决策的方法"。在预防性养护决策分析中,特殊之处是分别将养护技术措施在寿命周期内不同时间实施作为比选方案,进行效益成本评价,得到寿命周期成本最低的方案,也就是与养护技术措施相关的最优时间。如果可行的养护技术措施不止一种,则将多种措施的最优时间作为比选方案,再进行分析决策。

在方案效益评价中,选用费用效率(CE)指标:

$$CE = \frac{工程系统效率(SE)}{工程寿命周期成本(LCC)}$$

①确定寿命周期:对一般工程产品而言,寿命周期是指从研究开发、设计、建造、使用直到报废所经历的全部时间;对路面预防性养护而言,全生命周期则是指从高速公路从投入运营(养护周期开始的时间点)直到路面状况超出允许值、路面需要重新翻修(养护周期结束的时间点)的时间段。

②工程系统效率:工程系统效率SE是投入寿命命周期成本后所取得的效果或者说明任务完成到什么程度的指标。在路面预防性养护中,以路面质量指数PQI为总体评价指标,采用路面状况、行驶质量抗滑性能为单项分析指标,也可采用路面破损率(坏板率)、国际平整度指数IRI、横向力系数等直接指标进行分析。

③工程寿命周期成本:寿命周期成本LCC是系统在寿命周期内的总费用,

广义上不仅包括资金意义上的成本,还包括环境成本(如技术措施导致的环境污染)、社会成本(如造成的使用者延误费用)。而在预防性养护寿命周期成本计算中,目前主要是指资金成本。具体计算中,对每一个比选方案,除了要计算预防性养护技术措施费用,还应预测预定分析期内可能采用的日常养护费用、路面达到应当翻修状态下所需的改建工程费用等。在这里,为了便于不同寿命周期方案间的比选,可采用年平均运营成本表示寿命周期成本。

④确定最优方案(时间):

$$\text{Topt} = \max(CE_i) = \max\left[\frac{SE_i}{LCC_i}\right]$$

对一种技术措施来说,Topt 就是实施预防性养护的最优时间,可以得到最大的效益比成本。如果有多种可行的技术措施,则需将各种技术措施在最优时间实施作为比选方案,再次计算 CE,取 CE 最大值者为最优方案。

在我国,目前的养护方式主要采取矫正性的养护措施,在高速公路设施出现病害甚至较严重病害后,再采取补救性措施进行修复。在这样的模式中,养护目标与养护经费不足的矛盾较为突出。一些病害路段由于分配不到足够的养护资金,得不到及时修复,致使这些路段的病害进一步发展和恶化,从而需要更多的维修经费。而预防性养护是解决这一非良性循环的有效模式。有资料显示预防性养护可延长公路寿命达 15 年,养护费用降低 45%。在发达国家的多年应用表明,预防性养护是理论基础坚实、决策体系科学、工作程序规范、技术措施先进、经济效益显著的高速公路养护模式。而我国公路管理部门对预防性养护的研究和应用刚刚起步,缺乏基础数据和实践经验,因此积极研究和推广预防性养护,在我国的高速公路养护管理中具有积极意义和重要价值。

第四部分

高速公路资产保护

第十一章　高速公路资产的保护体系

第一节　国外高速公路资产保护

一、国外高速公路发展概况

20世纪70年代以后,各经济发达国家虽然修建了大量的高速公路,完善了路网,但各国对高速公路的强大需求和高速公路设施供应不足之间的矛盾还是日益突出。仅仅依靠传统的政府财政投资和专项基金体制筹融资以及国家拥有国家经营的国有国营管理模式,投资不足,管理业绩不佳等,已经难以应对公路发展面临的挑战。吸引社会、企业、私人资金和外资,需要有一种组织形式和特殊的经营方式来完成,于是高速公路投资体制改革在全球展开,主要是推行以项目融资和项目特许经营合同为特征的特许经营制,这其中以法国和意大利等欧洲方式为主,大大加快了高速公路发展的历程。

意大利是最早实行公路特许经营制度的国家。第二次世界大战后,意大利重建,但因财政困境,积极推动特许经营制度,开放私人参与高速公路规划、建设与经营,而负责高速公路的公共建设部,职责为规划路线与建设顺序、资金分配、签订特许合同、指定国道及地方道路路线、地方公共团体补贴金的分配等。到1990年底,意大利共有19家特许公司从事高速公路建设与营运。目前意大利采用网络特许方式,将以往特许投资对象由一条路段改为一个较大规模网络,解决同一网络由不同公司运营或完成时间不一造成收费不一的情形,同时也促使特许公司资金调度更有效运作,道路使用者可按同一收费标准付费。

法国对收费高速公路都采取特许经营的管理模式,其特许经营权是通过招标后由国家装备部颁发;收费标准由国家与特许公司谈判后由国家批准决定;

国家以贷款形式参与特许公司经营,国家与特许公司风险共担;经营期限一般不能低于 30 年。

澳大利亚的高速公路广泛推行特许经营制度 BOOT,即建设(Build)—拥有(Own)—经营(Operate)—移交(Transfer)制度。目前有多个运营及在建 BOOT项目,基本上由政府特许私人投资的公司经营。澳大利亚虽是发达国家,但建设资金相对短缺,政府主张利用 BOOT 模式筹措民间资金发展高速公路,将其作为今后高速公路发展的一个重要方向。政府通过与经营主体签订特许经营协议,明确国家、政府主管部门和公路经营主体在公路收费经营活动中的权利、责任和义务,协调企业追求经济效益和政府追求社会效益间的关系,有效规范企业的收费经营行为,实现经济效益与公共利益的双赢。

二、国外经验借鉴

(一)高速公路资产法律保障体系

市场经济就是法制经济。发达国家高速公路特许经营健康有序的发展,公路资产得以保值增值,与其拥有一套健全的法律保障体系是分不开的。具体来说主要体现在三个方面:

1. 公路立法层次高。如日本和英国的《公路法》,均是由本国议会审议通过,具有较高的法律效力。其中明确规定了国家实施公路特许经营制度,是制定公路特许经营的其他法律规范的立法基础。

2. 高速公路特许经营法律体系比较完备。发达国家不仅拥有公路基本法,还制定了一系列公路特许经营专门法规。如日本除制定了《公路法》外,还制定《道路建设特别措施法》、《高速公路十道法》等二十余部公路专门法律规范,保障了公路特许经营规范化运作;法国制定了《高速公路特许经营法》,对公路特许经营公司和政府的权利和义务进行详细划分,明确公路特许经营公司可以拥有征地、收费、要求政府提供担保等特殊权利;巴西制定了《特许经营法》,成立了高速公路特许经营公司,明确经营公司的主要资金来源于国家投入的公共资本、国际国内贷款和特许经营公司自有资金。完备的公路特许经营法律制度,对各国实施公路特许经营起到了强有力的保障作用。

3. 高速公路特许经营相关立法内容详尽,涉及面广。具体来说,发达国家高速公路特许经营相关立法内容主要涵盖以下方面:

（1）明确筹集资金渠道，支持收费公路建设。英国1919年颁布了《道路交通法》，实行国家预算拨款制来资助收费公路的政策；法国1969年修订了《高速公路法》，吸收私人资本和发行非国家担保债券，开辟了高速公路建设资金的新来源；美国1944年制定了《联邦公路资助法》，在1946～1956年期间，国会又通过了在各财政年度内资助州际高速公路建设的法案，1956年又通过了联邦资助法案，从而落实了收费公路的建设资金。

（2）注重收费公路智能化管理的开发利用。如日本、法国、美国均通过立法实行了收费公路全国联网，建立了包括通行费收缴结算、电视监控、信息收集、统计分析、提供信息服务等各个方面功能的完善经营公路联网系统，实现了系统内外公路信息资源共享。

（3）赋予公路特许经营公司特殊权利。如意大利对政府选定的公路特许经营公司，通过立法赋予相关特许权利，公司可以依法进行项目资本融资，对高速公路上的事务除了交通事故处理交由警方负责外，一切带政府行为的事务均由政府特许授权给经营公司执行；美国立法明确高速公路特许经营公司是独立的法人，主要管理人员通常由州长任命，负责收费公路的经营与管理，而且它不同于一般的私人公司，被称为半官方机构，享有一些特殊的公益事业职能。

（4）注重生态与环保，大力推进立体交通。如日本的《公路法》专门规定了立体交通原则，明确规定公路实施特许经营建设，必须珍惜国土资源，减少对土地的占用，尽量减少对自然生态的破坏。

（二）值得借鉴的高速公路经营立法经验

健全与完备的高速公路特许经营立法，既是发达国家多年来高速公路特许经营实践经验的总结，也是今后高速公路特许经营的指导原则与发展方向，其中许多成功的立法经验值得我国借鉴：

1. 实行政策扶持。美国通过立法对收费高速公路所收费用享受国家免税的优惠；法国对高速公路特许经营混合经济型公司，给予财政支持，并给予无息贷款（约占30%）。

2. 提供风险担保。西班牙从事高速公路建设经营的特许公司，可在政府的帮助下从国外资本市场获得一定数额的贷款，政府对这一部分贷款提供担保并固定汇率（在贷款期间内如果汇率发生变化，特许公司仍以原汇率兑换外汇用于还贷，差额由政府负担）；法国在私营特许公司启动初期，国家对特许经营贷款公司贷款部分提供了60%的风险担保。

3. 保障公路的公益性质。发达国家一般都对公路特许经营公司的利润予以最高限定,通过征收使用税或政府基金等形式对公司利润进行调节。意大利立法规定,公路特许经营公司当年收益在扣除还贷、支付红利、开支成本后,其利润不能超过8%,超过部分收归国有。

4. 政府为特许经营提供执法保障。如日本、法国、意大利制定了交通与警察分工协作的交通管理机制,为公路特许经营公司服务;美国和加拿大收费高速公路的警察受雇于特许经营公司,双方签订合同,确定权利、义务,警察执法完全服从高速公路特许经营需要。

5. 加强政府监管职能。许多发达国家政府设立了公路资金管理机构,代表政府贷款、投资、担保,并参股经营。如日本通过立法确立了道路公团是负责公路规划建设与管理的中央集权性质的特殊法人;美国通过立法成立跨州的交通运营协调委员会,对公路特许经营公司实行严格管理。

6. 立法推进公路网络化建设。政府通过相关立法将分散的高速公路特许经营公司重组成集团公司,加强管理力量,扩大融资规模。如法国政府指定3家经济实力较强的国有特许经营公司与3家经济实力较弱的高速公路特许经营公司,成为母子公司,形成了公路网特许经营集团。同时通过立法强化和完善公路服务功能,推广自动救援、不停车收费系统等智能化管理措施。

综上所述,发达国家高速公路经营管理模式经历了半个多世纪的实践,不仅成功地摆脱了公路建设资金短缺的困境,而且使公路建设、经营管理等各方面都得到了很好的完善,其成功的立法经验,值得我们借鉴。

第二节　高速公路资产价值评估

所谓高速公路资产价值评估,是指为适应高速公路资产产权变动的需要,由专业机构和人员,按照国家法律、法规和资产评估准则,根据特定目的,遵循评估原则,依照相关程序,运用科学方法,对高速公路资产价值进行分析、估算并发表专业意见的行为和过程。在整个评估过程中,基本评估原则的确定、科学评估方法的选择、具体评估程序的规范,直接关乎评估结果的准确与否和评估工作的效率优劣,显得尤为重要。

一、高速公路资产价值评估的基本原则

资产评估原则,即资产评估的行为规范,是调节评估当事人各方关系、处理评估业务的基本准则。

作为资产价值评估活动的一种,经营性公路资产的价值评估活动,首先要遵循在我国现有的相关法律法规中业已确定下来的资产评估的最一般的工作原则。同时,也应该考虑到经营性公路资产的自身特点,确定一些与其特点相适应的具体的技术规范和业务准则,为评估人员在执业过程中的专业判断提供技术依据和保证。

（一）一般原则

1. 独立性原则。独立性原则要求资产评估机构和评估人员在执业过程中应始终坚持独立的第三方的地位,不受委托人及外界意图和压力的影响,根据国家相关法律法规、行业准则和真实的数据资料做出独立的判断。

2. 公正性原则。公正性原则要求资产评估机构和评估人员必须坚持公平、公正的立场,以中立的第三方身份客观进行评估,必须坚决反对以外侵内和以内排外的倾向。

3. 真实性原则。一方面,真实原则要求资产评估机构和评估人员必须以实际材料为基础,以确凿事实为依据,实事求是地得出评估结果;另一方面,真实原则也要求被评估单位必须实事求是地把被估资产的情况提供给评估机构和人员,以保证评估工作始终在占有真实资料的基础上进行。

4. 科学性原则。科学性原则要求资产评估机构和评估人员必须遵循科学的评估标准,以科学的态度制定评估方案,并采用科学的评估方法进行资产评估,以保证评估结果的科学合理。

5. 可行性原则。可行性原则要求资产评估机构和评估人员根据评估对象的特点和性质,以及当时所具备的条件,制定切实可行的评估方案,并采用适当的方法进行评估。

6. 资产保值增值性原则。高速公路资产是我国国有资产的重要组成部分,其产权变动的内容不是所有权,而只是经营权。因此,在特许经营过程中,必须确保公路资产的保值和增值。对高速公路资产的评估活动,一方面是评估机构和人员对有关各方提供的必不可少的专业性中介服务,另一方面也成为了

我国国有资产管理部门维护国有资产、实现国有资产保值增值的重要工具和有效手段。在高速公路资产的评估过程中,资产评估机构和人员必须在不违背客观、公正原则的前提条件之下,科学合理地确定其价值,避免高速公路性资产的流失,实现保值增值的目标。

(二)技术原则

1. 预期收益原则。资产之所以有价值,是因为它能为其拥有者或控制者带来未来预期收益,资产价值的高低主要取决于它能为其所有者或控制者带来的未来预期收益量的大小。高速公路资产是典型的收益性资产,而且在我国目前的高速公路资产的产权变动中,基本都属于一定时期内公路特许经营权或经营权的转让,这种收费或经营权利的价值高低完全取决于在收费或经营期间所形成的未来预期收益的多少。所以,评估机构和人员须根据被评估资产在未来预期的收益能力确定其评估价值,预期收益原则应该成为评估高速公路资产价值的最基本的具体性技术原则。

2. 替代性原则。根据市场运行规律,在同一市场上,由于相同或相似的商品间在效用上具有一定的替代性,其交换价值往往会在竞争过程中最终趋于一致。高速公路作为服务提供型的资产,同区域同等级的公路资产间具有替代性,甚至同区域不同等级的公路资产间同样具有替代性,这种替代性资产的客观存在,必然会影响到被评估公路资产的收益水平和评估价值。所以,评估机构和人员在评估高速公路资产时,应充分注意到同区域内替代性资产对被评高速公路资产价值的影响。

3. 重置原则。一般而言,资产的成本和价值之间是正相关的,即资产在形成过程中的生产建造成本越高,其功能往往越强,价值也相应越高,反则反之。所以,从成本角度入手,也是可以反映和评估出资产的价值的。但是需要说明的是,由于资产评估确定的是被估资产在评估时点的价值,所以我们更注重的应该是资产的再建造成本(重置成本),而不是历史成本。所谓重置原则,即以被评估资产的重置或再建造成本确定被评资产的价值。高速公路资产,从产权内容上看,包括公路实物资产的产权,也包括附着于公路实物资产之上的特许经营权的无形资产产权。无论公路实物资产的价值,还是附着于公路实物资产之上的特许经营权价值,同公路实物资产的重置或再建造成本间均存在着不可分割的联系。因此,以高速公路资产的重置或再建造成本确定高速公路资产的价值也不失为一种选择。

4. 贡献原则。贡献原则是预期收益原则的具体化,主要适用于构成某整体资产的各组成要素资产的评估。该原则要求,构成某整体资产的各组成要素资产的价值,要以其对整体资产的贡献,或若其缺失给整体资产带来的损失为依据加以确定。高速公路资产由公路实物资产和公路特许经营权组成,其中高速公路实物资产又可以具体分解为不同的项目内容(或要素资产)。所以,高速公路资产作为一项具有独立获利能力的整体资产,其各组成要素资产的价值评估可以也应该遵循贡献原则。

5. 动态化原则。任何资产的价值都不是一成不变的,它会随着外部条件的变化和资产自身形态的变化而变化,经营性公路资产也不例外。基于此种考虑,一方面要求评估机构和人员在评估资产价值时,应该有动态化的眼光和视角,充分考虑不同时期各种因素对高速公路资产价值的影响,做出客观、公正、科学的判断和估价;另一方面也要求评估人员在评估前首先必须合理确定评估基准期,以此作为时间基准,确定高速公路资产在评估基准日的价值。

二、高速公路资产价值评估的程序

高速公路资产价值评估的程序是指在高速公路资产价值评估过程中所履行的系统性的工作步骤。通过对评估基本程序的总结和规范,可以有效地指导评估人员和其他相关当事人有条不紊地开展或参与高速公路资产价值评估业务,提高评估工作的效率,减少错弊现象的发生,加强国有高速公路资产的监管和保护。

根据《国有资产评估管理办法》《企业国有资产监督管理条例》《企业国有产权转让管理暂行办法》和《企业国有资产评估管理暂行办法》等现有法律法规文件的相关规定,结合高速公路资产价值的评估实践,我们认为,整个高速公路资产价值评估的过程可以分为前期准备、评定估算和核准备案三个阶段(见图 11 - 1)。

(一)前期准备

1. 高速公路经营权转让事项经批准后,对转让行为所涉及的已建、在建公路,转让方应当按照国家有关规定开展清产核资,并委托会计师事务所、审计事务所等中介机构实施全面审计。

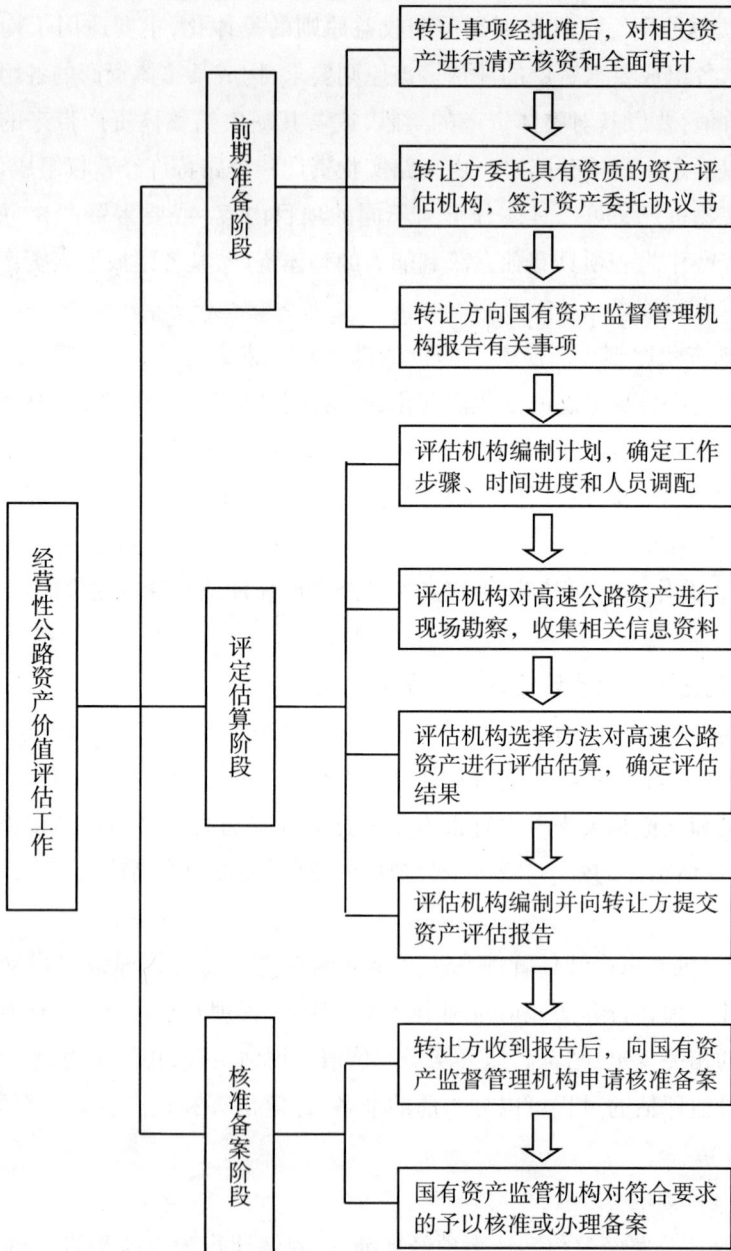

图 11-1 高速公路资产价值评估程序

2. 转让方在清产核资和审计的基础上，委托具有相关资质的资产评估机构，按照国家有关规定进行资产评估。转让方委托的资产评估机构应当具备下列基本条件：①遵守国家有关法律、法规、规章以及国有资产评估的政策规定，严格履行法定职责，近3年内没有违法、违规记录；②具有与评估对象相适应的资质条件；③具有与评估对象相适应的专业人员和专业特长；④与企业负责人无经济利益关系；⑤未向同一经济行为提供审计业务服务。选定资产评估机构之后，双方应当签订资产评估委托书，并进行公证。委托书的基本内容包括：委托方、受托方及其法定代表人，评估目的，委托评估内容，评估收费标准，要求完成评估时间，双方的责任和义务，违约责任等内容。

3. 转让方在资产评估前向国有资产监督管理机构报告下列有关事项：①相关经济行为批准情况；②评估基准日的选择情况；③资产评估范围的确定情况；④选择资产评估机构的条件、范围、程序及拟选定机构的资质、专业特长情况；⑤资产评估的时间进度安排情况。

（二）评定估算

评估机构接受转让方委托并与其签订资产评估业务约定书后，根据不同的评估目的与对象，依照有关评估的法律、法规、政策等规定，考虑到影响资产价值的各种因素，运用科学的评估方法，选择适当的评估参数，独立、公正、合理地评估出待评估资产的真实价值。

1. 评估机构应当编制资产评估计划，对资产评估过程中的每个工作步骤、时间进度和人员调配进行规划和安排。

2. 评估机构对拟转让的高速公路资产进行现场勘察，收集相关信息资料。

3. 资产评估机构在占有相关资产评估资料的基础上，对资产进行评定和估算，主要包括分析资产评估资料、恰当选择评估方法、运用资产评估方法形成初步评估结论、综合分析确定资产评估结论、资产评估机构内部复核等具体工作内容。

4. 资产评估机构编制和提交资产评估报告。评估报告的主要内容包括：委托方和资产评估机构情况、资产评估目的、资产评估价值类型、资产评估基准日、评估方法及其说明、资产评估假设和限制条件等。

（三）核准备案

1. 高速公路资产转让方收到资产评估机构出具的评估报告后，应当逐级上报初审,经初审同意后,向国有资产监督管理机构提出核准申请,或向国有资产监督管理机构或其所出资企业提出备案申请(核准备案制度的具体规定见《国有资产评估管理若干问题的规定》《国有资产评估项目核准管理办法》《国有资产评估项目备案管理办法》)。

2. 国有资产监督管理机构收到核准申请后,对符合核准要求的,及时组织有关专家审核,在 20 个工作日内完成对评估报告的核准;对不符合核准要求的,予以退回。国有资产监督管理机构或者所出资企业收到备案材料后,对材料齐全的,在 20 个工作日内办理备案手续,必要时可组织有关专家参与备案评审。

经国有资产监管部门核准备案的评估价值,应当作为高速公路资产经营权转让价格的依据,实际成交价不得低于经国有资产监管部门核准的评估价值。

三、高速公路资产价值评估方法选择

收益法、成本法和市场法是世界公认的资产评估的三种基本方法。其收益法是指通过估算被评估资产未来预期收益并将其折算成现值,借以确定被评估资产价值的方法;成本法是指在评估资产时按被评估资产的现时重置成本扣减其各项损耗来确定被评估资产价值的方法;市场法也称市场价格比较法,是以市场上最近售出的与被评估资产相同或类似的资产价格为基础,通过比较售出资产与被评估资产之间的差异,对售出资产价格进行修正,从而确定被评估资产价值的方法。

由于资产评估工作基本目标的一致性,如果使用这些方法的前提条件同时具备,而且评估人员也具备相应的专业判断能力,在同一资产的评估中采用多种方法得出的结果应该基本趋同。但同时,我们也不能否认各种评估方法间的差异性:各种方法分别选择不同角度去表现和量化资产的价值,各种方法的具体运用需具备各不相同的前提条件,各种方法对于不同的评估目的下之特点不一的资产具有不同的适用性,各种方法对于评估人员的素质和技能有着不同的要求等等。因此,评估方法的选择问题,是评估机构和人员在对资产进行评估时不可回避的问题,经营性公路资产价值评估也不例外。

根据资产评估的一般原理,资产评估的特定目的和资产评估的对象是制约甚至决定资产评估方法选择的关键因素。经营性公路资产评估方法的选择也

应注重考虑经营性公路资产评估的特定目的和经营性公路资产的自身特点两个基本因素。

（一）从高速公路资产评估的特定目的看评估方法的选择

资产评估作为一种资产价值的判断活动,总是为满足特定资产业务的需要而进行的,通常把资产业务对评估结果用途的具体要求称为资产评估的特定目的。

根据《国有资产评估管理办法实施细则》的有关规定,结合我国高速公路产权转让的实际情况,最常见的需要进行资产评估的公路产权变动有两种形式:

1. 县级以上交通主管部门将已建成的收费还贷公路特许经营权,有偿转让给国内外经济组织。这种公路产权变动的基本特点是:国家将已建成收费还贷公路特许经营权转让给国内外经济组织组建的公路经营企业,由该企业对该路进行收费经营。例如,香港路劲基建有限公司出资近8亿元人民币,协议受让河北省唐津高速公路（河北段）特许经营权;马来西亚华人财团以518亿元人民币,协议受让湖北省武黄高速公路特许经营权,并注册设立了湖北马鄂高速公路经营有限公司负责该公路的收费经营等。

2. 县级以上交通主管部门将已建成收费还贷公路特许经营权作价入股,投入国内外经济组织组建的公路经营企业。这种公路产权转让的基本特征是:县以上交通主管部门利用贷款或者社会集资修建收费还贷公路,然后通过将已建成收费还贷公路特许经营权作价折股组建公路经营企业。例如,由江西高速公路投资发展（控股）有限公司作为主发起人,用已建成的南昌至九江高速公路特许经营权作价入股,联合江西公路开发总公司、江西省交通物资供销总公司、江西运输开发公司和江西高等级公路事业发展公司,共同发起设立的江西赣粤高速公路股份有限公司;河北省高速公路开发有限公司用已建成的石家庄郊区段高速公路特许经营权作价入股,联合英属维尔京群岛合创国际有限公司共同成立河北冀星高速公路有限公司等。

以上这两种公路资产产权变动,实质上,通过交易活动公路经营企业取得的不是公路实物资产的所有权,只是特许经营权。因为《中华人民共和国公路法》明确规定,"有偿转让公路特许经营权的公路,转让特许经营权合同约定的期限届满,特许经营权由出让方收回";"由国内外经济组织依照本法规定投资建成并经营的收费公路,约定的经营期限届满,该公路由国家无偿收回,由有关交通主管部门管理"。这意味着国内外经济组织有偿取得的只是收费公路基础设施有期限的特许经营权,并没有取得其所有权。具体分析,可以认为,在国家将已建成收费还贷公路特许经营权有偿转让的情形下,国内外经济组织通过与政府签订的公路特许经营权转让协议取得的是公路有期限的特许经营权。

可见,从评估目的看,我国当前出现的高速公路资产的产权变动主要是围绕公路特许经营权(或特许经营权)而进行的,我国当前的高速公路资产评估多是公路特许经营权的评估。由于公路特许经营权具有垄断性、排他独占性和很强的收益性,能为受让方带来超额收益,因而公路特许经营权不是作为一般商品来买卖,而是作为一种特殊的获利能力来转让。这样,其价值就主要不是按其所依托的实体公路的"物化"价值来评估,而是按未来经营公路期间带来的收益来评估。因此,高速公路评估的首选方法应是收益法。

(二)从高速公路资产的性质看评估方法的选择

高速公路资产和其他国有资产相比较,有以下突出特点:

1. 路、地合一性。路、地相依是高速公路资产最终形成的基本特征。就高速公路资产而言,它总是依托于一定的土地,土地开发成本蕴涵在公路资产价值之中,土地使用权价值通过高速公路资产来反映。两者在使用价值上的相互依存,在价格形成中的内在联系,要求在评估中把两者作为相互联系的整体综合估价。

2. 位置固定性。土地的不可移动性,同时也决定了依附于土地之上的高速公路资产也是不可移动的。高速公路资产位置的固定性,派生出了高速公路资产的区位性和个别性。这就是说,没有两条高速公路资产是完全相同的,即便两条路的里程、等级完全相同,也由于其所处地理位置不同,周围经济、自然环境不同,而使这两条高速公路资产实质上也是不相同的。

3. 带状延伸性。高速公路资产一经形成,少则绵延几十公里,多则数百公里,呈带状延伸。这种带状延伸性会造成一条高速公路不同区间段内的价格不同。这种价格的不同表现,一是不同区段由于土地开发成本、路基条件等自身因素的差异,造成高速公路资产形成的价值不同,二是由于不同区段周围的经济发展水平不同,造成高速公路资产的使用价格不同。这两方面的影响使同一高速公路资产各区间段单位里程评估不一定相等。

4. 政策限制性。公路交通一直作为中国产业政策中优先扶持和发展的对象,并从投资、融资、经营、使用等方面给予了一系列的优惠政策,特别是对高速公路建设用地主要以政府干预下的优惠措施为主。所以高速公路建设实际发生的费用要低于正常建设的费用。在高速公路资产评估中,一方面,要了解当时国家对公路建设的有关优惠政策;另一方面,在各种优惠政策前提下形成的公路资产价值,只能作为评估的参考,而不能作为评估的依据。

5. 大量投资性。高速公路资产投资所需数额很大,属典型的资金密集型产业。每公里建设成本平均在千万元以上。与其他资产相比,高速公路资产评估都是大项目,应慎重评估,尽量减少误差。

6. 长期使用性。就高速公路实物资产而言,如果正常养护能够得以保证,往往可以使用几十年甚至更长的时间。一般高速公路设计使用年限的时间为20年,如果养护得好,可以很大程度地延长其使用年限。由公路实物资产派生出公路特许经营权,按照现行规定转让期一般也在15年以上。高速公路资产的这种长期使用性,决定了评估人员必须综合考虑一个相当长的时间跨度内,影响高速公路资产价值的各种因素,从而也决定了评估工作的难度和复杂性。

考虑到高速公路的上述特性,我们在评估方法的选择上可形成以下结论:

第一,由于高速公路资产间个体性差异明显,可比性差,且我国目前高速公路资产的交易活动相对较少,所以在市场法上很难找到参照物资产,即使能够找到参照物资产,被评估高速公路资产和参照物资产间的差异量化调整工作难度也是难以想象的,这都极大限制了市场法在高速公路资产评估中的应用。

第二,高速公路资产的复杂特性,为成本法得以运用提供了可能:①当对预期收益预测的可靠性不能够满足特许经营权评估的要求时,有必要采用成本法对所依托的公路实物资产和所占用的土地进行评估,间接地反映公路特许经营权的价值。②当评估活动受到某些条件或因素的制约和影响,难以直接采用收益法时,也有必要采用成本法间接地反映公路特许经营权的价值,例如对于在建高速公路已建成路段进行评估时,由于该高速公路尚未建设完成,其实际的收益能力并未真正实现,采用收益法评估其价值明显不适宜,这时可以考虑采用成本法进行评估。③重置成本法作为从再投资角度确定资产价值的一种方法,有利于资产保全目标的实现。因此,若在高速公路资产特许经营权转让前、后分别以成本法进行评估,一方面可以为转让期间固定资产折旧额的提取确定一个客观标准,另一方面,也可以通过前后评估结果的比较,比较清楚地反映出国有资产价值的增减变化情况,对于实现国有资产的保值增值具有一定的积极意义和作用。

综上所述,我国高速公路资产评估首选方法是收益法;在收益法的使用受到限制时,可以将成本法作为备选方法。市场法目前在我国的高速公路资产评估中尚不宜采用。

四、收益法在高速公路资产评估中的具体运用

根据高速公路资产特许经营权评估的特定目的和资产本身的属性,评估的首选方法是收益法。现将其中的一些具体操作方法作如下说明。

(一)收益法是指通过估测被评估资产未来预期收益,并计算其现值以判断资产价值的一种方法

其基本程序:①搜集并验证与评估对象未来预期收益有关的数据资料,包括经营前景、财务状况、市场形势、经营风险等;②分析测算被评估对象未来预期收益;③确定折现率或资本化率;④用折现率或资本化率将评估对象未来预期收益折算成现值;⑤分析确定评估结果。

(二)按照收益法的基本原理,评估资产价值涉及诸多经济技术参数

其中最主要的参数有三:收益额、折现率和获利期限。如果我们用 PV 表示特许经营权的评估价值,R 表示特许经营权的年预期收益额,r 表示折现率,n 表示特许经营权转让年限,t 表示具体的年序号,则公路特许经营权价值评估的基本计算公式为:

$$PV = \sum_{t=1}^{n} R_t (1 + r)^{-t}$$

1. 特许经营权年预期收益额(R)的测算

这里所说的特许经营权年预期收益额,是指特许经营权每年所形成的纯收益,不是过路费收入总额,一般可考虑采用现金净流入量(NCF)作为计算的口径。与公路特许经营权价值评估有关的现金净流入量,是指公路通行费收入减去公路养护成本、收费管理成本、营业税和所得税以及其他相关费用后的余额。计算分年度现金净流入量的基本模型可表述如下:

$$NCF = [Q \times f \times (1 - t) - C - D] \times (1 - T) + D$$

式中：NCF——预期年现金净流入量；

　　Q——年公路收费交通量（车公里）；

　　f——收费标准（元/车公里）；

　　C——年公路养护与收费管理费用（元）；

　　D——年折旧额；

　　T——所得税率（％）；

　　n——转让收费期限（年）；

　　t——营业税率（％）。

（1）年公路收费交通量（Q）的预测

确定收费交通量的基本方法是对拟转让公路沿线的目前车流量进行实地调查，从所评估公路的区位特点出发，收集近几年公路沿线国民经济增长情况和车流量增长情况的资料并进行分析，用回归分析法等方法找出两者的关系，再根据沿线国民经济发展规划，运用一定的方法，预测以后若干年的车流量增长情况，考虑新建公路净增的车流量和新旧道路的分流情况，确定开始收费年和以后年度的拟转让公路的收费交通量。

在预测收费交通量时要注意的是，通过特定公路的车流量的增长与国民经济同步增长，只是在相关范围内成立，即在公路通行能力尚未达到饱和时，两者是同步增长的，但当公路通过能力达到饱和状态时，通过特定公路的车流量是不会再增长的，因而通过拟转让公路的交通量是不会无限期地增长。由于国民经济的发展是呈周期变化的，评估人员也应充分考虑到经济增长速度放缓甚至出现经济萧条的可能性，客观准确地确定年公路收费交通量。

（2）收费标准的确定

在公路特许经营权评估时，基期年份的收费费率经转让、受让双方协商已经确定，关键是测定未来年份收费费率。因为物价上涨、车流量变化等因素的影响，未来年份的收费费率一般不会固定不变，而是呈增长的趋势。如果转让、受让双方已就未来收费费率变动调整达成协议，则评估时按照协议执行，否则，需要评估人员测定。通常的做法是测定标准收费费率的年均增长率 g。这样，在基期年份收费费率 f 基础上，未来第 t 年收费费 f_t 率的计算公式为：

$$f_t = f_0(1+g)^t$$

但应该指出的是，公路是基础产业，属于准公共物品，在确定收费标准时，应综合考虑各种因素,除了考虑公路经营部门本身的经济效益之外,还要考虑社会公众的共同利益,同时还要查阅相关的物价管理法规文件,征求物价管理部门的意见。由于各地经济发达程度不同,收费标准也是有区别的。一般而言,经济发达地区的收费标准高于不发达地区。

(3)年公路养护支出与收费管理费用的确定

公路养护支出主要指为确保公路畅通而发生的各种养护、维修开支。具体包括养护人员工资及福利费、养护专用机械设施费、安全通讯监控设施维护费、公路灾害及抢修费用、材料费和其他支出等。收费管理费用包括收费站点设施及收费人员工资福利费等开支。

预测年公路养护支出与收费管理费用时,可通过分析近 3 年公路养护和管理费用实际发生额,并参考同行业其他收费公路的费用开支情况,估算分析经营期限内可能发生的费用支出,进一步测算每年需支出的数额。为便于计算分析,对年公路养护与收费管理费可以按收入的一定比例扣除,一般公路经营成本占收费收入的 15% 左右;各地可根据实际情况,适当地上下浮动。

(4)税金的确定

涉及公路收费的税金主要有营业税和所得税两项。目前,营业税是按收费站收取的通行费的 5% 缴纳征收,所得税实行的是外商投资的交通项目前两年可免交,以后可以按 15% 的税率征收的政策。当然,所得税和营业税属于地方税种,地方政府为在一定的年限内提高转让价值,或在确定投资数额的前提下缩短经营期限,经批准可以减免税款;我们在测算时,这些因素都应尽可能地予以考虑。

2. 折现率(r)的测定

采用收益现值法评估公路特许经营权时的折现率,其本质是受让方的预期投资收益率,也是转让方认可的在转让期内公路收费经营的合理收益率。折现率 r 的大小是决定公路特许经营权资产评估值的决定性因素,它的微小变化,对评估值影响巨大,是转让、受让双方利益得到合理分配以及转让成功的关键,所以必须认真选取适当的折现率。在公路特许经营权评估中,测定的实用有效方法主要是安全收益加风险调整值法,即:

$$r = 安全收益率 + 风险收益率 + 通货膨胀率$$

安全收益率,一般指当前市场状态下投资者不需承担任何风险而应得到的最低的收益率。在中国,国债和银行存款是一种安全的无风险投资,故国债利率和银行存款利率可视为投资方案中最稳妥,也是最低的收益率,即安全收益率。

风险收益率是高于安全收益率的额外收益率,它应视具体风险程度而定,风险程度越高,风险收益率越高,反之则越低。对公路收费经营而言,其风险主要表现在三个方面:①政治经济原因可能引起的社会风险;②可能由地震、洪水、雨雪带来的自然风险;③由于转让费数额巨大,且投资回收期长,以及公路设施规模基本固定、地域固定等因素使公路收费经营不灵活等而产生的行业风险。在中国,由于目前政治稳定,经济持续发展,社会风险很小;对于投保公路而言,自然风险也很小;就行业风险来说,虽然存在不少风险,但现阶段,作为基础产业之一的公路交通仍是国家重点扶持、优先发展的行业,经营高等级公路盈利可观,被认为是一种高收益、低风险的投资,这在沿海经济发达地区表现得尤为明显。所以,公路特许经营权评估时风险收益率不应取值过大。

资产评估理论要求收益额与折现率间应保持内涵和计算口径的相对应,如果测定公路特许经营权的预期收益考虑了通货膨胀因素,则测定折现率也应考虑。由于高速公路的特许经营期一般长达 20~30 年,考虑通货膨胀的影响是十分必要的。

3. 特许经营权转让年限(n)的确定

特许经营权转让年限,是指高速公路特许经营权的受让人对过往车辆收取通行费的起止日期。它是高速公路特许经营权收益法评估的主要参数之一。公路特许经营权的收益,与相关公路实物资产所连接的城市、技术标准、收费标准、交通量紧密相关。收费期限内,高速公路特许经营权的收益始终存在。这是公路特许经营权与一般无形资产的不同之处。因此,高速公路特许经营权的转让期限,是由转让和受让双方协商决定的,而不是由评估人员估测出来的。也就是说,评估特定公路特许经营权时,转让期限可以从转让、受让双方签署的公路特许经营权转让协议中获得。

但从目前的评估实践看,有些地方的高速公路特许经营权转让期限也是有资产评估机构参与测算的。如安徽省人民政府 2004 年 5 月 8 日颁布的《安徽省高速公路经营权转让管理暂行办法》第十四条规定:"转让高速公路经营权的,转让方应当报请省人民政府财政行政主管部门会同国有资产监管部门委托有资质的资产评估机构按照有关规定进行项目评估,对投资和预期收益进行测算,确定经营期限,并按权限报省人民政府或者国务院交通行政主管部门批准。"

关于特许经营权的转让年限的确定,应注意以下几点:

(1)坚持以投资回收期加上合理盈利期为基准的原则。国内外经济组织投资建设收费公路或者购买已建成收费还贷公路特许经营权,其主要目的是为了通过收取公路车辆通行费收回全部投资并获得理想的投资回报。特许经营权的转让年限的确定,应考虑并适当满足投资者的这种盈利期望,以调动国内外经济组织投资建路或者购买收费还贷公路收费权的积极性。所以,特许经营权的转让年限应该由两部分构成:投资回收期和合理盈利期。

(2)公路特许经营权转让前的实际收费还贷年限与特许经营权转让年限之和,应当符合合同的规定。公路资产属于准公共物品,每个纳税人均享有使用公路资产的权利。基于对公路用户合法权益的保护,《中华人民共和国公路法》《收费公路管理条例》《公路经营权有偿转让管理办法》等法规的规定:公路收费权转让期限最长不应超过 30 年;已还清贷款或者集资本息的收费还贷公路,应当停止收费。这意味着已还清贷款或者集资的收费还贷公路已不具备可供转让的收费权,如果要转让已还清贷款或者集资本息收费还贷公路的收费权不仅是违规行为,也是对公路用户合法权益的侵犯。基于这一认识,如果贷款或者集资本息已偿还了一部分,则与这部分贷款或者集资本息相对应的收费公路收费期限也应当作相应减少。因此,公路特许经营权转让前的实际收费还贷年限与特许经营权转让年限之和,不应当超过国务院规定的年限。

(3)公路特许经营权转让期的确定应充分考虑道路级差效益的实际存续时间。所谓道路级差效益,是指与其他道路或运输方式相比,某特定公路对使用者提供的道路使用效益的差额。道路级差效益一般包括:运行成本降低、里程缩短、时间节约、行车事故减少、减少拥挤、提高运输质量等带来的效益。正是由于存在道路级差效益,部分公路才可以收费,采用市场化方式运作。可见,道路级差效益是收费权存在的基础。随着经济的发展,公路网的逐步完善以及相关公路等级的不断提高,原公路所能提供的道路级差效益将逐渐缩小直至消失,这意味着公路收费权也将失去其存在的基础。从理论上说,如果公路不能够再提供级差效益,也就不应当再继续收费。另外,一些地方政府为了保证投资者的利益,通常许诺在收费期内不新建并行竞争辅道,以确保收费公路的交通量。这一许诺期的客观存在,也应成为确定特许经营权具体转让期限考虑的因素之一。

五、成本法在高速公路资产评估中的具体运用

如前所述,成本法作为一种备选方法,在某些特定条件下也可以用来评估高速公路资产的价值。由于较长时期以来,成本法已为多数评估机构所采用,其评估理论和基本技术已相对成熟。下面,我们仅以在建公路转让时对已建成路段的评估为例,对该方法简单加以说明。

(一)在建高速公路资产的含义与特点

1. 在建高速公路资产指在评估时点尚未完工或已经完工,但尚未竣工验收、交付使用的高速公路建设项目,以及为高速公路建设项目备用的材料、设备等资产。

2. 在建高速公路资产的评估具有自身的特点:

(1)在建高速公路资产的情况复杂,可比性较差。在建工程涵括了从刚刚投资兴建的公路工程到已完工建设但尚未交付使用的公路工程。这些完工进度差异巨大的在建工程,自身可比性较差,评估时不易找到合适的参照物。

(2)在建高速公路资产资金投入与工程实际进度存在着时差和量差。由于在建工程的投资方式和会计核算要求,其账面价值往往包括预付材料款和预付设备款同时也记录在建工程中的应付材料款和应付设备款等,极有可能出现预付很多而工程进度未跟上或预付较少而进度超出的情况,因此,在建高速公路资产建设资金的投入量与实际形成的工程资产价值量往往不尽一致。

(3)大中型尤其是特大型高速公路工程项目建设周期长,资金成本较高,评估时应考虑已投资金的机会成本问题。

(4)在建高速公路资产通常无收益可言,或未来预期收益难以确定。在建高速公路资产即使有些路段已经建成,但由于受到通车里程和通车能力的限制,故一般不会形成收益能力,或即使已形成某些收益能力也难以计量。

由于在建高速公路资产评估的上述特点,在资产评估的基本方法中,收益法和市场法是难以适用的,故主要应该考虑采用成本法。

（二）在建高速公路资产评估中的评估思路和技术路线

重置成本法指在评估高速公路资产时,按高速公路资产的现时完全重置成本减去应计损耗,来确定高速公路资产价值的一种方法。其理论依据是生产费用价值论,是从高速公路资产再建造费用角度对其价值所作的评估。其计算公式为:

公路资产评估值＝公路资产重置成本－公路资产的损耗

可见,用成本法对公路资产价值的评估涉及两个主要指标:其一是公路资产重置成本;其二是公路资产的损耗。

重置成本是指现时条件下重新建造被评估公路所需要耗费的成本。具体而言,重置成本一般可分为复原重置成本和更新重置成本。①复原重置成本是指运用与原公路资产相同的材料、建筑或制造标准、设计、格式及技术等,以现时价格复原购建这项全新公路资产所发生的支出;②更新重置成本是指利用新型材料,并根据现代标准、设计及格式,以现时价格生产或建造具有同等功能的全新公路资产所需的成本,由于公路建设中新材料、新设计不断被采用,因此在选择重置成本时应该选择更新重置成本。

公路资产的损耗,是指公路资产在存续和使用过程中业已存在的贬值。具体又包括实体性贬值、功能性贬值和经济性贬值。①实体性贬值为资产投入使用后,由于使用磨损和自然力的作用使其物理性能不断降低造成的价值逐渐减少;②功能贬值是指由于新技术的推广和运用,使得原有资产与社会上普遍推广和运用的资产相比较,在技术上明显落后,性能降低造成的价值减少;③经济性贬值是指由于资产以外的外部环境因素(政治因素、宏观政策因素)变化引致的资产价值降低。

（三）在建公路资产的评估值

对于在建公路资产而言,由于其存续时间较短,甚至根本未投入使用,所以相关损耗和贬值基本没有,即使有也数量较少,可忽略不计。因此,在建公路资产的评估值基本上应等于其重置成本。具体公式可以表示为:

在建公路资产评估值＝公路用地总费用＋公路建设费用＋正常利税

1. 公路用地总费用

(1)征地费用。一般公路线路都远离市区,所占土地多为耕地、菜地、鱼塘、果园等农用地或荒山、荒地。①用基准地价法评估:按土地所在地政府部门制定的基准地价作为依据,经调整后确定。②用收益法评估:对没有制定基准地价的地域,按土地的用途,以征地前 3～5 年的平均收益为依据,用收益现值法进行评估;对线路占用的荒地、荒山以国家收取的土地管理费作为收益值,用收益现值法进行评估。

(2)拆迁补偿费用。这部分费用从费用项目上看各地规定不尽相同。主要费用项目有:①青苗补偿费:根据青苗的生长阶段按规定幅度计算补偿费用。②地上附着物补偿费:主要有地上排灌设施拆迁、杆线迁移、绿化补偿等。按实际发生费用计算。③劳动力安置费:按评估基准日当地政府规定的费用计算。④耕地占用税:按评估基准日当地政府规定的税费计算。⑤房屋、厂房拆迁费:按重置价依成新率计算。⑥搬家费:按照当地政府规定的费用计算。⑦老年农民抚养金:按评估基准日当地政府规定的费用标准计算。⑧清理费及其他费用:按实际发生值计算。

(3)取土用地费用。以当地政府规定的土地复耕费为标准计算。在征地及拆迁补偿过程中,还可能会发生其他一些不可预见费用,对这部分费用,若数额较小,可不计;若数额较大,首先应从评估角度分析其合理性,再确定是否计入土地费用。

2. 公路建设费用

(1)前期工程费,主要包括:①勘察、测量、设计费:按评估时国家规定的取费标准计算。②可行性研究费:按评估时规划收费定额计算。③临时水、电、路、场地平整费:按实际发生工作量取现值计算。

(2)公路工程费,主要包括:

①直接费:指直接构成建筑安装工程实体的建设费用。是根据工程图纸和定额标准,用每一部分单项工程项目的工程量乘以该工程项目相应的单位定额价格,并以评估日的价格标准为准对其进行修正而得。由人工费、材料费、施工机械使用费和其他直接费构成。

(a)人工费:人工费指列入概、预算定额的直接从事建筑安装工程施工的生产工人的标准工资、工资性津贴及属于生产工人开支范围的各项费用,其计算公式为人工费 = $\sum$ (各等级工资标准×相应工日数＋附加工资);

(b)材料费:指公路施工过程中耗用的各种主要材料、结构件、其他材料及周转材料的摊销额,其计算公式为:材料费 = $\sum$ [(材料价格＋运杂费)×

$(1+$ 场外运输损耗率$) \times (1+$ 采购及保管费率$)-$ 包装品回收价值$]$;

(c)施工机械使用费:指公路施工过程中发生的施工机械使用费,其计算公式为施工机械使用费 $= \sum ($ 施工机械台班数 $\times$ 相应的机械台班单价$)$;

(d)其他直接费:指在定额规定内容以外直接用于公路工程的费用,包括冬季施工增加费、雨季施工增加费、夜间施工增加费、高原地区施工增加费、行车干扰工程施工增加费、流动施工增加津贴、施工补助费等项,其计算按实际发生项目分别依有关规定标准计算。

②施工管理费:指由于组织和管理公路建设施工发生的费用及公路施工企业的业主管理费。取费标准按交通部施工管理费定额规定计算。

③独立费用:指为公路工程需要而发生的,但未列入以上费用项目而需单独计算的费用,主要包括:(a)临时房屋及小型设施费:按交通部规定的取费标准计算;(b)远征工程增加费:按规定的取费标准计算;(c)土方运输费:按工程土方量乘以土方运输单价计算。

3. 正常利税

(1)贷款利息:指为建造公路而向银行贷款的利息。自有资金也视同贷款,按建造公路的资金投入总量计算利息。

(2)公路施工企业的利润:以公路建设各项成本费用之和为基数,按一定比率(如行业平均利润率)计算。

(3)税费:按评估时国家规定的各项税费标准计算。

上述各项费用之和为公路建设的重置成本,也是新建公路资产的评估值。在计算公路资产重置成本时,不能简单地按投资、建设单位的实际支出费用计算,应依据公路建设的设计施工图纸,按公路预、决算中的费用项目和定额标准,通过调整获得公路资产的重置成本。这里的调整指:①对公路工程预决算定额的编制年到评估时发生的价格变动,以评估日的市价为标准进行调整;②对公路资产在建设过程中由于国家或地方政府某些优惠政策形成的费用降低部分,以市场价为标准,以资产购买方是否也可获此优惠为依据进行调整。

第三节　高速公路资产的保全与利益分享

一、高速公路资产的保全

资产保全,是理财的一个重要概念,可以简释为让资产保值并且增值。高速公路资产按资产在经营过程中的作用来看,其主体是流动资产和固定资产,而固定资产又是经济发展过程中长期使用不改变原有的实物形态的资产,从其单位价值高、使用时间长的特点来看,固定资产管理的好坏对高速公路经营产生的影响最大、影响时间最长。因此,研究高速公路资产的保值和增值问题,首要是研究固定资产保值增值。

固定资产保值、增值是两个既有联系又有差别的问题。在这两者的关系中,保值是基础,增值是目标。因此,从资产运行的过程看,固定资产保值包括两个方面的含义:其一是为补偿固定资产磨损价值而提取的折旧额,要能保证原有固定资产使用价值的更新,而不至于因为通货膨胀而发生贬值;其二是在固定资产运行过程中,从两个不同时点进行观察,其资产净值能维持原有的规模,而不发生资产流失和资不抵债。资产增值是一个相对概念,即从一定的时间区域来观察,某一时点的资产市场重估价值与报告期某一时点的资产按市场价格的重估价值相比较,在这两个不同时点上,按同一价格估价的资产值,若后者大于前者,即为资产价值的增值。

资产保值增值一般用保值增值率指标来进行计算:

资产保值增值率 =(扣除客观影响因素的期末资本÷期初资本)×100%

若资产保值增值率等于100%,则为资产保值;若资产保值增值率大于100%,则为资产增值;若资产保值增值率小于100%,则为资产减值。

考核高速公路资产的保值增值指标,首先要明确高速公路资产包括哪些内容。一般来说,对于计算保值增值中的资产,有的人考虑公路的固定资产,有的人考虑公路的全部资产,有的人则考虑公路的所有者权益。根据现代企业制度和新会计制度的规定,首先考核公路所有者的财产只考虑公路的固定资产是不全面的。因为公路的资产不仅表现为固定资产,而且还有公路的流动资产,公路所有者的流动资产也应该得到保值增值。再者,把公路的全部资产作为考核公路财产保值增值的对象,不可行且不合理。因为公路的全部资产中有一部分是用借贷资金购买的,还有一部分是用应付他人的资金购买的,公路的全部资产中扣除这部分用借贷资金和占用他人资金购买的资产,剩余的资产部分才是公路的所有者财产,才能真正作为考核财产保值增值的财产。那么,公路的借贷资金和公路占用他人的资金都属于公路的负债,公路的全部资产减去公路的负债应该是公路所有者的财产,即公路的所有者权益。所以,公路的所有者权益可以作为考核公路财产保值增值的内容。

高速公路资产包括有形资产和无形资产。其中有形资产是指实物形态的公路资产,主要包括高速公路、高速公路设施和公路用地。高速公路无形资产包括高速公路的经营权、专利权、土地使用权、非专利技术、商誉、公路冠名权、出让媒体权等。

在考核公路资产保值增值指标的同时,还应根据行业特点,参考单位净资产收益率、利润增长率、盈余现金保障倍数、资产负债率、成本费用利润率、工资基金的提取与使用等指标。

一般来说,对于高速公路这一特殊资产,经营中,只要养护及时到位,做到保值的难度不大。当然,也必须定期综合考查各种指标,才能确保高速公路资产不受损失。而对于高速公路资产的增值,我们需要做的工作还很多,我们认为,高速公路资产的保护,不仅仅应该保护高速公路现有的有形资产,还应该保护高速公路现有的无形资产,更应该保护高速公路资产的增益。

高速公路资产增益的保护是指对于公路资产在未来时期获得的增加收益能够得到全部的索取权。

二、经营性高速公路的利益分享

(一)利益分享模式

引进外资有两种模式:中外合资和中外合作。其盈亏分担方式、期满后财产归属和投资收回方式等方面均不相同:

首先,盈亏分担方法不同。合资企业合资各方只能按在企业注册资本中所占的比例来分配收益、承担风险和亏损。而合作企业则依照合作合同的约定来分配收益、承担风险和亏损。

其次,经营期满后企业财产的归属不同。合资企业合营期满,清偿债务后企业的剩余财产一般按合营各方的出资比例分配。而合作企业的合作期满,清偿债务后的财产则按合作合同约定确定其归属;如果约定外国合作者在合作期限内先行回收投资的,则合作期满时,合作企业的全部固定资产归中国合作者所有。

此外,投资回收方式不同。合资企业不采取让外国合营者在合营期限内提前回收其投资的方式,其投资的回收靠的是:在合营期限内按出资比例分取的利润和在企业依法解散时划分的财产。而合作企业的外国合作者则可在合作期限内先行回收投资。

我国现行经营性高速公路一般多数是采取中外合资模式,但是由于各地具体情况不同,采取的利益分享模式也大不相同。总结起来,一般可以分为三种类型:

1. 外方先收回投资,获取大部分收益;中方分享一少部分收益,收回部分投资;中方后收回投资,获取大部分收益,外方获取少部分收益。(以下称为双龙模式)

如北方某省某公路有限公司签订的协议中,利润分配如下:合作公司成立的前13年,收益按中方25%、外方75%比例分配;后12年,收益按中方75%、外方25%比例分配。

甚至还有的经营性高速公路有限公司中方和外方达成如下协议:第一阶段(前10年)外方收回投资阶段,外方取得收益的90%,中方取得收益的10%;第二阶段过渡阶段(第11、12年),外方取得总收益的50%,中方取得总收益的50%;第三阶段(第13年开始至第25年合作期满),外方取得总收益的10%,中方取得总收益的90%。

2. 外方先收回全部投资,中方没有利益分享,中方后收回投资,可以得到一小部分利润;然后双方按投资比例分享其他收益。(以下称为保本分成模式)

如某省LH公路有限公司规定,中外双方收益分配顺序如下:

合作公司收入扣除经营费用、管理费用、维修费用、保养费、日常业务运作的必须开支等(不包括折旧及摊销)及税收费用后(以下简称"收益"),每月按下列的方式进行分配:

第一阶段:合作公司营业执照签发之日起至外方收回本金(人民币

13 200万元)之日。分配方法:合作公司的收益全部分配给外方。

第二阶段:第一阶段完结之日起至中方收回本金(人民币8 800万元)之日。分配方法:合作公司收益按中方占90%,外方占10%的比例分配。

第三阶段:第二阶段完至合作期满。分配方法:合作公司收益按中外双方所占股份出资额比例分配,即中方占40%,外方占60%。

3. 外方和中方同时按比例收回投资,然后双方按投资比例分享其他收益。(以下称为共享模式)

如北方某省SD路桥经营管理有限公司合作协议做如下规定:该收费公路合作期限为25年,即:成立于2005年3月21日,终止于2030年3月21日。公司总资产24 000万元,甲、乙双方比例为15%:85%,甲、乙双方出资额为3 600万元、20 400万元。

甲乙双方约定的可分配利润及折旧分配方式如下:①弥补上一年亏损。②出资双方按出资比例分享利润。③股东所得利润应在财务决算年度并经审计机构审计后的10个工作日内向股东支付。

(二)不同利益分享模式面对的风险

选择不同的利益分享方式,公路所有者会面临不同的风险。作为经营性质的公司,必须要考虑风险的问题。对于公路这种投资巨大、收益丰厚的行业来说,经营风险更大。对于经营性公路面对的风险有经济风险、竞争替代风险、政治风险、法律风险等。

1. 经济风险:是指在经营性公路经营过程中,由于有关因素变动或估计错误而导致的车流量减少或价格涨跌的风险等。市场预期失误、经营管理不善、消费需求变化、通货膨胀、汇率变动等都能带来经济损失的风险。

在公路运营过程中,需要发生一定的维护费用,本来这种维护费用通常是有一定规律可循的,是可以预测的,但自然灾害造成的损失、货车超载造成的路面碾压损失、公路设施的人为损坏等又会造成维护费用的随机波动。另外,车辆分流是减少经营性公路车辆通行费收入的重要因素。随着经济的发展,一般来讲车流量会逐年增加,但经济的发展会促进公路建设的发展,而新建公路无论是否收费,都会形成车流量的分流,从而导致通行费收入减少;随着公路网的日趋完备,地方道路建设步伐的加快,分流绕行车辆与日俱增。高速公路无论是在技术等级、服务水平还是在级差效益上,都大大优于普通公路,在特定时期内,某区域内的车流量是一定的,高速公路的通车也势必造成车辆的大量分流。湖南省境内邵阳市进行 320 国道东段水泥路建设评估时,根本没有意识到高速公路会发展得如此快,所以没有考虑车辆的分流,还一味认为 320 东段水泥路是进出邵阳市东边的唯一通道,致使 320 国道东段水泥路的贷款债务无法到期偿还。

2. 竞争替代风险:是指伴随着科学技术的发展、生产生活方式的改变,如铁路提速、私人航空器发展、其他交通方式改进等而发生的风险。

3. 政治风险:是指由于政治原因,如政局的变化、政权的更替、政府法令和决定的颁布实施,以及种族和宗教冲突、叛乱、战争等引起社会动荡而造成损害的风险。其中,政策变化的风险,尤其是税率变化的风险对公路经营的影响很大。一般中外合作、合资企业都会有一定年限的优惠税率,当优惠税率期限到来以后,不同的收益分配方式下税率变化对合资(合作)双方影响大不相同;其中优惠期内收取大部分收益的一方将获得较大的优势。

4. 法律风险:是指由于颁布新的法律和对原有法律进行修改等原因而导致经济损失的风险。

总之,在高速公路经营过程中,经营性公路收益可能随时间不同而变化,对不同时间段,收益的差别可能会非常大。因此,利益分享模式的不同,给经营性高速公路的经营带来的风险也随之而不同,进而对经营性高速公路的资产带来的风险也会随之而不同。

对于双龙模式来说,在一段固定的经营年限(如 25 年)中,前 12 年和后 12 年的经营风险的不同,可能给合作双方带来截然不同的命运。从经济周期的角度来说,一个朱格拉周期(中周期)是 10 年,一个库兹涅茨周期(建筑周期)是 20 年,如果在经营的前半段,整体国民经济发展良好,正好在经济周期的繁荣期,而在经营的后半段处于经济周期的萧条期,那么在经营前期的一方可能会取得高额收益而在经营后期的一方会受损;相反,前者受损而后者受益。如果是前一种情况,那么对于经营性公路资产来说,必然会有资产损减。或许会有人说,大家都是同样的 10 年,各自经过一个经济周期,风险应该是相同的。但是,这里还有另外一个规律在起作用,那就是先行优势(First – mover Advantages)。先行优势是指根据边际收益递减规律,作为博弈中第一个采取行动的人,拥有他人不可比拟的优势。对于合作的双方来说,在签约的时候,双方对于当下经济环境的判断难度要小于对将来 10 年后经济环境的判断难度。那么，先选择的一方，会有更有利的选择；况且合作一般是在情势利好的情况下进行的。再者，收益是有时间价值的，10 年后同样的收益折现到现期，收益要小于现在同样价值的收益。所以，如果采取双龙模式，其风险和收益是不均等的。

　　下面以某高速公路管理有限公司(以下称 A 公司)经营情况为例来说明。

表 11 -1　A 公司历年净收益

单位:万元

年度	1996	1997	1998	1999	2000	2001	2002	2003	2004	2005	2006
净收益	209	8 257	18 343	7 117	22 418	20 606	24 656	25 906	27 212	42 727	66 887

单位：万元

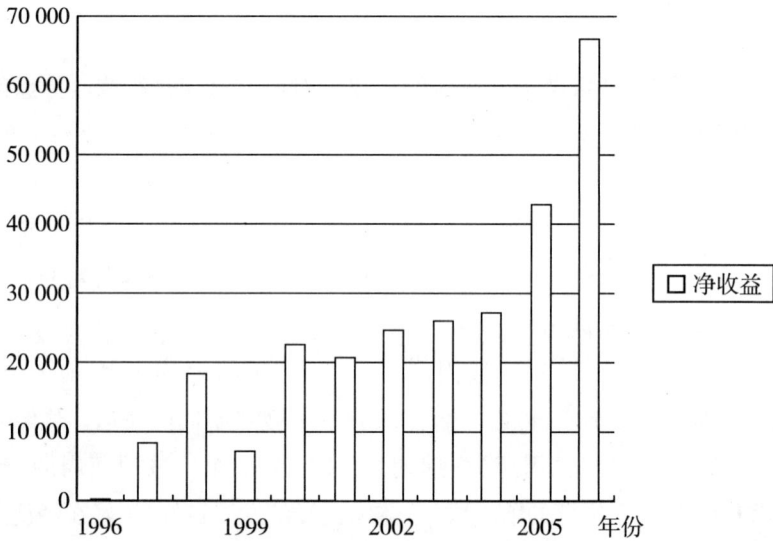

图 11 -2　A 公司历年净收益柱状图

表 11 -2　A 公司历年税收表

单位:万元

年度	1996	1997	1998	1999	2000	2001	2002	2003	2004	2005	2006
税收	105	1 531	1 084	1 130	1 298	3 973	6 135	8 187	11 779	13 144	17 102

单位：万元

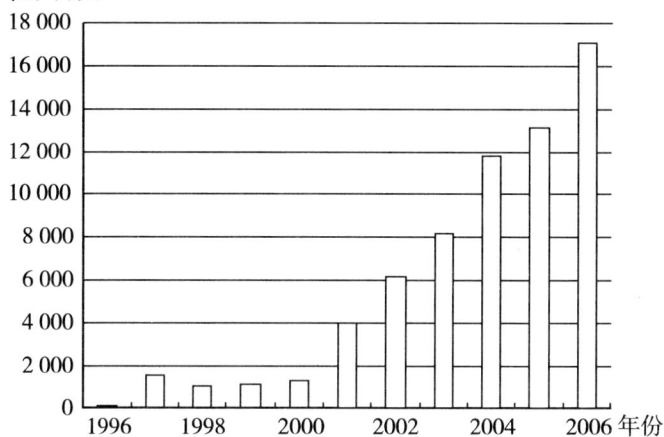

图 11 - 3　A 公司历年税收柱状图

表 11 - 3　A 公司历年成本表

单位：万元

年度	1996	1997	1998	1999	2000	2001	2002	2003	2004	2005	2006
成本	1 154	11 193	14 931	15 310	15 798	16 984	19 345	20 864	29 479	29 715	30 705

注：成本 = 养护工程支出 + 设施维护支出 + 折旧及摊销。

单位：万元

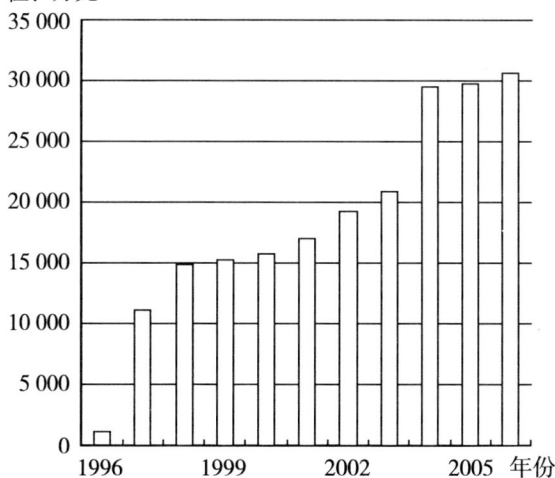

图 11 - 4　A 公司历年成本柱状图

从表 11 - 1、表 11 - 2、表 11 - 3 可以看出:税收和公司的净利润随着通行费的增长而增长;随着公路的使用,工程的成本也不断增长。

结论:第一,如果单方某一个连续阶段收费时间过长,一旦外部环境发生变化,另一方的收益将会随着工程成本的上升而锐减。第二,从调查对象来看,无论是本案还是全国的高速公路上市公司,其主营利润都在 70% 以上,而净收益都超出了其他行业。第三,确定合理的收益时期以及净收益的分配方式,对保护公路经营性资产尤其是国有经营性资产尤为重要。

对于保本分成模式,合作双方先分别收回成本,然后共同分享利益。这种利益分享模式,相较双龙模式来说,合作双方风险收益相对要均衡得多。先收回成本的一方,获取利润的时间较双龙模式来说要延后了一些,后收回成本的一方,资金的时间价值损失减少了一些。这种情况可以视为是中方为了引进外资所付出的一定的代价。

对于共享模式,双方在同时投资的开始,就站在同一起跑线上,共同面对同样的市场环境,同样的市场风险,所获取的收益按照等量资本获取等量利润的原则分配。这种情况下,引入的资金虽然不能获得超额利润,但是可以获得行业利润,外方仍然可以获得满意的利润。下面以上市的深高速公路经营情况来说明(见表 11 - 4、表 11 - 5、表 11 - 6、表 11 - 7)。

表 11 - 4　深高速公路主营业务收入

单位:万元

年度	2000	2005	2006
主营业务收入	51 539. 56	91 148	119 192. 63

表 11 - 5　深高速公路主营业务利润

单位:万元

年度	2000	2005	2006
主营业务利润	39 008. 98	67 002	88 228. 84

单位：万元

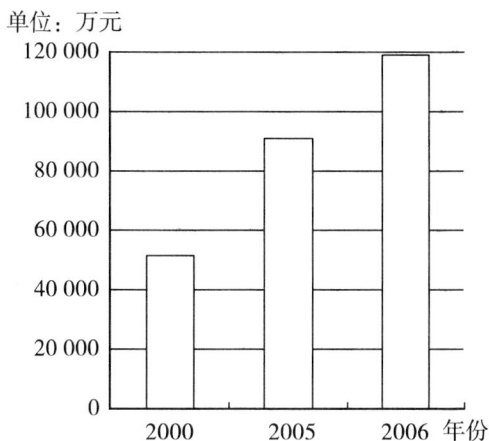

图 11 -5　深高速公路主营业务收入柱状图

单位：万元

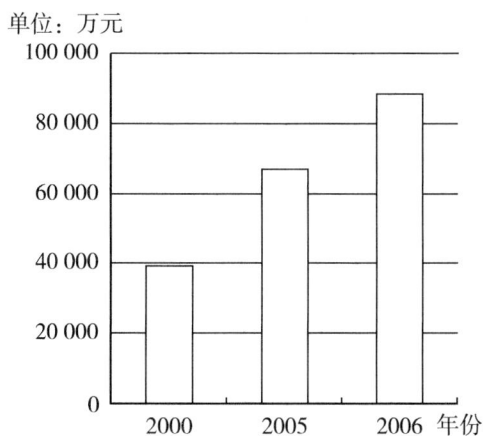

图 11 -6　深高速公路主营业务利润柱状图

表 11 -6　深高速公路净收益

单位:万元

年度	2000	2005	2006
净收益	34 363	48 504	55 924. 49

单位：万元

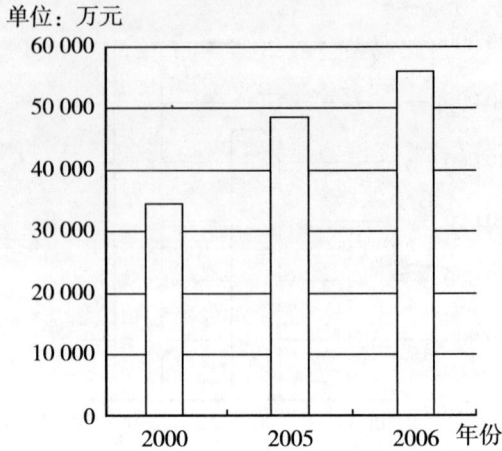

图 11 - 7　深高速公路净收益柱状图

表 11 - 7　深高速公路股东权益

单位:万元

年度	2000	2005	2006
股东权益	428 568. 36	626 942. 1	659 182. 89

单位：万元

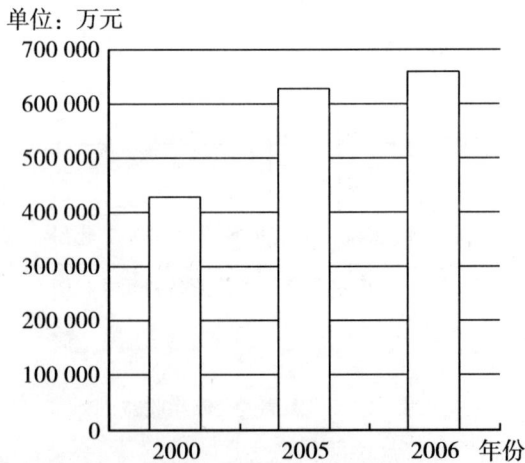

图 11 - 8　深高速公路股东权益柱状图

可以看出,深高速从 2000 年到 2006 年,主营业务收入从 51 539.56 万元增长到 119 192.63 万元,主营业务利润从 39 008.98 万元增长到 88 228.84 万元,净收益从 34 363 万元增长到 55 924.49 万元,股东权益从 428 568.36 万元增长到 659 182.89 万元。

　　深高速股票发行价为 3.66 元,自 2001 年上市 6 年间,股东分红每 10 股 8.10 元,2007 年 4 月 30 日的股票市场价格为 9.32 元。国家股当时价格为 1.0 元,仅仅通过分红方式,国家股的收益率已经达到 81%。按照市场价格折算,到 2007 年,收益率已经达到了 932%。

　　国家发行的股票尚且如此,经营性公路的收益率更高。

　　如 SQ 高速公路公司,经营情况如表 11-8 所示。

表 11-8　SQ 高速公路(SQ 公司)经营情况

单位:万元

年份	各类收入总计	各类成本总计	税前利润	所得税	税后利润	流动负债合计	长期负债合计	所有者权益合计
2001	12 467.431 5	8 501.038 7	3 966.392 8	654.454 8	3 311.938 0	1 671.500 6	46 871.072 3	53 746.130 1
2002	14 970.622	9 343.736 9	5 626.885 1	928.436	4 698.449 1	2 678.221 i	40 671.072 3	55 132.841 2
2003	15 634.93	9 707.354 7	5 927.575 9	957.266 2	4 970.309 6	2 455.597 8	38 871.142	5 540.49
2004	25 116.43	10 781.752 5	14 334.677 6	2 366.848 4	11 967.829 1	4 355.103 6	52 271.133 8	52 412.479 9
2005	31 412.672 5	14 559.194 3	16 853.478 2		16 853.478 2	1 531.027 8	99 458.534 5	67 531.208 7
2006	41 003.941 6	18 580.499 7	22 423.441 9		22 423.441 9	2 057.285 3	91 549.455 9	95 629.194
合计	140 606	71 473.58	69 132.45	4 907	64 225.45	14 748.74	369 692	329 992

单位:万元

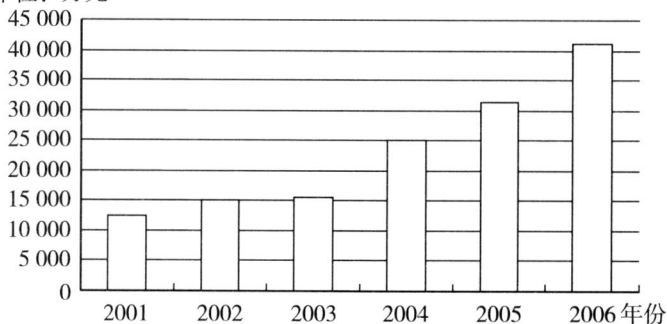

图 11-9　SQ 公司 2001~2006 年收入情况

单位：万元

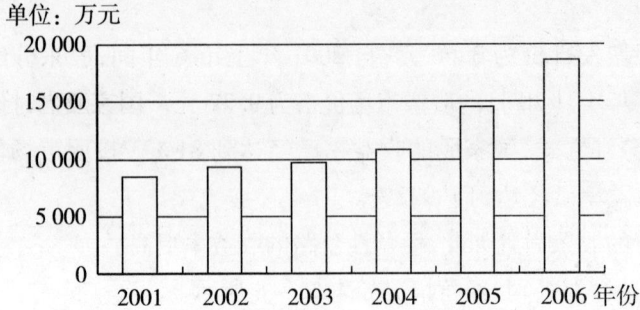

图 11 – 10　SQ 公司 2001 ~ 2006 年成本图

单位：万元

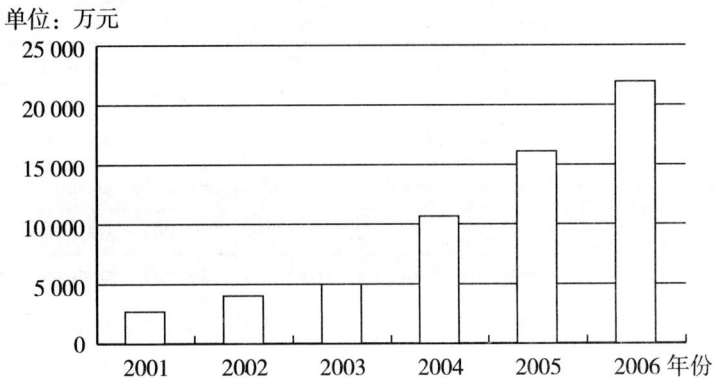

图 11 – 11　SQ 公司 2001 ~ 2006 年税后利润图

　　SQ 公司的收入从 2001 年的 12 467.431 5 万元增长到 2006 年的 41 003.941 6 万元，增长了 328.89%；利润从 2001 年的 3 966.392 8 万元增加到 2006 年的 22 423.441 9 万元，增长了 565.34%，成本从 2001 年的 8 501.038 7 万元增加到 2006 年的 18 580.499 7 万元，增长了 218.57%。SQ 高速管理公司成立时的资产为 12.48 亿元，其中外方投入 53%，计 6.614 4 亿元，中方占 47%，管理公路里程 68.2 公里。其增长速度和效益情况是非常好的。

　　(三) 产品生命周期

　　产品生命周期理论是美国哈佛大学教授费农 1966 年在其《产品周期中的国际投资与国际贸易》一文中首次提出的。费农认为：产品生命是指市上的营销生命，产品和人的生命一样，要经历形成、成长、成熟、衰退这样的周期。

　　产品生命周期(Product Life Cycle)，简称 PLC，是把一个产品的销售历史比

单位：万元

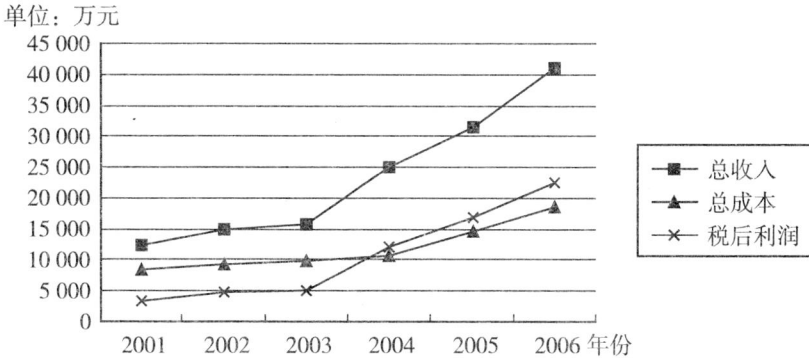

图 11-12　SQ 公司总收入、总成本、税后利润折线图

作像人的生命周期一样,要经历出生、成长、成熟、老化、死亡等阶段。就产品而言,也就是要经历一个开发、引进、成长、成熟、衰退的阶段。

　　一条公路,随着使用,需要不断地进行养护修补,除了平时的中小修以外,经过一定时间还必须要进行大修。也就是说,公路是存在折旧的。所以,对于公路这种特殊产品而言,也有自己的生命周期,更准确地说是公路的消费周期(或使用周期)。一条公路的生命周期可以分为建设期、平稳使用期、中修期、大修期、报废期等五个阶段。其中平稳使用期、中修期、大修期可以通称为公路的使用周期。

　　1. 建设期:从公路计划投资建设开始到公路制造成功的时期。此期间该产品收益为零,公司投资不断增加,而且资金需求额一般较多。

　　2. 平稳使用期:公路建设基本完成,开始正常运营。这一阶段中,收益开始迅速增长,公路维护成本很小,只需要部分管理费用和少量小修费用,成本支出比较稳定,利润较高并迅速增加。投资者可以迅速收回部分乃至全部投资。

　　3. 中修期:公路产品经过一段时间使用,收益因不断开展多项产品销售而持续增长或有亏损,公路维护成本开始增加,从以小修维护为主转向以中修维护为主,管理成本也由于人员增加和其他支出等问题而开始有较大提高。利润或明显增加或有降低。

　　4. 大修期:在这一阶段内,公路收益基本稳定。但公路因使用时间较长,出现问题较多,公路仅仅依靠中小修已经难以保证正常顺利运营,需要投入大量的资金进行大修。仅仅依靠几年的利润远远不够,利润在达到顶点后逐渐走下坡路。

5. 报废期:如果在大修期内没有对公路进行彻底投入维护改造,公路将进入报废期。公路因使用年限过长,地基等基础条件恶化而造成公路报废不能使用。

公路生命周期曲线的特点:①在公路建设期间该收益为零,投资不断增加;②在平稳使用期,收益快速增长,利润也显著增加;③在中修期,利润缓慢增长或基本稳定;④在大修期间,利润也大幅度滑落。

既然公路存在生命周期,也就存在折旧。公路的折旧虽然在每一年都已经计提,但在大修的年份,仍然会影响到双方的收益分享,尤其是合资双方在后半段收回投资和利润的一方。

因此,我们认为,对于利益分享模式中的外方在第一阶段先收回全部投资,而中方不收回任何投资的方法,实际上是保全外资利益的方案,是外方高收益、低风险的情形。公路行业是一个高风险、高收益的行业,因为对于经营性公路的合作双方来说,也应该设置一个高风险、高收益的收益分享模型才更加合理。所以在经营性公路中,双方签订合作合同的时候,应该签订双方从开始到结束都按投资比例收回投资、分享利润的共同分担风险、共同享受收益的合同比较科学。在三种模式中,共享模式更科学、更合理,对于保护经营性公路资产乃至保护各方利益更有效、公平。

(四)增创价值的分享

公路的经营,主要是以收费养护为主。在经营中,一般只需要进行日常的清扫、维修、养护,即可保证公路的正常使用和交通的畅通。在正常的公路经营并获取收益之外,还有另外的情况,就是公路价值的增创。公路价值的增创是指通过增加投入、改进技术、提高管理等方式,使得公路价值增加。公路价值的增创,我们认为包括两种情况:一是公路本身的升级改造引起的价值增加,二是广义公路产业中非路产业发展引起的价值增加。前者的情况,如原来一条二级的经营性公路,因为交通发展的需要,在合作经营过程中,需要升级为一级路,就出现了公路价值的增加;后者的情况如,原来公路经营权转让的时候只考虑到公路本身的收益,后来附加了服务区、沿路广告开发、土地租赁等项目,使得公路价值增长。我们认为,公路增创价值应体现在公路收益增加而不是投资的增加;在这种情况下,如果还是按照原来的收益分享模式来进行,必然会出现

"免费搭车"的外部性现象。

在经济学中,免费搭车是指不承担任何成本而消费或使用公共物品的行为;有这种行为的人,或具有让别人付钱而自己享受公共物品收益动机的人成为免费搭车者。免费搭车现象缘于公共物品生产和消费的非排他性和非竞争性。免费搭车行为往往导致公共物品供应不足。

在公路价值增创时,一般又会有两种情况出现。第一种情况是公路价值增加时,如果重新调整收益分享比例,由于经营性公路在合作期内按照路网规划需要升级改造,并且需要资金量大,有的甚至超出公路原有投资,国家在公路增加投资后的经营政策没有规定,经营方觉得在原批准的经营期内难以收回投资,所以常常会遇到经营方不配合的情形。在这种情况下,如果因公路改建或扩建使得收益增加,就应考虑合作双方的收益分享问题。而如果继续维持现行的利益分配方式,会遇到公路资产所有者一方未来收益资产减少的问题。

第二种情况是,我国以后的交通发展可能会出现新的公路经营模式,如在现在的 BOT 模式基础上进一步发展的个人独资经营模式。对于经营者来说,如果给予他有获取增加投资所得收益的权利,必然将大大调动他的经营积极性。

在这里,我们提出一个完整公路概念:一条完整公路既包括公路本身、收费站和公路标志、护栏,还包括公路的其他附属设施,如服务区、加油站、车辆维修站、商店、沿路广告、沿路绿化植物等其他非路产业。

对于增创的公路价值,出资各方应该按照在增创价值中的贡献来分享增创价值。

公路的收费项目之外的非路产业具有巨大的潜在价值。它可以给公路带来巨大的收益。这些收益也应该属于公路资产的一部分。如果漠视了这些收益,那么,也会造成公路资产的流失。

综上所述,经营性公路经营中,合作行为的收益分配应该以"谁投资,谁收益"为原则。在经营性高速公路的资产保全上,也应该提倡增创价值的分享模式。对于增创的价值,按照实时的投资比例进行分享。

第四节　高速公路资产保护及其体系设计

一、高速公路资产保护的内涵

高速公路资产既是国有资产的重要组成部分,又是交通行政主管部门履行职责,保证以公路的有效利用支撑国民经济,保障社会可持续发展得以实现的重要物质基础。因此,对于经营性公路资产的保护便显得极为重要。经营性公路资产保护,是指从行政、经济和立法角度对经营性公路资产进行具体实在的控制、经营、保值、增值,从而使之权属明确、不受侵害、不致流失。作为经营性公路资产产权代表的各级政府管理机构,负责对经营性公路资产进行清产核资、资产评估、权属确认、产权登记、宏观管理控制等各项工作。

二、高速公路资产保护的目标要求

高速公路资产保护的总目标是建立产权清晰,按市场经济规范组合,各类资源配置合理,资本运营高效,投资收益一体,具有法律约束的、适合我国社会主义市场经济的经营性公路资产管理体制。其任务是确保高速公路资产的完整,不受侵害,并使其保值增值。

国家和各级政府通过制定法规和交通政策等一系列的宏观调控手段,实现对资源的再分配,进而影响交通企业的投资决策、收费政策以及企业内部管理等经营活动。因此,研究国家及地方政府的有关交通政策法规对实现目标的影响,是经营性公路资产保护的重要内容。

对高速公路资产的保护,既要符合国家国有资产管理改革的整体思路和安排,符合我国国情和时代经济发展的要求,又要符合我国公路行业的实际情况,符合经营性公路资产的特征。因此,高速公路资产的保护至少需达到以下目标:

1. 确保高速公路资产的社会公益性功能的实现。公路资产的特殊性决定了高速公路资产具有社会公益性、垄断性等典型特征,因此,对高速公路资产的保护要确保其社会公益性功能的发挥。

2. 确保高速公路资产的完好性。公路的完好性是经营性公路资产管理和保护的主要目标。

3. 提高公路资产的运营效率和效益,确保高速公路资产的保值增值。

三、高速公路资产保护体系设计

(一)高速公路资产保护的管理模式

2002 年 11 月,党的十六大提出继续调整国有经济的布局和结构,改革国有资产管理体制,"建立中央政府和地方政府分别代表国家履行出资人责任,享有所有者权益,权利、义务、责任相统一的原则和管资产、管人、管事相结合的国有资产管理体制"。

根据党的十六大报告对国有资产管理体制的原则,结合我国公路资产现有管理体制的特点,从理论上提出经营性公路资产保护的管理模式设计思路:首先,根据现有经营性公路资产,合理界定中央、地方公路产权关系,理顺委托与受托代理的法律关系;其次,经营性公路资产保护的管理运行体系的建立涉及所有权、管理权、经营权、分配权四大关系,在理论上该体系应由政府独立构建运行,按照国家所有、分级管理、授权经营、分工监督的原则,建立和完善经营性公路资产的"监管机构—经营公司—经营企业"三个层次的经营性公路资产的管理模式;再次,按照权利、义务、责任相统一的原则和管资产、管人、管事相结合的原则,建立和明确经营性公路资产的责任主体以及相应的职责范围等。

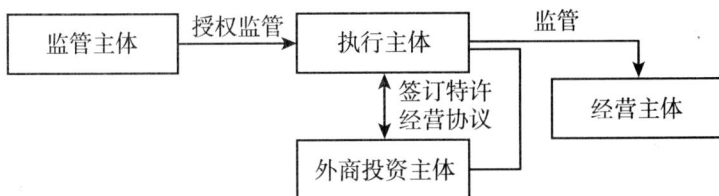

图 11-13　高速公路资产保护体系

1. 监管主体(立法主体)——高速公路资产监管机构

监管主体同时也是立法主体。在国家对企业国有资产实行"一级出资,多头管理"的管理体制的大环境下,和一般性国有资产一样,公路国有资产的管理中不可避免地也会出现诸多部门争夺监管权的现象。在地方,交通主管部门作为政府授权管理交通行业的职能部门,对公路国有资产拥有行业管理权,其他部委也都以各自部门职能为依据,不同程度地拥有企业某一方面的管理权,如财政部有管资产的权力,公安部拥有公路执法的权力,国家计委有管投资的权力,工委有管人事的权力,多头管理必然导致公路经营企业管资产、管人、管事的分散,管理者的权力、责任难以统一。

交通主管部门作为公路经营企业的行业主管部门,经政府授权是公路资产法律意义上的管理者,但还不是公路资产法定认可的出资人,无权履行出资人职责。这给交通主管部门的管理工作带来了难度,很难科学定位自己的职权范围。在公路资产的使用和经营管理过程中,为防止权欲、物欲负面影响下个人对国有资产形成的潜在侵害和威胁,必须确立监督者,以达到保护经营性公路资产的保值增值。

鉴于以上情况,根据我国现阶段的公路管理现状,可由国家和省、市一级的交通部和交通厅的职能部门——公路管理专门机构,作为全权管理经营性公路资产的主管部门,对经营性公路资产进行管理;省级以下国有资产管理机构设立职能部门对本辖区的经营性公路进行管理。

作为政府,要从法律程序上对交通主管部门进行授权。对于国道,要由交通部授权省交通厅,再由省交通厅授权市交通局;对于地方道路,则直接由地方政府授权交通管理部门,使其成为法定认可的经营性公路资产的监管者,并代其行使出资人职责。过去对企业的直接管理,转向通过研究制定制度、法规和财政政策来规范引导企业经营行为;管理内容由对微观资产与财务活动的管理,转向按国家经济财政政策,对企业实行宏观管理;管理手段由行政手段管理为主,转向通过运用市场经济规律,运用科学的资产与财务管理制度和法律手段予以综合监督为主。

公路作为一国或一地区重要的社会经济基础设施,具有很强的社会公益性,政府为保证经济社会发展和满足人民的生活需要,责无旁贷应承担起提供组织建设和管理公路和良好交通服务的责任。具体来说,在公路资产的经营与管理过程中,政府应赋予经营性公路资产管理机构以下主要监管职能:

(1)制定所辖范围内的经营性公路发展、建设和管理的相关法律、法规和政策。

(2)优化全行业的资源配置,促进市场公平竞争,维护各经济主体的权益,维护市场秩序,促进产业创新和技术进步,使公路交通行业经济活动在有效、协调的轨道上运行。

（3）负责公路的规划、设计、立项、设计批复,公路建设资本金筹集及使用。

（4）授权交通投资(控股)公司具体管理公路基本建设资金的投放,或享有政府及交通主管部门对公路经营企业投资所形成的国有产权。

（5）根据授权,依照公司法等法律和行政法规履行出资人职责,对所代管经营性资产的保值增值情况进行监管。

（6）依法构建国有公路资产营运主体,依法决定国有公路资产营运主体的设置,授权国有公路资产营运主体对授权范围内的国有公路资产代行出资者权利。

（7）负责向本级国有公路资产营运主体派出董事、监事和财务总监,对本级国有资本运营主体的董事长、监事会主席和总经理进行考核奖惩,提出任免建议,按照干部人事管理极限和程序任免。交通主管部门不直接经营国有资产、不直接管理国有企业,其身份如同股份制企业的股东一样,仅仅依靠获得的法律认可的股权进行股权管理,享有收益、处置以及监督的权利。

（8）政府作为公众利益代表,在公路公司建造或经营公路的同时,仍然保持对一些重要事项审批与监督的权利。

（9）监督公路项目招投标,建设质量、工期的监督考核,建设环境协调与竣工验收。

（10）对公路通行费收支和公路维护保养管理实施监督。

（11）政府及交通主管部门应通过股权管理,通过强化所有权约束机制,使这些投资管理单位,对政府及交通主管部门投入公路经营企业的交通基本建设资金的保值、增值,以及收益情况负责;并且应制定有关财务指标作为考核授权投资管理单位——交通投资(控股)公司业绩的主要依据。

2. 操作主体(执行主体)——经营公司(交通投资公司)

交通投资公司,是具有一定意义的特殊法人企业。组建具有资本运营性质的交通投资公司,是明晰和确立国有资产所有者与交通投资公司、交通投资公司与公路经营企业的产权关系,建立国有资本出资人制度的关键环节。交通主管部门授权的资本运营主体——交通投资公司,与其权属公路经营企业之间是产权关系,不兼有政府行政、行业管理职能;与政府之间是委托代理关系,代表政府对权属公路经营企业,行使国有资产出资人所有者职能。同时,对授权经营范围内的国有资产进行运营,对政府承担国有资产保值增值责任,依据规定向政府上缴资产收益。交通投资公司形成政府与公路经营企业之间的隔离帘,使政府不能直接参与企业经营管理,实现政企分开,即出资人所有权与企业法人财产经营管理权分离,其本质是政府行政管理权与国有资产经营权分离。授权后的交通投资公司,代表政府依据产权关系对权属公路经营企业行使资产受益、重大决策、选择经营者,以及依据法律程序向权属公路经营企业派产权代表或监事等出资人权利,并依法承担对企业出资额的有限责任,从而使国有资产出资人代表职能到位。

各级公路经营公司的职能为:确保国有资本保值增值,获取尽可能高的营运收益。具体职责如下。

(1)产权代表职能:在政府授权的基础上,成为国有资产产权代表,行使所有者职能。接受国家公路资产监管机构的直接领导,并被授权委托代理政府主管部门执行对公路资产的经营管理,直接对交通主管部门负责。

(2)负责参与公路经营企业制订和实施国有资本的参股及其他形式的再投资计划。

(3)产权运作职能:通过投资、控股、参股、产权出让、收购及兼并等运作方式,盘活国有资产,使国有资产经营效益最大化。作为约束条件,必须规定各级经营公司只能以其他企业为载体,通过委托经营、招标承接和产权转让、交易等途径实现资本经营目标,公司本身不得从事实业经营。

(4)产权管理职能:以公司股东身份对公路经营企业的收费经营活动进行有效的监督与管理,以确保投入公路经营企业的交通基本建设资金能够真正实现预期的保值增值,同时按照《公司法》的有关规定履行股东的权利。

(5)对授权范围内国家出资兴办和拥有股份的企业享有资产收益、重大决策和经营管理者选择及业绩考核等权利。对是否将有限的交通基本建设基金投入公路经营企业进行科学的可行性论证,以确保获得理想的投资效益。

(6)通过建立以经济权利为基础、经济责任为主体、经济利益为动力、责权利相结合、约束和激励相结合的管理机制,来促使公司管理阶层履行好职责。

(7)服务职能:为所属企业创造良好的外部环撞。

3. 经营主体——高速公路资产营运企业

高速公路资产营运企业,即通常所称的国有企业及拥有国有资产份额的股份制企业、联营企业、中外合资企业等。对这类企业,应将笼统的国家权益具体化为中央、地方各级所代表的国家权益,并赋予相应的投资收益主体地位。把现有国有公路资产由原来的按收益在国家和地方各级之间进行分配,转换成按产权份额在国家和地方各级之间进行分配,这一转移是机制性转换。

交通投资公司作为国家授权组建的资本运营机构以产权关系行使出资者职能,但不直接参与和干预公路经营企业活动,使公路经营企业成为"自主经营、自负盈亏、自我约束、自我发展"的法人实体和市场主体,实现出资人代表权与企业生产经营权分离,最终达到国有资产所有权与企业生产经营权的分离。

其主要职责如下:

(1)对交通投资公司承担国有资产经营责任。

(2)遵守国家法律、法规,接受政府有关部门的监督、检查。

(3)公路产权归国家所有,经营单位只有经营权,特许经营结束后,公路交还国家。

(4)收费标准及费率由代表国家的交通管理部门根据投资和车流情况确定,特许经营企业只有实施权。

(二)合理界定中央和地方政府对公路资产的所有权关系

进行经营性国有公路资产的产权界定,对于明晰产权关系,维护国有资产所有者和其他产权主体的合法权益,促进公路事业的发展,具有十分重要的意义。合理界定产权,应按照国家所有、分级管理,谁投资、谁拥有产权以及兼顾中央、地方利益的原则进行。对于新建公路按照中央、省级、地市投资比例分别确定产权。比如BOT方式经营的公路资产,在特许经营期内尚未移交政府之前,我们认为经营权和收益权归属特许经营企业,除根据特许经营合同禁止的行为外,特许经营企业应依法享有经营权、收益处分权等,以确保特许经营企业的合法权益不受到损害。对于非经营性公路资产,由于其只涉及所有权、管理权关系,在没有转化为经营性资产行为之前,我们认为维持现行的产权关系,对于调动各方的积极性和维护国有公路资产完整性,实现公路资产的保值,使之更好地为国民经济服务仍是十分有利的。

(三)建立起有序而清晰的委托与代理关系

国有资产管理、运营体系的核心问题,是明确一系列委托代理与授权的法律关系。就公路资产管理而言,由国务院按照中央和地方政府的职能,授权中央和地方国资管理机构以代理者身份分别承担监管责任。由于公路具有公益性设施的特点,对于非经营性公路资产,由中央政府直接授权地方国资管理机构进行管理;对于经营性公路资产,则按照投资比例分别由中央、地方国资经营机构以出资者身份依法行使相应的职权,实现公路国有资产保值增值的刚性目标。就法律关系来说,有如下几层:

1. 人大与政府的委托代理关系

国有资产,顾名思义,其所有权归国家所有全民所有。从法律地位来说,国有资产所有权属各级人民代表大会。然而,人大是权力机构、立法组织,执行的职能归政府。立法机构与执法机构必须相对独立,必须建立起制约制衡关系。因此,从法律关系上讲,只能是由人大委托政府代表国家对国有资产进行管理,同时建立起政府对人大负责的报告制度。人大在国有资产管理、营运体系中的地位、作用,一是立法,二是审议政府所作"关于国有资产保值增值情况的报告",三是质询、弹劾有关责任者。新近成立的国家资产管理委员会基本上是按照这一法律关系运作。这样,就在法律上确立起人大与政府之间的委托代理关系。

2. 政府与国资管理机构的授权与被授权关系

政府在接受委托后,自行独立地建立起国有资产管理体系。各级政府应设立直属于政府的国资管理机构。政府与直属国资管理机构之间的法律关系,应是授权与被授权关系,国资管理机构是代表政府管理国有资产的行政机构。其职责主要是依人大通过的目标要求,制订国有资产保值增值年度计划与长期规划,制定有关的政策、规章及管理制度、办法,确定各资本经营组织的目标责任及奖惩办法,并与之签订合同。

3. 国资管理机构与公路运营企业的法人与法人之间的关系

具体负责公路资产保值增值的组织应是各高速公路经营企业,国资管理机构与各公路经营公司之间的法律关系是委托代理关系,公司的管理者由国资管理机构聘任,其经营指标由国资管理机构确定。直接从事公路资产运营的各企业均是独立法人,拥有法人财产权,国资管理机构与公路生产营运企业之间的法律关系应是法人与法人之间的关系,是平等的,绝不是上下级关系。两者之间的不同在于功能的不同,即经营对象、经营方式的不同。前者经营的是资本,后者经营的是资产。前者以出资者的身份行使职能,参加管理;后者以法人财产拥有者的身份负责资产的具体运营,独立承担民事责任。

(四)通过经营协议明确政府及交通主管部门与经营公司的权责

从国外实施特许经营公司建设与管理公路的成功经验和我国经营管理的实践,不难看出,随着政府机构改革与政府职能转换的全面推行,以及建立现代企业制度并且实施有效的公路特许经营制度下,政府及交通主管部门完全可以通过特许经营合同来规范或约束政府及交通主管部门与公路经营公司双方的职责行为。

虽然到目前为止,我国组建了许多具有特许性质的公路公司,并进行了一些融资活动,但绝大多数仍为政府行为。当前在我国除中外合资或合作经营的公路公司管理比较规范外,大多数公路公司的管理是行业管理部门与公司两位一体,政府直接参与企业经营。这种管理方式虽然能够通过政府强有力的协调和参与,便于项目引资、融资,加快建设进程,便于争取公路优惠政策,但由于没有实施规范的特许经营机制,没有给特许公司以明确的授权和优惠条件,引发了在公路经营中,政府及交通主管部门之间与公路公司之间职责的不明。同时,由于我国公路经营处于起步阶段,各地自行摸索公路经营的路子,运作程序和方式上带有很大的盲目性,在公路经营主体的准入、收费经营权的取得、公路资产转移、经营期限合理的确定等方面,存在严重的无序现象;政府对经营主体经营行为的监督管理缺乏有效的办法,尤其是对国内外经济组织经营的公路资产转移的监督乏力,存在某些失控;由于对公路经营目的认识不明确和调控手段的不得力,公路经营企业追求自身利益最大化的倾向有愈加发展的趋势,从而导致国有资产流失严重。

为此,制定高速公路资产保护条件和特许经营协议,规范公路特许经营活动,明确政府与经营主体的权责已迫在眉睫。

(五)建立公路资产经营预算体系

国有公路资产经营预算收入,主要包括国有公路资产经营公司依照投资份额分配的投资收益、国有公路资产转让经营权取得的收入。每年初,高速公路国有资产管理机构根据编制资产经营预算,交财政部门纳入预算体系,报人民代表大会审批后执行,每年由公路资产管理机构负责对经营资产预算执行情况进行报告。

（六）做好中长期规划，有预见性地安排竞争性项目

针对部分地区交通发展缺少前瞻性，中远期路网规划滞后于社会经济发展要求的状况，各地政府及交通部门应根据国家和省市在21世纪中前期社会经济发展的中长期规划及远景设想，科学地制定本地区交通发展的中长期规划，特别是中远期的路网规划。在规划中要有预见性地安排竞争性项目，通过项目合理的空间布局和时间排序，避免竞争性项目过多过早地出现，避免项目的过度竞争和重复投资，减少社会资源的浪费，保护投资者的利益。

（七）借鉴国外成功经验，锁定投资风险

高速公路项目投资大，回收期长，不确定因素多。因此，能否在一定程度上锁定投资风险，是影响经营权转让的重要因素，显然，以固定回报或变相固定回报的方式已不可取。但鉴于社会资金难以凭借自身或中介力量对公路项目未来的交通能量做出较准确的预测，而交通部门在可行性报告中的交通量预测又可能有相当程度的失真，加之社会经济发展中的诸多不确定因素，也使得交通能量的准确预测确有较大的难度。因此，公路项目的投资风险在某些情况下的确较难把握，需要政府采取一些变通的政策与措施，在一定程度上锁定投资风险。如可借鉴国外的一些成功经验，适度地采取以下政策。

1. 政府可以给经营权受让方一个最低的交通量标准（如可行性报告中预测交通量的90%）及其项目下的收费收入。例如马来西亚政府在南北高速公路建设项目中，政府承诺如果17年内实际交通量低于预测标准，政府允许给予一些补贴。

2. 收费标准的确定需要得到政府的批准。但考虑到通货膨胀的因素，政府可给予受让方一定的收费标准调整权，原则上与国家颁布的通货膨胀率相适应。

3. 在转让公路经营权时，可将高速公路沿线服务设施经营权，及其他可以和受让方合作的项目优先照顾受让方。

4. 今后当新的高等级公路项目立项时，应改变长期以来一直由政府有关部门（交通厅局）完全按政府意志负责项目可行性（可批性报告）的做法，而应由负责项目筹资、建设、运营及收回投资的投资主体，负责项目的可行性报告编制工作，应客观、严谨、规范地进行交通量预测及投资回收期测算等工作，既为项目决策又为项目建成后的经营权转让提供科学的依据。

四、完善体系,理顺关系

（一）明确高速公路资产管理职能的制衡关系

高速公路资产管理和保护体系框架,必须体现出:一方面要保证政府能充分独立地构建国有资产管理经营体系,自主地进行有关决策;另一方面又要使政府行为本身受到应有的制衡和监督,且这种制衡和监督必须充分有效和体现人民整体意志。根据制衡原理,显然,它不可能由政府自身承担,而只能由对政府有制衡能力的外部力量即人大承担。这是将国有资产的管理经营建立在法治基础上的可靠保证。否则,目标偏离和腐败现象将不可避免。因此,这一制衡关系应为:在国家和省市一级,必须建立由政府向人大负责的,包括公路资产在内的国有资产管理经营报告制度,将其列入人大的法定议程并接受人大的审议、质询和弹劾。

（二）建立科学、公正、权威的监督系统

人大对政府的制衡,必须借助相应的监督系统才会真正有效。因此,国有资产管理经营的监督系统,必须直接或间接地接受人大的管理指导。监督系统可分为两个层次:

第一层次,直接隶属于人大的监督机构。从国家和省一级来看,可考虑在人大设立国有资产权益监督委员会。其主要职能为:①立法监督,主要是负责拟订有关法规、条例;②执法监督,主要是负责检查有关法律法规执行情况;③管理监督,主要是定期听取并审核政府国有资产管理机构的工作报告。

第二层次,间接接受人大管理指导的监督机构。这类机构包括资产评估、审计、会计师、律师等事务所,以及其他具有监督功能的中介机构。这类机构对国有资产的营运予以监督,应接受人大的间接管理指导,人大也可以授权某些中介机构承担某项监督任务。

（三）积极推进政府机构改革和职能转变

要使新的高速公路资产管理和保护体系灵活运转,必须要加快政府机构改革和职能的转变。现有的政府机构、职能设置,很大程度上是计划经济体制的产物,要通过消亡、弱化一部分政府职能的办法,促使一部分机构逐步消亡,一部分机构逐步转移职能。同时,也要依照社会主义市场经济体制的要求,确定一部分新型的政府职能。在构建国有公路资产管理和保护体系的同时,将涉及国有资产保护的有关行政权力,逐步集中到公路国有资产管理机构,通过公路国有资产经营公司充分行使经营自主权。政府部门由所有者职能向宏观调控转变,为国有资产经营创造良好的经营环境,使国有公路资产经营管理适应社会主义市场经济发展需要。

(四)在管理体制上应理顺涉及高速公路经营管理各部门间的关系

1. 交通、公安部门在高速公路管理上的关系

同一条高速公路的行政管理由公安、交通两家共管,职能交叉,带来诸多矛盾。同时机构重叠,加大了管理成本,既不利于偿还贷款,又将直接影响公司上市和增资扩股。因此现行道路交通管理体制改革势在必行,应将高速公路交通安全交由交通部门统一管理,以减少扯皮,提高工作效率和经济效益。

2. 高速公路公司与路政部门的关系

为避免类似交警派驻后所形成的"一路两制"的局面,政府应采取授权方式,委托高速公路公司行使路政执法权,以便于在利益趋同的前提下,实施对路产路权的有效保护。在处理与交警和路政部门的关系上,美国、加拿大的管理模式值得参考。美国和加拿大收费高速公路的警察受雇于收费公路管理部门,双方签订合同,确定权利、义务,警察执法完全服从、服务于高速公路运营和管理的要求。

3. 高速公路的公司化经营与特许制的关系

高速公路公司不是一般意义上的公司,而是特许经营机构。如日本负责高速公路规划建设和管理的道路公团是建设省监督的中央集权性质的特殊法人,公团领导由建设大臣任命。因此应从我国高速公路的性质、特点出发,借鉴国外的管理经验,建立我国高速公路建设、管理的特许制度。应通过政府授权,确认高速公路公司特殊的法人主体资格,明确高速公路公司代行国家对公路基础设施的建设与管理责任,以保证其运行管理的权威性和规范性。

第十二章 高速公路资产保护立法

第一节 相关政策法规的梳理及评价

一、高速公路资产保护法律现状

虽然我国立法机关在高速公路经营实践中已经陆续制定颁布了一些法律规范,对于高速公路经营实践起到了一定的保障作用。然而,随着社会主义市场经济的快速发展,现有法律规范已经远远不能适应形势发展的需要。

(一)高层次立法零星散落,缺乏系统化

目前我国高速公路经营缺乏龙头性法律,有关法律规则大多散见于以下法律、法规:《中华人民共和国公路法》(以下简称公路法),国务院《收费公路管理条例》,《中华人民共和国合同法》(以下简称合同法),《中华人民共和国招投标法》(以下简称招投标法),《中华人民共和国公司法》(以下简称公司法),《中华人民共和国担保法》(以下简称担保法),《中外合作经营企业法及其细则》,《中华人民共和国中外合资经营企业法》和《中华人民共和国中外合资经营企业法实施条例》,《外商投资企业和外国企业所得税法及实施细则》(将用新《企业所得税法》),《外商投资企业清算办法》,《公司注册资本登记管理暂行规定》,《外商投资企业投资者股权变更的若干规定》,《中华人民共和国会计法》,《外商投资企业财政登记管理办法》,及《财政部、国家工商总局关于进一步规范企业验资工作的通知》、《国有资产评估管理办法》、《企业国有资产产权登记管理办法》、《企业国有资产监督管理条例》、《企业国有产权转让管理暂行办法》、《刑法》、《国务院关于加强国有土地资产管理的通知》等。高速公路经营不仅缺少统一的专门性立法,而且以上法律、法规中涉及高速公路资产保护的有关规定都十分有限。

（二）交通部及下属主管部门立法数量过少、内容有限

在高速公路经营实践中,可操作性依据基本上都是部门规章,有的只是规范性文件,如:1988 年交通部、国家计委等发布的《贷款修建高等级公路和大型公路桥梁、隧道收取车辆通行费的规定》,交通部于 1994 年颁发的《关于转让公路经营权有关问题的通知》(交财发[1994]539 号)(以下简称转让通知),1996 年交通部 9 号令《公路经营权有偿转让管理办法》(以下简称转让办法),对外贸易经济合作部 1995 年发布的《关于以 BOT 方式吸收外商投资的有关问题的通知》(以下简称吸收通知),国家计委、电力部、交通部 1995 年联合下发的《关于试办外商投资特许权项目审批管理有关问题的通知》(以下简称审批通知),《最高人民法院关于适用〈中华人民共和国担保法〉若干问题的司法解释》,国务院 1999 年下发的《关于收费公路项目贷款担保有关问题的批复》(国函[1999]28 号)(以下简称担保批复)。这些法规、条例、条文,不仅法律效力层次低,而且数量与内容十分有限,造成公路特许经营转让、建设、运营、移交环节中存在大量问题无法可依。

（三）规范的内容陈旧,难以发挥应有作用

法律具有鲜明的时代特征,必须能对实践活动起到引导与规范作用。然而,我国高速公路经营许多立法内容却相当陈旧,无法适应时代发展的需要。如交通部《转让通知》是 1994 年制定的,而最新的《转让办法》是 1996 年制定的,都为时太久,根本无法解决公路特许经营发展中出现的新情况、新问题。交通部几欲修改,都因涉及的法律难点太多等因素而未能如愿。

（四）内容过于笼统,缺乏可操作性

"法是具有普遍性、明确性和权威性的行为规范的总称",只有内容是明确具体的法律规范才具有实际的可操作性。然而,《公路法》、《收费公路管理条例》只是对高速公路经营做出了一些原则性的规定,内容过于笼统、不能满足实际工作的需要。如《收费公路管理条例》第二十四条规定:"收费公路权益转让的具体办法,由国务院交通主管部门会同国务院发展改革部门和财政部门制定。"然而收费公路权益转让的具体办法及相关的法律规定却迟迟未能出台。

（五）规则相互冲突、缺乏协调性

法律的协调是指调整各法律规范之间发生的冲突,如果没有法律的协调,

不仅会削弱法律的作用和功能,而且会使法律的适用陷入困境。如特许经营公路收费年限的规定,交通部《转让办法》第 11 条规定:"转让公路经营权中的车辆通行收费权,应坚持以投资预测回收期加上合理年限盈利期为基准的原则,最多不得超过 30 年。"而安徽省《暂行办法》第 14 规定:"转让高速公路组营权确定经营期限,应当坚持以投资预测回收期加上合理年限盈利期为基准的原则确定,最多不超过 25 年。"规则上的相互矛盾,往往造成政府审批繁琐困难。

二、高速公路资产保护中存在的问题

我国自 20 世纪 90 年代开始在公路建设中推出引进外来资金的经营性公路措施以来,我国的高速公路建设取得了突飞猛进的发展。高速公路的建设里程得到了很大的提高。到 2006 年底,全国公路通车总里程达 348 万公里。

单位:公里

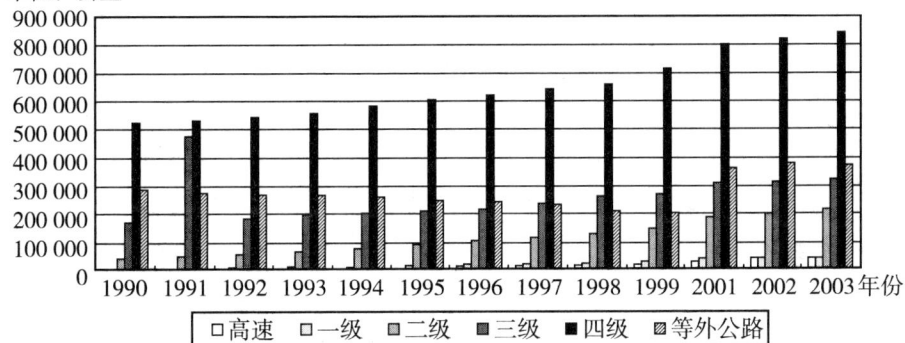

图 12 - 1　我国高速公路发展图

其中,全国的经营性公路为我国的公路建设做出了巨大的贡献。在当时,国内资金短缺,通过引资合作建设公路,我们用以前建设一条公路的资金建设了几条的公路,使得我国新建公路的数量和里程有了显著的提高。并且,经营性公路的管理日趋完善,技术水平和经营状况整体较其他公路要好。在经营性公路的养护体制中,全国已经形成了比较完善统一的养护评价体系。

自《公路法》颁布以来,中央政府和地方政府相继出台了一批涉及公路资产管理的条例或法规,国务院 2004 年 8 月实施的《收费公路管理条例》在很多方面已经取得了实质性的突破;但与其他部门和行业相比,仍存在很多不足。

上层建筑必须适应经济基础,有关法律必须符合经营性公路资产的特性和运行规律,并在实践中具有指导、规范和促进作用,同时,还应具备预见性。具体到经营性公路资产保护的法规方面,有如下问题值得认真研究。

(一)高速公路资产评估方面的问题

很多高速公路资产划转经营后,双方资产的账务处理不及时,评估方法不够科学合理,这就造成了合作双方在签订合同的时候单方资产估价过低、收益分配比例较低的结果。

在现行的相关法规中只有《公路法》和《公路经营权有偿转让办法》中涉及有关公路资产评估问题。《公路法》第六十一条规定"前款规定的公路收费权出让的最低成交价,以国有资产评估机构评估的价值为依据确定";《公路经营权有偿转让办法》第五章有"公路经营权资产价值的评估"的语句。

1. 高速公路资产评估机构的选择不合理

《公路经营权有偿转让办法》第十二条、第十三条对评估程序做了规定。第十四条规定:"承担公路经营权资产价值评估的单位,必须是取得经省级以上国有资产管理局(简称'国有资产管理部门',下同)认可资格的评估机构。鉴于公路经营权的特殊属性,转让方应对承担公路经营权评估的机构进行从业能力审查。必要时,由省级以上的交通主管部门指定评估机构。"

对评估机构的指定,其实是不符合竞争择优原则的,因为,单一的指定,会出现评估的结果不能真实反映资产的实际情况。从全国高速公路资产转让的实践来看也反映出了这一点。为此,即使在指定的情况下也应该由两家评估机构同时进行评估。最科学的办法是采取公开招标的办法选择符合条件的社会评估机构。

2. 关于高速公路资产评估方法的选择不科学

在《公路经营权有偿转让办法》第十六条已有明确规定:"确定公路经营权资产的重置全价,应参照国际通用的评估方法,即:采用收益现值法与重置成本法相结合的方法进行。"采用收益法与成本法相结合的方法是科学的,但从目前实践来看由于多种原因,如评估人员的素质不高或没有采用国际确认的价值确定方式,因此,使评估结果与实际价值的创造相距甚远。

如某公路管理公司在评估时采用了重置成本法,交通部门建造时候投入13.5亿元,吸引外资16.5亿元,公路成交价值总计30亿元,这个可以看做当时市场价格,而该公路经营过程中,仅 2003~2006 年的主营业务收入总和就已经达到 36. 105 2 亿余元,税前利润达到 19. 856 4 亿余元。当然,该公司成立时间较早,当时经营性公路如何进行运作在国内并没有明确的法律法规规定,一切都在摸索阶段。在当时条件下,使用成本法募集到了很大一笔建设资金。

3. 高速公路资产评估缺乏全国统一的标准

高速公路资产评估是指具有相关资质的资产评估专业人员依据国家有关规定,依据法定程序,运用科学的方法,对因经营权交易所涉及的高速公路资产在特定时间具有价值所做出的估算。《公路法》第六十一条规定:"公路收费权出让的最低成交价,以国有资产评估机构评估的价值为依据确定。"因此,公路资产评估价值是确定公路经营权转让价格的主要参考依据,是公路经营权转让最为关键的因素之一。如果资产评估价值过低,势必造成国有资产流失;如果资产评估价值过高,则会造成公路经营权无法顺利转让和移交。然而,我国目前关于公路资产评估价值的基本要素规定得并不明确,也没有全国统一的公路资产评估标准,造成转让实践中公路实物资产价值和经营权评估价值经常存在较大的量差。

(二)高速公路资产转让方面的问题

《公路法》《公路经营权有偿转让办法》《收费公路管理条例》等三种法规中都有关于公路资产转让的规定。但经营性公路资产转让存在很多问题,都是经营权转让方面的法律真空,加大了政府管理难度。

1. 没有关于公路资产的完整性标准和评定程序

《公路法》第六十五、六十六条对公路资产的转让事项虽然有所涉及,但缺少可操作性。

2. 对转让内容没有合理的规定

《收费公路管理条例》第十九至二十四条对经营性公路收费权的转让规定:"依照本条例的规定转让收费公路权益的,应当向社会公布,采用招标投标的方式,公平、公正、公开地选择经营管理者,并依法订立转让协议。"这一规定具有科学性和先进性,但对于转让协议的主要内容却没有相应的规定,因而造成实际运行中各地、各部门做法不一,有很多协议的内容不合理,也不符合国际规范和市场规则。比如,307 国道由于公路的升级所引起的追加投资,由于在协议中没有明确规定,致使这部分投资边缘化,同一公路路面一部分是经营性资产,而另一部分却是公益性资产;河北省 FD 路快车道有人养护、慢车道无人养护的尴尬局面。

3. 转让期限的规定缺乏科学性

《公路经营权有偿转让办法》第十一条规定:"转让公路经营权中的车辆通行收费权,应坚持以投资预测回收期加上合理年限盈利期(合理年限盈利期一般不得超过投资预测回收期的50%)为基准的原则,最多不得超过30年;转让公路经营权中的服务设施的经营权应按国家的有关规定办理。"其"合理年限盈利期一般不得超过投资预测回收期的50%"实际上很难操作,因为在公路资产管理实际运行过程中有很多动态的不确定因素,如经济发展的波动、交通工具的竞争替代、公路网络的完善等,都可能影响有些项目的投资在较长时间内难以收回。

4. 在建与拟建的高速公路经营权能否转让有待依法明确

交通部《公路经营权有偿转让管理办法》第五条规定:"公路经营权是依托在公路实物资产上的无形资产,是指经省级以上人民政府批准,对已建成通车公路设施允许收取车辆通行费的收费权和由交通部门投资建成的公路沿线规定区域内服务设施的经营权。"规定了公路经营权转让对象是已建成收费公路的收费权和交通部投资建成的服务设施经营权,而对在建与拟建的收费公路经营权能否转让没有做出明确规定。《收费公路管理条例》第十九条规定同样也没有明确公路经营权转让对象。现实中,公路经营权转让有三种情况:一是政府部门建成后转让的;二是国内外组织建成后转让的;三是由于建设资金匮乏,政府将拟建和在建公路项目进行转让的。其第三种转让方式最为多见。这是由我国现实国情决定的,我国目前公路建设资金严重短缺,据交通部门估算,仅"十五"期间,全国公路建设投资约需1万亿元左右,公路建设资金的缺口将达到4 540亿～4 700亿元,大约有50%的资金缺口需要通过市场融资来解决,将拟建和在建的收费公路经营权转让无疑是一种较好的融资方式。然而,由于我国公路特许经营法律制度不健全,使得这种转让方式大量存在却又无法可依,造成转让程序不规范、成交价格不合理、操作随意性大等违规现象,严重侵害了国家利益。因此,在今后的立法中明确规定拟建和在建的收费公路经营权可以转让,但必须履行严格的法律审批程序。

5. 转让的具体范围没有明确规定

《公路经营权有偿转让管理办法》第九条规定,"公路经营权中的车辆通行收费权和服务设施的经营权可整体转让,也可以只转让车辆通行收费权";《收费管理条例》第二十条规定,"收费公路的权益,包括收费权、广告经营权、服务设施经营权。转让收费公路权益的,应当依法保护投资者的合法利益",都是笼统办法。根据我国公路经营权转让实际,转让范围应从以下两点加以明确和规范:①公路收费权是否允许拆分转让? 如果不允许,如何解决受让公司转让资金短缺的问题? 如果允许,如何防止出现一个公路项目收费权多次拆分转让、政府无力监管现象的出现? ②公路收费权和广告经营权、服务设施的经营权三项权利可否拆分转让? 如果规定只能整体转让,那么公路特许经营公司不愿进行多项经营如何处理? 如果规定可以拆分转让,谁具有优先权?

6. 公路经营企业准入条件没有明确规定

公路建设项目投资大、回收期限长,投资方的财务状况、融资能力、建设经验是公路经营成败的关键因素。然而,目前我国立法对公路经营公司的准入条件却没有专门的规定,现有的立法也规定得相当模糊。如《公路法》第六十二条规定:"受让公路收费权和投资建设公路的国内外经济组织应当依法成立开发、经营公路的企业。"《公路经营权有偿转让管理办法》规定:"申报公路经营权转让时,应由转让方提供受让方从业实力的情况说明、金融机构或会计师事务所等中介机构提供的受让方资金信用证明。"但是对公路经营公司的注册资本、企业净资产、银行信用、融资能力、财务状况必须满足何种条件才能具备相应准入资格却没有明确规定,使政府部门在公路经营权转让审批中无法可依、操作随意性大。

7. 转让金如何支付,没有明确规定

我国立法对于公路特许经营权转让资金如何支付至今没有明确规定。在实际操作中,为保证转让资金及时到位,防止转让资金久拖不付或者以赊销方式将公路经营权再次转让,转让方在签订公路经营协议中一般都要求受让的经营企业将转让价款一次性付清。然而,现实中由于许多受让的经营企业现有资金不足,无法做到一次性付清,一些省市只好折中采取分期付款方式解决这一难题;但是如何分期付款,受让方首期付款数额多少视为合理,其余价款最长多少时间支付,以及转让金不能及时到位,久拖不付的法律责任和处理办法等都需要在今后的立法中明确。

8. 如何保护公路特许经营企业权益缺少法律规定

当前我国立法中,只有《收费公路管理条例》第二十条规定:"转让收费公路权益的,应当依法保护投资者的合法利益。"《公路法》和《公路经营权有偿转让管理办法》,其立法出发点都是如何通过强化审批制度来保护政府的权益不受损害,而对如何通过法律手段来保护外国投资者、私人投资企业的正当权益则考虑较少。特别对于公路产权界定、审批程序公开、收费标准确定,及调整机制、保证外商利润、风险分担机制、合作期限等问题的关键细节,缺乏明确的法律规定,使国内外私营投资企业望而却步。立法部门应该对这一条款进行法律解释。

(三)公路移交方面的问题

1. 移交程序及债务处理没有细则

2004 年《收费公路管理条例》第三十七条规定收费公路的收费期限届满,必须终止收费。第三十八条规定,收费公路终止收费前 6 个月,省、自治区、直辖市人民政府交通主管部门应当对收费公路进行鉴定和验收,经鉴定和验收,公路符合取得收费公路权益时核定的技术等级和标准的,收费公路经营管理者方可按照国家有关规定向交通主管部门办理公路移交手续;不符合取得收费公路权益时核定的技术等级和标准的,收费公路经营管理者应当在交通主管部门确定的期限内进行养护,达到要求后,方可按照规定办理公路移交手续。第三十九条规定收费公路终止收费后,收费公路经营管理者应当自终止收费之日起 15 日内拆除收费设施。在这些条款中没有详细规定移交程序和债务处理办法。为了保证第三十八条的实施,应该在经营公司运行过程中按一定的比例来提取资产保全保证金。

2. 已质押的公路如何移交缺乏法律规定

《公路法》第六十五条规定,"由国内外经济组织依照本法规定投资建成并经营的收费公路,约定的经营期限届满,该公路由国家无偿收回,由有关交通主管部门管理",给经营期满公路移交给国家提供了法律保障。但是,如果该条公路的特许经营权已经质押给银行,而经营公司经营期满仍没有还清银行到期贷款,该条公路如何移交,移交给谁? 由于现有法律没有明文规定,从而引发如下争议:有人认为,该公路应移交给银行,银行有权对该条公路经营权进行处置。他们的理由是:根据《担保法》规定,不动产质押债务人不能偿还到期债务时,债权人有权处置该权利,以实现债权。如果该公路经营权移交给国家,那么银行的利益就无法得到保证。我国已经加入 WTO,许多领域对外资银行已经开放,如果外资银行的质押权益无法得到保障,那么吸引外资、改善投资环境将会成为一句空话。也有人提出不同看法,认为公路经营权应无偿移交给国家。他们的理由是:依据《公路法》规定,经营期满,该公路应由国家无偿收回。公路是特殊的经营客体,所有权归国家所有,任何组织及企业不得拥有。从理论上讲,移交的时候,公路还是应该收归政府所有。对于银行的利益,在移交时候可以兼顾。具体的做法可以是:政府在收回经营公路时,银行的质押债权没有得到完全实现的,公路经营权可由政府授权给银行继续占有,政府可以采用延长公路收费期等多种行政手段,确保银行债权的实现。

3. 如何保证公路处于良好状态移交,缺乏法律保障

《公路法》第六十六条规定:"各该公路经营企业在经营期间应当按照国务院交通主管部门规定的技术规范和操作规程做好对公路的养护工作。在受让收费权的期限届满,或者经营期限届满时,公路应当处于良好的技术状态。"这项规定应当理解为:公路经营公司在经营期间应当按照交通部发布的有关公路养护规范和标准进行有效养护,除人力不可抗拒的自然灾害和重大交通事故外,应当保障公路安全畅通,保证公路设施处于良好的技术状态,公路路况不得低于签约时按公路养护技术标准评定的路况;经营期满后,应负责将完整的公路、公路用地及公路附属设施无偿交还政府,并应确保公路路况不低于签约时评定的标准。《公路经营权有偿转让管理办法》规定,符合取得收费权益时核定的技术等级和标准方可移交。《收费公路管理条例》第三十八条也明确了终止前六个月交通主管部门进行验收的规定。但是,总的说来,国家发布的这些文件对移交时的完好标准不太明确。某省交通厅发布的《公路建设项目实行业主责任制的暂行规定》第十九条规定,经营期末年,应进行一次大修,连同业主所属的所有动产和不动产,全部由交通部门组织验收并接管养护。这固然是保证在经营末期完好交回经营公路的较可靠措施,但其大修一次的造价应不是一年收费额可满足的,需提前几年运作,那么何时进行大修,如何进行大修,资金的来源和去向没有较为明确的依据。由于我国公路立法中缺乏相应的法律保障措施,现实中一些不良企业在公路经营期将要届满之际,随意降低养护标准,减少养护次数,到期移交的是需要大修的公路,交通部门由于缺乏有效的制裁手段,任凭违规企业溜之大吉,却无力管理。因此,如何保证经营公路正常养护,防止特许经营企业为了提前抽逃资金,对公路实行掠夺性经营的行为,是公

路特许经营立法必须关注的问题。许多省、市为了保证公路处于良好的状态移交,纷纷要求设立公路养护保证金制度,即要求特许经营企业每年按通行费的一定比例在养护专户中存放一定保证资金,在经营企业不按规定对公路进行养护和维修时,交通主管部门可以直接扣除必要的养护、维修的费用。这种方法虽然用意良好,但由于缺乏法定依据,无法顺利实施。

这里有几个途径可以考虑:①制定公路移交的标准,对移交的公路质量标准做出明确规范;②健全公路资产评价制度,对公路资产的评估方法和程序以及评估标准做出明确规定;③建立公路折旧专项基金,归专门部门管理,以便公路大修和更新时候使用;④确定法人资产清偿的项目、办法并按程序操作。

(四)政府监管方面的问题

政府管理部门依法行政是公路特许经营的重要保障,没有其对公路经营权转让实行严格的审批,没有其对公路交通安全和路产路权进行有效的维护和管理,公路特许经营活动就无法顺利开展。然而,由于我国现有立法不完善,造成政府监管立法存在严重缺陷,如政府行政管理部门职责不清、权限不明等,难以发挥其应有作用。

1. 审批职责不清,管理混乱

《收费公路管理条例》规定:"公路经营权益转让办法由交通、发展改革和财政部门三家共同制定与管理。"但是直到目前仍没有相关立法对三个部门的管理职责、审批权限和审批程序做出明确规定,客观上造成了公路特许经营权转让审批管理混乱,主要突出表现在以下两个方面:

(1)审批环节繁琐。在转让操作中,一般步骤如下:先由市以上交通主管部门牵头,根据公路经营权转让意向报国资局、发改委评估立项;立项经省政府批准后,委托具有相关资质的资产评估机构进行资产评估;资产评估的结果再报交通厅、国资局认可批准,作为转让谈判的底线或作价依据;在双方签订转让协议书后,还要再报省政府审批,如果是国道项目或含有中央投资的项目还需报交通部审批。

由于审批程序繁琐、审批职责权限不清、管理混乱,致使经营性公路企业的建设和管理工作困难重重,效率低下。如津汕公路,2004年启动运作,先由省交通厅、财政厅和发改委审批,然后由相关三位主管省长签字批复,再由省发改委上报国家发改委审批(这时三位省长的签字已不起任何作用),久久未见任何回音。

（2）审批程序不统一。如《公路法》规定："国道收费权转让应报交通部审批，国道以外的收费权转让报省、自治区、直辖市政府审批。"而交通部《公路经营权有偿转让管理办法》中规定："凡含有中央车购附加费或中央财政性资金的公路也需报交通部审批。"安徽省《暂行办法》规定："转让高速公路经营权的项目，转让方应当通过省人民政府交通行政主管部门会同省人民政府国有资产监管部门报省人民政府审批后方可实施。转让含有中央车辆购置附加费（税）或者中央财政资金投资的高速公路经营权的，经省人民政府同意后，报国务院交通行政主管部门审批。"这些规定的不统一，让转让双方无所适从，直接影响着经营权转让工作的开展。

2. 管理部门职责交叉，矛盾冲突不断

我国现行公路交通管理职责由公安、交通两个部门共同行使，公安部门负责道路安全和事故处理，执法依据是《道路交通安全法》；交通部门负责公路路政管理，执法依据是《公路法》和《道路运输条例》。专业立法的相互冲突，造成部门之间管理职责严重交叉；治理超限、超载，高速公路清障施救，道路交通安全设施的设置和管理，交通标志标线的设置及管理，交叉道口的增设，路面的占用、挖掘管理，车辆营运证书的发放，营运车辆的管理，车辆技术性能的检测，高速公路封闭许可等管理职责，都是由公安、交通两个部门共同行使，由此引发纷争不断。以高速公路清障施救为例，湖南省长潭高速公路开通后的 180 天中，公安、交通由于清障施救引发的冲突 26 次，累计中断交通 169 小时，造成巨大的经济损失和恶劣的社会影响无法估量。要想从根本上解决部门职责交叉矛盾，最好的办法就是加快行政管理立法进程，积极推行交通综合执法。

目前实施交通综合执法面临许多的法律障碍，如交通综合执法主体资格不合法，综合执法行政复议机构不明确，综合执法范围狭窄，执法人员经费无法落实等问题，都需要国家通过立法加以协调解决。

3. 缺乏有效监管手段，难以发挥管理作用

对于我国政府行政管理部门来说，无法律即无行政。没有立法机关授予政府相应的管理权限和执法手段，政府行政管理部门就无权对管理相对人实施强制性管理措施。而我国由于法律制度的不完善，造成政府部门的行政管理权力有限，执法手段缺乏，对公路特许经营活动的保护和监管力度严重不足，主要表

现在以下两个方面：

（1）对公路路产路权保护不力。由于我国缺乏公路保护性专门性立法，目前公路路政行政执法只能遵照《公路法》的规定执行。《公路法》第八十五条规定："违反本法有关规定，对公路造成损害的，应当依法承担民事责任。对公路造成较大损害的车辆，必须立即停车，保护现场，报告公路管理机构，接受公路管理机构的调查、处理后方得驶离。"所谓承担民事责任就意味着，政府行政管理部门与肇事车主是处于平等民事法律地位，如果车主不愿主动赔偿公路损失或者是不愿停车接受处理，行政机关不能使用任何强制性手段，路政管理执法人员必须当场放行，这就给公路损失的索赔带来很大的困难。

（2）对高速公路经营企业监管不力。高速公路经营公司不同于一般的私营企业，它在经营期内，拥有对公路项目全过程实施监督和管理的权力。因此，政府的监管作用就显得尤其重要。政府对公路特许经营企业的监管范围应当包括经营中的资金运行、招投标管理、建设质量监督、公路养护、公路服务等方面。然而，由于我国缺乏公路经营管理性规范，造成政府行政管理部门对公路资金的筹措，建设资金使用，公路项目运行收入，特别是公路经营权质押贷款后续的监管和公路特许经营公司最高经营利润等，许多方面都处于失控状态。

（五）路政管理方面的问题

对于高速公路经营公司和交通主管部门来说，在路政管理上，双方也存在一定的分歧。

1. 路政管理的法律依据矛盾

对于经营性收费公路的路政管理工作，1996 年交通部制定的《公路经营权有偿转让管理办法》，该办法第三十条规定："批准转让经营权的公路，其路政管理由省级以下交通主管部门派出机构或者人员行使。"之后，《公路法》和交通部的《路政管理规定》沿袭了这一做法，均明确规定："受让公路收费权或者由国内外经济组织投资建成的收费公路的路政管理工作，由县级以上地方人民政府交通主管部门或者其设置的公路管理机构的派出机构、人员负责。"这些规定对于规范经营性收费公路的路政管理提供了法律依据。对于路产路权的管理维护，交通部颁布的从 2004 年 4 月 1 日开始实施的新的《路政管理规定》中，给路政管理下的定义是："交通主管部门或者其设置的公路管理机构，为了维护公路管理者、经营者、使用者的合法权益，根据《公路法》及其他有关法律、法规和规章的规定,实施保护公路、公路用地及公路附属设施(即路产)的行政管理。"《路政管理规定》第五条规定的路政管理职责为:①宣传、贯彻执行公路管理的法律、法规和规章;②保护路产;③实施路政巡查;④管理公路两侧建筑控制区;⑤维持公路养护作业现场秩序;⑥参与公路工程交工、竣工验收;⑦依法查处各种违反路政管理法律、法规、规章的案件;⑧法律、法规规定的其他职责。以上管理职责中的"保护路产",属于产权管理;其他管理职责,属于行政管理。公路路政管理权属于国家行政权,是政府行为,是基于国家对公路资产的所有权而行使的一种权力,不可能也不应该由收费公路经营企业享有。因此,对于公路的路产路权的管理权限在路政管理部门,经营性公路投资管理方不得也没有权力出让公路产权;公路经营企业的管理,属于民事行为。

2. 路政经费的列支失效

1996 年 10 月 9 日交通部令第 9 号令《公路经营权有偿转让管理办法》第三十条规定:批准转让经营权的公路,其路政管理由省级以下交通主管部门派出机构或者人员行使,所需经费由经营公路经营权的机构,按当地政府规定的标准支付;在经费内容上应包含人员经费和交通标志线及设施的日常管理和维护费用,且经费应及时足额支付。但是,在实际执行过程中,有的经营性企业认为公路路政管理不到位,从而不按时足额支付路政管理经费,使得路政管理难以持续正常进行,而法律法规并没有监管方面的明确规定。

(六)交通标志及设施的管理的问题

《道路交通安全法》明确规定:交通信号灯、交通标志、交通标线的设置应当符合道路交通安全、畅通的要求和国家标准,并保持清晰、醒目、准确、完好。同时《收费公路管理条例》第二十八条规定:收费公路经营管理者应当按照国家规定的标准,结合公路交通状况、沿线设施等情况,设置交通标志、标线。

但是在实际的执行过程中,部分收费公路经营者没有严格按照国家的有关规定去落实的积极主动性,相关配套设施的建设和道路日常管理不能及时到位。道路上缺少相关交通标志就是表现之一。这是因为合作双方目标函数不尽相同。对于经营方来说,经营公路的目的是追求利润最大化,交通的畅通和相关设施的完好是途径,而对于公路所有者(代表)来说,交通畅通、相关设施完善是目的。双方争议的另外一个问题是路政索赔收入的用项。经营方认为在自己经营路段上收取的费用,应该划归自己一部分使用,而所有方认为,路政索赔收入不仅是发生在罚没路段上,还应该属于其他损坏路段上。

另外还有缴纳公路通行费问题:公路所有方认为,为保证公路的畅通,路政巡逻和日常养护的车辆因工作需要经常行驶于公路,有的一天来往收费站就数十次,缴纳通行费就要占据很大的开支也给公路部门日常工作带来很大不便,应该对公路部门日常工作车辆通行费予以减免,以保证公路管理部门对公路更快更好的维护,保障公路的畅通;而经营方认为,无论是什么车辆,使用道路就应该按照规定缴纳相应的费用。对此,相关法律法规也没有规定。

三、高速公路资产保护问题根源的分析

深究高速公路资产经营中问题产生的原因,有如下几个方面:

(一)历史原因

高速公路或经营性公路起步阶段,很多法律法规不健全,交通管理部门对于经营性公路的发展和运作规律当时尚不了解,导致在和合作公司签订合同时约定项目不够完善,从而出现了一系列的问题。

如,河北省某公路是在建设期进行招商的,和外商洽谈时只明确新建二级汽专,未提及原有旧路。汽车专用路建成运营后,原有旧路作为混合车道(慢车道)使用。这就凸显一个混合车道由谁出资养护的问题。多次洽谈,外方不同意出养护资金。起初省厅列支养护费,自 2005 年,省厅不再列支该项资金,出现了该公路混合车道养护没有资金来源的尴尬局面。

(二)体制原因

交通系统的体制改革滞后带来很多问题。经营权转让后项目业主与原收费养护单位的关系有待理顺。在公路原有的事业体制下,收费与养护都不同程度地存在着"机构臃肿、效率低下、人员富余、费用过高"等通病,这与社会资金"降低成本、提高效率"的要求相冲突。在我国已完成的高速公路经营权转让项目中,收费与养护基本上仍沿袭着过去的事业体制,大多数项目业主无权参与收费站的管理,无权选择养护单位。这既有交通系统体制改革滞后,收费、养护体内循环,自我封闭,迟迟未走向市场的影响,又与经营权转让时没有明确双方的权利、义务,没有理顺委托代理关系等有关,需要引起足够的重视。

(三)政策原因

随着国民经济的发展,经济的各个方面变得越来越规范,政策和法规的

制定越来越详细,约束力也相应的越来越强,这就造成了经营中出现了一系列的问题。如收费年限问题,测算不准确。河北 FD 公路改为经营性公路时,省厅批准收费期为 18 年,是根据可行性研究报告测算的数据核准的。可行性研究报告财务分析结果,18 年经营期税后利润内部收益率为 16%,在当时银行贷款利息 15% 左右的情况下,应该说 18 年的收费期是比较合理的。但随着银行贷款利率的下降,显示出了回报率相对偏高的问题。在国家审计署组织的收费公路审计中,审计人员以《公路经营权有偿转让管理办法》第十一条为依据,认为合理年限盈利期一般不得超过投资预测回收期的 50%,FD 路的收费期应为 7.62 年,现早已超过合理收费年限。于是该公路的经营就面临很大的压力。

(四)法律原因

1. 资产管理法律方面的欠缺

尽管国家有关部门制定了一些公路国有资产管理的法律、法规,但很不健全、很不完善,特别是缺少一部比较完整的国有公路资产法规。高速公路已经存在了很多年,但是直接对高速公路进行管理方面的法律法规却很少。现在对高速公路进行管理主要依据《公司法》、《中外合作经营企业法及其细则》、《中华人民共和国中外合资经营企业法》、《中华人民共和国中外合资经营企业法实施条例》、《营业税暂行条例实施细则》、《外商投资企业和外国企业所得税法及实施细则》(将用新《企业所得税法》代替)、《公司登记管理条例》、《土地法》、《会计法》、《合同法》、《道路交通安全法》、《物权法》、《担保法》、《国有资产评估管理办法》、《企业国有资产产权登记管理办法》、《企业国有产权转让管理暂行办法》、《国务院关于加强国有土地资产管理的通知》等外部法律法规;公路内部相关的法律法规主要有《公路法》、《收费公路管理条例》、《公路经营权有偿转让管理办法》、《路政管理规定》、《超限运输车辆行驶公路管理规定》和各省市下发的相关规定。这种外部法规多、专业法规少的情况,造成的直接后果就是存在法律缝隙,使得高速公路资产的管理保护经营中出现约束力低下、违法违规严重的现象。如有些高速公路上车辆超载超限严重破坏公路、桥梁、涵洞等现象,公路资产受到破坏却得不到赔偿,从而造成公路资产损失。

2. 立法主体混乱

符合条件的公路项目,其转让审批程序通常包括多个环节。一般为先由市以上交通主管部门牵头,根据转让意向报省级政府及国资局评估立项,立项批准后,进行资产评估,资产评估的结果再报国资局认可批准,然后作为转让谈判的底线或作价依据。当转让方案经协商谈判商定后,再报省级政府审批。由于公路项目投资规模普遍较大,多属于限上项目,且可能涉及外资。因此,审批时,除交通部门外还涉及计委、外经贸、经贸委、工商等多家部门,环节较多、时间较长,这些都在一定程度上影响了这项工作的开展。如果是国道项目或含有中央投资的项目还需报交通部审批,时间更长。在立项审批的过程中,在审批的多个环节中,尚存在着程序不规范、标准不一致的现象,如《公路法》规定国道收费权转让应报交通部审批,国道以外的收费权转让报省、自治区、直辖市政府审批,而交通部1996年9号令中规定凡含有中央车购附加费或中央财政性资金的公路也需报交通部审批。这些不一致的现象也同样影响着经营权转让工作的开展。

3. 执法主体混乱

《公路法》虽然对路政管理做出了规定,但是具体执行方面缺少相关的法规支持,造成现在经营性公路的管理难以实施。《公路法》第六十六条第三款明确了路政管理人员按照第五章的规定行使权力,但没明确路政管理人员由哪一级机关派出。《公路路政管理规定》第二十四条规定:收费公路的路政管理由省交通厅行政主管部门组织实施,管理经费从收取的车辆通行费中列支。但在具体执行中,部分合资经营的公路,经营者并不支付路政人员管理经费,而是由其他主体来自行管理路政。这就造成路政管理空白段,致使公路两侧的非公路标志、非法设置的平交道口无序乱增。而路政人员由于经费缺乏无人执法,以致管理不到位,使得行政许可项目得不到很好的落实。

第二节　高速公路资产保护立法建议

依照上层建筑适应经济基础、生产关系适应生产力的要求,高速公路资产保护的法律框架和立法的主旨,必须建立在对高速公路资产的科学界定、高速公路资产的运行模式、高速公路资产的经营规律,以及市场化、国际化、规范化的基础之上,以及高速公路资产管理的特定目的之下,才能做到有的放矢,实现高速公路资产经营管理的经济目标和社会目标,保证高速公路资产保护的法规体系具有指导性、规范性,并为高速公路资产的保全与增值保驾护航。

一、科学界定高速公路资产的转让范围和类型

从高速公路资产的完整性出发,若转让的公路资产中包括服务区、非路产业的开发、大桥和隧道、绿化、标志性标线等,这些资产也均应纳入高速公路资产管理和保护的范围,并制定相应的管理办法。

二、应用科学方法和程序对高速公路资产进行评估

高速公路资产评估是其科学管理的特重内容和不可或缺的程序,必须谨守:①标的的产生要经过科学评估。新建公路宜用收益法,原有公路采取成本法进行评估。②无论是采用何种方式经营,各项公路资产的价值均应按转让时点的市场公允价值(通过竞标实现的)来计算,其中也包括所占用土地的价值。③经营期限的确定必须建立在科学研究的基础之上,经营期限的计算宜包括成本收回期限和合理收益期限两部分。④转让期满时,用重置成本法进行资产评估,并制定一套评价"完好的公路资产"的标准体系,责成受让方将一条完好的公路资产移交给政府部门。⑤遵循科学的评估程序。

三、规范公路特许经营协议

公路特许经营协议是约束签约双方行为,对公路特许经营实施有效管理的法律依据。应当出台全国统一的公路特许经营协议格式文本,对公路特许经营实践中经常出现的问题加以提示和规范,避免出现协议纠纷。

在协议中应当主要明确以下内容:①特许经营权内容、方式及期限;②公路项目工程设计、建设施工、经营和养护的标准;③公路项目成本计划与收费方案;④公路经营权转让、质押、征收、中止条款;⑤担保条款和优惠政策;⑥特许经营期届满,公路移交的标准及程序;⑦签约双方的权利与义务;⑧违约责任与处罚;⑨合同的执行、变更、争议解决方式及法律适用等。

同时为合理解决协议纠纷,保护投资者的合法权益,立法中还必须明确以下两项内容:

一是国家主权豁免问题。我国长期以来都坚持国家绝对豁免主义,如果在公路特许经营中继续坚持国家绝对豁免主义,则会使公路投资者失去法律救济

途径,减少投资者投资我国公路建设的信心。因此,我国政府可以在公路特许经营协议中放弃或部分放弃国家豁免权,从而成为公路特许经营中平等的法律主体。事实上,政府在公路特许经营合同本身就具有双重身份,政府可以公益需要对项目进行征收或采取某些限制措施,而这对投资者是十分不利的,所以还应该在立法中要求在特许经营协议中订立相关的补偿条款,以弥补投资者的损失。

二是要解决协议争议的法律适用问题。公路特许经营协议是个复杂的经济合同,根据协议有无涉外因素可以将公路特许经营协议划分为两类:涉外经济合同和国内经济合同。不同法律性质的合同,适用不同的解决原则。对于涉外经济合同,如公路项目贷款合同,其合同争议的解决,主要是遵循"当事人意思自治"原则,由双方在协议中约定解决争议的途径及适用的法律等等;若合同中没有此类约定,当事人又协商不成时,由受理争议法院或仲裁机构按照"最密切联系地"原则,选择解决争议应适用的法律。若该类争议案件在我国受理,受理的法院或仲裁机构应根据我国相关法律规定,来确定应适用的法律;对于国内经济合同,应由我国法院或仲裁机构,依照国内相关的经济法规来处理。

四、全面规范公路特许经营企业行为

就完善企业监管立法,规范企业行为,提出以下建议:

(一)将"双合同"制度写入法规内容

政府与特许经营公司,特许经营公司与经营企业都要签订"经营(监管)合同"和"廉政合同",特许经营公司要严格按照合同履行其管理职责,不得随意分割工程、转包工程,不得使监理流于形式。

(二)建立履约保证金制度

由公路特许经营、施工、监理部门提供一定的履约保证金交给指定银行;如不按合同履行义务,履约保证金收归国有。

(三)建立市场准入和经营者资信登记制度

对于公路特许经营企业实行资格审查和资信登记制度,建立企业信誉的评价体系和黑名单公示制度;对于不严格履行法定职责的公路经营企业,在处理后一律列入不良信誉企业名单,在今后的公路特许经营活动中限制参加。

（四）建立特许经营法人负责制

公路特许经营公司作为经营项目法人必须对公路项目筹划、资金筹措、建设实施、运营管理、债务偿还和资产管理全过程负责,并在立法中明确公路经营项目法人的法律责任。

（五）完善公路质量监理制度

首先严格监理公司和监理人员准入制度,统一规定监理公司设立条件和审批程序,建立全国统一的监理人员资格认证制度;其次明确相关的法律责任,对于监理不到位而产生的质量问题,公司及其相关人员必须承担相应的法律及经济赔偿责任。

（六）完善公路招投标制度

尽快制定与完善公路招投标相关立法,调整资格预审方法,对评标专家实行动态管理;推行合理低价中标;改变评标办法,减少人为因素;同时规定招标人不得规避招标,不得对潜在投标人和投标人实行歧视政策,不得实行地方保护。

（七）建立公路特许经营司法控制制度

联邦德国为了加强对高速公路经营公司监管,在全国设立了联邦高速公路工程监理委员会,统一监管监理公司,批准其设立和运转,并在联邦法院专门设立了高速公路法庭,配备了懂工程的法官,使公路特许经营得以迅速规范。我国应借鉴德国的成功做法,建立公路特许经营司法控制制度,对公路特许经营中出现的问题直接诉诸法律,通过司法手段制裁企业违规行为,从而保证特许经营目标顺利实现。

五、加强政府管理职能和监管手段

实现高速公路资产的保值增值,不仅要建立相关制度,规范企业行为,更重要的是加强政府职能,强化行业监管。我国立法机关应从源头抓起,对以下问题加以明确和规范:

（一）遵循法制统一原则,清理政府部门职责

参照行政许可的清理方法,对所有现行法律、法规、规章规定的政府职责逐一进行清理,凡同位法之间、上位法与下位法之间、地方与部委规章之间规定相互冲突的,一律根据《公路管理法规》规定限期修改,彻底理顺政府各部门的职

责与相互关系。

（二）赋予各省、直辖市交通主管部门必要的管理权限和执法手段

1. 赋予交通主管部门对公路特许经营公司资金运作监督职责，对公路特许经营企业的设立、重组、预算、计划、融资、收费和支出等进行严格监管。①在公路建设初期要防止出现自有资金不到位、挪用资金等现象；②建设期间要督促贷款资金全部用于公路建设，防止违规使用；③在运行期要加强项目收入的监管，保证回收资金按预定计划和规定比例用于归还贷款，防止资金流失；④移交前要督促公路贷款逐步归还，防止经营公司转移资产；⑤把风险防范贯穿在特许经营始终，全面建立风险预警机制，及时发现和报告存在的风险苗头，采取有效的防范和补救措施。

2. 赋予交通主管部门有效的路产路权保护手段。①立法部门及早制定《公路安全保护条例》，加大对破坏公路相关设施的惩处力度，彻底消除车辆超限、超载现象。②赋予政府部门其他必要的监管手段，立法明确政府行政管理部门在公路特许经营中的经营权转让、招投标管理、建设质量监督、公路养护等方面的监管权限与手段。③政府部门通过事前许可、事中监督、事后处罚，对公路特许经营全过程实施有效监管。

3. 执法主体一体化。为充分发挥现有的人力、财力、物力，提高管理效率，要求经营性公路的执法主体（路政、交警）应朝统一的方向发展。执法主体一体化对内有助于避免可能出现的内耗造成不应有的损失，对外有助于树立执法主体的良好社会形象。当前要根据《公路法》、《行政处罚法》的要求妥善处理好现有经营性公路管理机构路政执法人员的事业编制与经费来源问题；规范路政执法主体，路政执法应与公安执法相一致；加强执法队伍建设，适应经营性公路特别是经营性高速公路高效率、快节奏的管理要求，有利于经营性公路整体效能的充分发挥。

（三）减少审批环节，规范审批程序，统一审批标准

针对公路经营权审批中存在的多头审批、环节过多、时间过长、程序不规范、标准不一致等问题，各省市应从本地的实际出发，由省市政府牵头，由交通厅会同物价局等有关部门着手制定公路经营权转让的具体管理办法。通过这一管理办法的出台与实施，尽快解决公路经营权转让审批过程中的诸多问题，为推进公路经营权的转让提供条件。

（四）做好中长期交通发展规划，合理安排竞争性项目

针对部分地区交通发展缺少前瞻性，中远期路网规划滞后于社会经济发展要求的状况，各地政府及交通部门应根据国家和省市在 21 世纪中前期社会经济发展的中长期规划及远景设想，科学地、前瞻性地制定本地区交通发展的中长期规划，特别是中远期的路网规划。在规划中要有预见性地安排竞争性项目，通过项目合理的空间布局和时间排序，避免竞争性项目过多过早地出现，避免项目的过度竞争和重复投资，减少社会资源的浪费，保护投资者的利益。

六、高速公路资产保护立法原则与程序

公路资产的经营必须符合我国的产业政策，遵守法律、法规和有关规章的规定，坚持有利于公路建设、管理和实现可持续发展的原则。因此，在对政策与法规的制定、修订与完善上，要遵循法规制定要旨，要考虑如何引导公路经营企业创造效益，实现公路资产的保值增值，实现公路事业的可持续发展。①在调查研究的基础上进行系统的梳理，坚持肯定、修改和整合的原则。②现有法规的修订和完善要尊重经营性公路资产的特性和运行规律，尤其要强调所有经营性公路资产，无论是国有资产还是外资都应该坚持平等互利及等量资本获取等量利益的原则。③以前签订的合作协议要保持它的延续性，除非非法合同，严重损害了另一方的利益，其侵权行为都应该得到纠正。④交通主管部门或立法部门要强调法规的统一性和权威性，尽量避免政出多门和各行其是。⑤交通部要注重法规条例的制定，各省、直辖市交通厅要根据具体情况和技术要求制定详细的规则和标准；无论法规条例、规则或标准都必须强调它的严肃性和权威性。⑥经营性公路资产的转让必须实现市场化和程序化，价值的核算要科学化，要符合市场规范和国际标准。⑦所制定的法规体系要系统、科学、简洁、明确，易于执行。⑧经营性公路资产的保护或法规的梳理必须主体明确化，包括行政管理主体、司法和立法的监管主体、会计核算主体等。⑨法规的修订应坚持专家化，由专家具体讨论、论证和修订；专家团队的构成要合理，至少应由理论方面的专家和实际操作方面的专家组成。

（一）有关法规制订的原则

1. 遵循商业竞争的原则

有关法规的制定要鼓励竞争和保护竞争。当前公路基础设施原则上多是

由政府或政府控制的国有企业实行垄断经营,垄断经营的必然结果是投资和经营的低效率。今后政府通过实行特别许可的办法,在经营性公路资产建设和管理领域引入商业竞争机制,是提高公路行业效率和增进社会福利的必由之路。

2. 发挥管理主体作用,明确经营性公路资产保护的内容和手段

有关法规的完善要强化保护主体,明确经营性资产保护的内容和手段。引入商业竞争机制并不是弱化政府对经营性公路资产的管制力度。经营性公路资产具有在一定区域内垄断经营的特性,为了维护广大公路使用者的利益,保障公路资产的完整性,政府的管制在一定程度上是必不可少的。

政府在对高速公路资产进行保护时,应合理处理政府与公路经营企业之间的关系,在监管内容上应更多强调对结果的管制(如收费标准、服务质量和公路养护质量等),而不是对公路的经营过程进行监管;在监管手段上,应尽量通过行业标准的颁布与监督执行等间接管理方式,避免直接的行政干预经营企业行为。这样在实施公路资产保值增值的同时,又能充分发挥公路经营企业的能动性,通过技术创新和管理创新,提高投资和运营的效率。

3. 保障公路资产安全和投资者合法权益

公路交通基础设施在实施特许经营的同时,必须确保国有资产不流失,国家的各项投入必须按规定严格评估作价入股,享受相应的投资者权益。国有、外资、民企和个人等不同性质的投资均受国家法律法规保护,享有平等的权、责、利。

4. 坚持经济效益与社会效益相统一,切实维护公众利益的原则

政府部门在保障投资者合法权益,强调为公路事业的可持续发展创造条件的同时,应重视广大公路使用者的利益,维护市场的正常秩序和社会公正。

5. 规范操作程序

经营性公路资产涉及公共利益,可能产生流失的弊端,同时部分地区已出现暗箱操作的现象。政府对经营性公路资产实施监管,应强调操作程序规范和透明的原则。在选择受让方的过程中,政府应强调规范的运作程序,如公开招标,在暂时不具备公开招标的情况下,应强调决策的透明性和建立相应的决策责任制度。同时,政府应建立有效的合同签订前的审批和备案制度。

6. 坚持公路事业可持续发展的原则

公路事业可持续发展的前提条件,是公路行业为投资人提供与其所投资风

险相对应的投资回报。因此,要充分发挥公路特许经营的融资作用,政府应切实考虑公路资产的转让价值的制定,以及收费标准的调整原则和依据。

7. 谁投资、谁受益

在经营期限内,按谁投资、谁受益的原则确定经济主体。这一原则在法理上称为原始所得。一般说,资金的投入意味着资产的形成。而投资主体就应该成为资产的收益者和所有者。

(二)有关法规制定程序

1. 专题调查研究。自改革开放以来,各省、市在公路资产的经营方面,其经营的模式、手段、运作程序等各方面千差万别,既有其合理性又有其主观性,只有经过专题调查研究,才能发现在公路资产的经营过程中存在的问题及其产生的根源,以提出相应的解决途径和办法。

2. 对资料进行整理分析,发现问题,分析问题存在的原因进而解决问题;主要解决现实性和科学性的问题,以确定法规修订的方向性和趋向性。

3. 对现有法规、制度进行梳理,找出现行法规、制度存在的问题和漏洞。

4. 修改现行法规,提出新的方案。

5. 对新法规进行论证和听证。听取各方面专家的意见,对新方案的科学性和可操作性性进行论证。

6. 新法规试行。

7. 新法规修订、完善及颁布实施。

第五部分

高速公路资产
运营评价与管理措施

第十三章　加强高速公路资产运营评价与管理的政策建议

在国民经济健康快速发展的时期,高速公路事业为经济的发展注入了活力,高速公路管理处、收费站、稽查站、交管所、养护工区等基层单位遍布全国各地。他们牢固树立"以人为本、以车为本、服务人民、奉献社会"的宗旨,很好地服务于当地经济,但交通工作有点多、线长、面广等特点,交通站所地处偏远,使站所的固定资产管理难度大,少数站所的核算管理混乱,造成了部分国有资产的流失。财政部对固定资产的管理十分重视,2001 年起,国家颁发的《企业会计制度》及有关固定资产新准则相继出台,与国际固定资产会计准则接轨。一个单位的良性发展,固定资产管理显得尤为重要。传统的固定资产管理模式无论从质量上还是效率上,都难以适应新形势的需要。因此,寻找一种简便、高效的管理手段成为必然(具体办法见附件)。

第一节　解放思想,转变观念

思想解放从来都是社会发展的动力,也是任何工作不断进步的动力。我国改革开放 30 年,最显著的特征,就是以思想解放推动改革开放,以思想解放推动方方面面的工作。正是因为坚持不懈地解放思想、改革创新,一个面向现代化、面向世界、面向未来的社会主义中国,才能够在不长的时间里,巍然屹立在世界东方。

高速公路事业的发展也是如此。可以说,没有思想的解放、观念的创新,就没有以高速公路经营制度改革为代表的一系列当代交通管理制度改革的产生。实践证明,无论高速公路管理体制、机制、法制的健全、完善,高速公路运营保障能力的增强,还是基础工作的夯实,高速公路管理的每一次突破和进步,莫不得益于解放思想、转变观念。

当前,我们的高速公路资产的运营与管理要探索构建保障科学发展新机制,就更需要进一步解放思想、转变观念。我国仍然处在社会主义初级阶段,改革在继续深化,对外开放的步伐在加快,经济社会变化日益显著。这些都为我国的高速公路资产运营管理工作注入了生机与活力,也使高速公路资产运营管理面临着全新考验。思想解放到今天,改革开放到今天,人民受益,社会受益,国家受益。但是,依然存在一些根深蒂固的问题,而且还出现了一些新的矛盾(如前文所述)。这些问题和矛盾,一定程度上更为错综复杂。

尤其因为经济发展加速,高速公路资产数额的庞大,加大了高速公路资产管理的难度。这些都对高速公路资产运营与管理工作提出了更高的要求:在提高高速公路资产运营的社会效益的同时,也要注重其经济效益和可持续发展。破解这些难题,用既有的思路和传统的办法是难以行得通的,必须解放思想,大胆改革创新,继续深化体制改革,特别是要加快构建保障科学发展的新机制,加快实现高速公路事业单位真正的企业化管理或彻底实行企业化特许经营,以提高高速公路资产的运营效率和可持续发展。

第二节　创新高速公路资产管理体制

高速公路的管理机构现有交通厅公路管理处的高速公路管理中心,直接管理部门有高速公路管理局、项目办和道桥开发中心,产权不清晰,隶属管理不明确,这种体制必然会导致诸多问题,各公司会根据自己的偏好选择管理模式,结果同样的资源配置产生了不同的经济和社会效益,缺少约束和监控机制。因此,应在尊重规律和竞争未来的战略思想的指导下,依据公司制与产业集群化的构想来构建新的管理构架。总的设想是:

在确定主管部门为高速公路国有资产出资人代表的基础上,构建出交通主管部门—高速公路集团(经营公司)—高速公路经营企业(运营企业)三个层次的高速公路国有资产管理体制模式,

经营公司为企业法人,承担着高速公路国有资产经营的责任,是所持股国有独资、控股、参股公路经营企业的出资人,国有独资、控股和参股公路经营企业是生产经营主体。这种管理模式形成了四个主体:人大监督下各级政府的所

有者主体、各级交通主管部门的权益监管主体、各级高速公路国有资产运营机构的资本经营主体和各类国有独资、控股、参股公路经营企业的生产经营主体。协调这四个主体的关系,关键在于处理好三个关系:所有者主体与权益监管主体之间的委托与代理关系,权益监管主体与高速公路国有资产经营主体之间的授权与经营关系,高速公路国有资产经营主体与法人财产主体之间的资本经营与生产经营的关系。另外,这种模式的横向框架可以描述成"三个分开":高速公路国有资产统一所有权利与监督管理分开,高速公路国有资产监督管理职责与投资经营行为分开,高速公路国有资产投资经营行为与企业法人运营活动分开,概括为产权与政权分开、政府与企业分开、投资与经营分开。

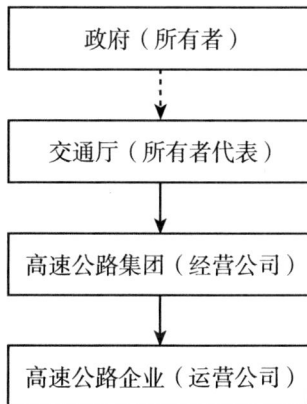

```
┌─────────────────────┐
│   政府（所有者）      │
└─────────────────────┘
          ┊
          ▼
┌─────────────────────┐
│ 交通厅（所有者代表）  │
└─────────────────────┘
          │
          ▼
┌─────────────────────┐
│ 高速公路集团（经营公司）│
└─────────────────────┘
          │
          ▼
┌─────────────────────┐
│ 高速公路企业（运营公司）│
└─────────────────────┘
```

图 13 - 1　高速公路资产运营管理模式

第一层次的主体是各级交通主管部门,对公路国有资产履行出资人职责;第二层次的主体是各级公路国有资产经营公司,对交通主管部门承担公路国有资产保值增值的责任;第三层次的主体是公司化的公路国有企业,作为基本的运营单位从事具体的收费经营活动。具体看来,各个层次主体的职能划分如下。

一、第一层次交通主管部门

交通主管部门以法律条文的形式定位为高速公路国有资产的出资人,解决了以往高速公路国有资产出资人代表缺位的问题,使高速公路国有资产的保值增值也有了真正意义上的负责人。按产权法律制度规范,交通主管部门"出资人代表到位"的法律含义应包括两个方面:①履行股东权利。依据《公司法》的相关规定,交通主管部门向高速公路国有资产经营公司委派董事行使其股东权利,通过企业董事会的方式履行股东职责。②承担出资人义务,要在兼顾高速公路国有资产社会效益的前提下确立追求资本回报最大化目标,确保高速公路国有资产经营公司的经营自主权,确保公司的法人财产不会随意受到干预和损害,特别防止强化对公司的干预,防止形成新的政企不分。因此,交通主管部门应当根据"政府行政管理职能和国有资产经营职能分开"即"政资分开"的原则,将高速公路国有资产的运营权交与公路国有资产经营公司,不再参与公司的经营活动,不再实施行政干涉,而是将重点放在强化国有资产监督管理方面,制定规章制度,对高速公路国有资产经营公司的构建程序、主体地位、职能等进行规范,建立出资人的管理监督制度。

管人方面,任免高速公路国有资产经营公司的董事长、副董事长、董事,并向其提出总经理、副总经理、总会计师的任免建议;依照公司章程,提出向高速公路国有资产经营公司控股的高速公路经营企业派出的董事、监事人选,推荐国有控股高速公路经营企业董事长、副董事长和监事会主席人选,并向其提出总经理、副总经理、总会计师人选的建议。管事方面,对高速公路国有资产经营公司增加或减少注册资本、发行债券做出决议,决定高速公路国有资产经营公司的设立、分立、合并、变更公司形式以及解散和清算等等。管资产方面,制定高速公路国有资产运营战略,运资经营行为与企业法人营运活动分开,概括为产权与政权分开、政府与企业分开、投资与经营分开。

在交通主管部门以上的管人管事和管资产的职能中,各项职能并不是完全独立的,而是相互促进、相辅相成的。其中,管资产处于核心地位,管资产是目的,管人和管事是实现目的的手段。目的明确后,实现目的的手段将贯穿于整个管理过程,因而管人和管事的过程又决定着管资产这一目的的实现。

出资人代表身份的明确使交通主管部门在实施管理的过程中,能够较为科学地定位自身的管理职权。科学的职能定位,要求它在享有高速公路国有资产经营公司资产的收益权、重大决策权和选择经营者的权利的同时,应按照现代企业制度的要求,维护出资企业作为市场主体的各项权益,主要通过经济手段,直接关注所出资企业的经济效益,以政策为导向、信息为途径,间接地管理公路国有资产经营公司。

二、第二层次高速公路集团(资产经营机构)

高速公路国有资产经营公司是经交通主管部门依法授权经营高速公路国有资产的法人,是整个高速公路资产运营体系的中介机构,相对于基层高速公路经营企业和交通主管部门而言,处于中观地位,是国有资产管理体制建立责权明确的国有资产监管和运营体系改革的目标之一。高速公路国有资产经营公司作为特殊法人,对授权范围内的高速公路资产享有出资人职权,以股权管理方式从事资产经营活动,对高速公路国有资产负有确保安全、增值责任。

由于处在中观层面,高速公路国有资产经营公司必须对上负责、对下实施管理。对上,高速公路资产经营公司以国有独资公司为组织形式,实行交通主管部门领导下的董事会负责和董事会领导下的总经理负责制。根据主管部门授权经营国有资产,多渠道、多形式筹集资金,按照高速公路发展的总体规划要求,采取控股、参股和以项目融资为主的资本经营方式,以资产投入、产出全过程为管理内容。对下,高速公路国有资产经营公司依据其在各公路经营企业中的国有股份行使法人财产权利,通过资产纽带,按照投资份额依法对全资、控股及参股公路经营企业行使出资人职责,通过科学、效益的管理手段加强对高速公路经营企业的资产营运管理,同时通过高速公路国有资产不断提高对其他社会资本的支配能力,确保产业政策的实施,适应结构调整的需要,促使公路建设资金不断滚动增值。

三、第三层次高速公路经营企业

高速公路经营企业是高速公路国有资产具体的使用主体,享有有关法律、行政法规规定的企业经营自主权。其组织形式包括国有独资企业,国有控股企业和国有参股企业。高速公路经营企业既是高速公路国有资产经营公司的参控股子公司,又与高速公路国有资产经营公司同是平等的独立法人,独立承担民事责任,两者以产权为纽带,主要以资本经营、委派主要管理人员、加强监督管理形式相连接。

高速公路经营企业的运作以高速公路经营权为管理核心,以企业组织为载体,实行董事会领导下的总经理负责制,按质按量完成工程建设,搞好以通行费收入为主的资金经营工作,保证资金的回收和高速公路资产的完整、增值。其具体职责：①按《公司法》和现代企业制度要求，建立产权明晰的企业组织，建立健全内部机构和制度；②根据企业发展的不同阶段，建立行之有效的经营管理体系；③按国家财经制度要求，建立科学、严密的财务管理和核算制度；④按产业政策和公路建设的统一规划，制订高速公路经营企业自身发展计划。以上运作方案中的高速公路经营企业，主要针对高速公路国有资产经营公司控股的企业，对高速公路国有资产经营公司参股的公路经营企业，应按双方签订的协议、合同执行。

在高速公路经营企业的运作过程中，高速公路国有资产经营公司应及时深入了解企业内资金使用和公路工程建设情况，及时向交通主管部门派出的董事、监事和主要经营者汇报并提出议案，通过召开高速公路经营企业董事会形成相应的决议予以执行。

第三节　采用科学高效的管理方法

科学高效的管理，对于降低高速公路资产运营成本、提高运营效率、实现高速公路资产的保值增值，具有非常重要的作用。随着经济体制改革的深入、高速公路事业的蓬勃发展和科学技术水平的日益提高，高速公路基础设施的现代化水平日益提高，投资主体多元化，管理体制发生重大变化，高速公路资产管理内涵大大拓展，对高速公路资产管理提出了新的更高要求。如何加强科学管理，提高高速公路资产运营的质量和效益，是一个亟待研究解决的重大问题。推动高速公路资产运营管理创新，必须适应高速公路现代化建设和运营的新形势，更新管理观念，加强战略管理和资产管理，创新管理机制和管理方式，不断增强科学管理能力，提高现代管理水平。这里，以河北省冀星高速公路有限公司对高速公路资产责任到人的精细化管理进行分析。

精细化作为现代工业化时代的一个管理概念，最早是由日本的企业在20世纪50年代提出的。"天下大事，必做于细。"精细化管理的理论已经被越来越多的企业管理者所接受。

一、精细化管理是一种先进的管理文化和管理方式，是一种追求精益求精的精神，是努力使每一个执行细节都做到精确化、数据化

精细化管理可表述如下：①以达到"八零"境界为目标；②以满足"十化"行

为要求为基本标准;③健全完善一套公开透明、上下认同的游戏规则;④为管理的实施构造一个抓手,以保证"4E"控制标准的实现;⑤在达成"八化"措施上不断努力;⑥以协调企业发展的利益关联主体相互之间的关系;⑦诱导人才为企业发展贡献自己资源的意志行为。

1. 规范化管理的目标:"八零"境界。企业规范化管理所寻求的效果标准:"八零"境界——决策制定零失误、产品质量零次品、产品客户零遗憾、经营管理零库存、资源管理零浪费、组织结构零中间层、商务合作伙伴零抱怨、竞争对手零指责。

2. 规范化管理的4E控制标准:企业的每一个岗位、每一个活动、每一份资产、每一个时刻,都处于受控之中。

3. 企业管理规范化的行为标准:决策程序化、考核定量化、组织系统化、权责明晰化、奖惩有据化、目标计划化、业务流程化、措施具体化、行为标准化、控制过程化。

4. 规范化管理的措施要求:系统化、常态化、流程化、标准化、专业化、数据化、表单化、信息化。

5. 规范化管理实施过程中的一个关键点:效率、效益。

6. 规范化管理的特征:制度化管理、标准化管理都不等于规范化管理,规范化管理必须具备四个特征——

系统思考:贯彻整体统一、普遍联系、发展变化、相互制衡、和谐有序、中正有矩六大观念。

员工参与:让每一个员工都参与到游戏规则的制定过程中来,以保证其理解、认同和支持。

体系完整:有完整的思想理论,对企业管理的方法和技术进行整合和协调。

制度健全:有能构成企业组织运行游戏规则,健全组织成员行为激励诱导机制的管理制度。

规范化管理就是从企业生产经营系统的整体出发,对各环节输入的各项生产要素、转换过程、产出等制定制度、规程、指标等标准(规范),并严格地实施这些规范,以使企业协调统一地运转。

二、现代企业对精细化管理的定义是"五精四细"

五精四细,即精华(文化、技术、智慧)、精髓(管理的精髓、掌握管理精髓的管理者）、精品（质量、品牌）、精通（专家型管理者和员工）、精密（各种管理、生产关系链接有序、精准）；细分对象，细分职能和岗位，细化分解每一项具体工作，细化管理制度的各个落实环节。"精"可以理解为更好、更优，精益求精；"细"可以解释为更加具体，细针密缕，细大不捐。精细化管理最基本的特征就是重细节、重过程、重基础、重具体、重落实、重质量、重效果，讲究专注地做好每一件事，在每一个细节上精益求精、力争最佳。

从精细化管理的概念中可以看到，它是企业管理的必须，有利于解决企业管理工作内容过于宽泛、考核难以量化、成效不易检验等现实问题。

三、精细化管理必须解决好的三个问题

精细化管理是一项比较复杂的系统工程，管理要素多，对管理层、执行层和相应的管理制度层有着极其严格的要求。所以，要实施精细化管理，必须着力解决好观念、载体和制度创新三个问题。

1. 观念问题。包括管理层和执行层的观念。其一是管理层的观念。管理层在研究、规划和部署管理工作中，要确立精益求精的思想，充分考虑服务对象的需求和执行层的能力，真正把上级要求和自身实际充分结合起来，形成本单位具体而不复杂的贯彻落实措施。其二是执行层的观念。执行层能不能准确地领会、精确地贯彻落实上级的要求，能不能在工作中不打折扣，能不能真正负起责任，做到一丝不苟、精益求精，都是对其观念和态度的极大挑战。

2. 载体问题。管理层在研究、设计载体时，要克服不顾实际贪多求全的思想。部分基层单位总是抱怨载体多、不好落实，其实问题出在自身的思路不够清晰，没有在深刻领会与充分结合上下足工夫。实施精细化管理必须解决这些问题。

3. 制度创新问题。考核历来是企业管理工作的难题，如果具备了精细化管理的观念和思路，制度创新必然能够走出一条新路，考核的问题也将迎刃而解。精细化管理对制度的要求几乎达到苛刻的地步，每一项工作、每一个细节、每一个流程，随时随地都要有相应的制度来制约和考核。制度到位与否，直接影响精细化管理的程度。所以说，制度创新是实施精细化管理最为核心、最为细致，也是最大的难点所在，是必须解决的关键性问题。

第四节　建立健全高速公路资产管理制度体系

高速公路是一个新兴的行业,京石高速河北省段自 1994 年通车以来,逐步建立了以高速公路行业财务管理办法为主导,预算管理、资金管理、财产管理为重点,各项行业内部控制制度为补充的一整套高速公路资产管理制度体系。但随着目前经济体制和管理体制改革的深入,以及多元化投资主体的出现,旧有的制度与高速公路资产运营的现实已严重脱节,形成了目前高速公路资产运营与管理中的诸多弊端和问题。配合高速公路资产运营管理制度,需要建立健全与高速公路资产运营发展相适应的高速公路资产管理制度体系。

一、建立行业财务管理制度

河北省高速公路建成后一路一公司体制缺乏人财物统一管理,无法发挥规模经营优势,为规范管理,省交通厅统一制定《河北省高速公路行业财务管理暂行办法》,并提请省财政厅联合颁发,统一高速公路财务管理体制,明确各级管理部门的高速公路行业财务管理职能,对路段公司实行财务预算管理,对资金管理、资产管理、成本费用、收入分配等做出相应规定。

二、建立全省统一的预算、资金、财产等管理制度

建立统一的预算、资金、资产管理制度,比如制定运营路段公司和建设路段公司财务预算管理暂行办法,运营路段公司财务预算执行情况考核暂行办法,以及高速公路资产管理办法等各项制度,形成财务预算管理、资金管理和资产管理制度体系。

三、建立路段公司财务内控制度

各路段公司根据省高速公路资产经营总公司制定的行业财务管理办法和预算、资金、财物等管理制度体系,结合路段公司的实际情况,将各项制度进一步细化,建立健全内部控制制度体系,建立各收费所站模拟法人财务核算制度。同时针对财务管理个性问题,通过印发通知和专题会议纪要加以规范管理。如对车辆配备标准和使用管理问题,明确各单位的车辆定编数和车辆使用费控制

标准。这些文件对财务制度可以起到很好的补充、完善作用。

第五节　加强监督检查,促进资产管理各项制度的贯彻执行

要使好的制度得到好的执行,关键是抓好监督,促进制度落到实处,并不断健全监督程序,形成有效的监督机制,以审计为主要监督手段,以监督各项财务管理制度执行情况为核心,促进规范管理和廉洁从业。

一、通过审计监督,促进制度落实

审计是国有企业反腐倡廉与规范管理有机结合的最佳切入点。应采取自行组织内部审计、会同上级部门开展联合审计、聘请有资质的社会审计机构进行专项审计等方式,对高速公路资产使用情况进行定期或不定期的审计监督。同时,还应不断改进审计方法,提高审计质量,逐步由以查错防弊和单一的事后财务收支审计为主,转变为事前、事中、事后的全过程审计。

（一）预算执行监督检查

把预算执行情况作为审计重点,在日常不定期监督检查的基础上,每年对各路段公司进行半年抽查和一次全面检查。①检查预算执行情况,检查预算是否根据有关定额进行编制,检查预算指标是否科学合理分解到基层单位。②检查预算指标完成情况,通过对预算完成情况、成本费用的控制情况、资金使用情况、利润分配等的检查,促进预算目标的实现和责任落实。③检查预算绩效的考核与兑现,是否严格执行高速公路资产运营管理的规定。

（二）领导人员经济责任审计

根据国资委有关规定,对二级单位任期内调任、退休或任期届满等原因离任的领导人员,进行任期经济责任审计,查清领导人员任期内各项经济指标的完成情况,特别是相关资产保值增值、利润等指标完成情况,遵守财经法纪情况,重大经营决策效果及管理成效情况等,强化对领导人员任期经济责任和廉洁从业的监督。

（三）专项审计

根据公司运营经营目标,对在建单位的前期经费使用、资金使用,对运营路段的成本费用控制、效益和养护专项工程造价控制等开展专项审计,及时反映

公司管理和资金使用中存在的问题,提出改进的意见建议,规范管理,降低成本。

二、通过效能监察,实现降本增效

效能监察是促进管理,提高效益的重要手段。通过效能监察,可以较好地实现完善内控、降本增效、规范管理的目的。

（一）推行预算管理,绩效挂钩,降低运营成本

对高速公路资产运营实行预算管理绩效挂钩,规定人员,管理成本、日常生产性成本预算。对有节约、资产运营效率好的路段公司,可按节约额计提一定比率的奖励金;超支的路段公司则按超支额相应扣减绩效奖,当年计提的绩效奖不足抵扣的扣减下一年度绩效奖。通过对预算管理绩效挂钩的监察,促进制度落实和绩效兑现。通过绩效挂钩,充分调动路段公司降低资产运营成本、提高效益的积极性。

（二）加强工程招投标和物资设备采购监察,降本增效

工程招投标和物资设备采购是效能监察的重点之一。高速公路工程建设项目应严格按照《招标投标法》规定实行公开招投标。制定和完善《养护工程招评标管理办法》和《养护机械设备招评标管理办法》,并将各路段的大宗物资采购汇总进行联合采购,以降低采购成本,减少浪费,提高效率。

第六节　加强人力资源开发,建设一支精明强干的人才队伍

当今世界的竞争,就是人才的竞争。经济要发展,人才是关键,高速公路的发展也不例外,特别是在当今,科学技术发展日新月异。高速公路建设的日益现代化,所使用的资产技术含量很高,原有的人才已不能适应新形势的需求,这就要求我们必须加强人才的培养与开发工作,把人才作为推进高速公路事业发展的关键因素,努力打造一支高素质的专门人才及创新人才队伍。因此,加快培养与开发高速公路资产运营与管理的高素质人才,是摆在公路行业面前一个不容忽视的问题。

一、加强职业道德教育,提高员工职业水平

高速公路行业无论是生产性质,还是工作环境,都具有鲜明的个性特点:点

多、线长、"窗口"多，人员高度分散，其工作质量的好坏，服务态度如何，都事关经济发展、人民群众利益和精神文明建设等一系列重要问题，培养"四有"职工队伍，加强高速公路职业道德教育是当务之急。要引导高速公路职工从社会主义职业道德的高度来看待社会主义的职业分工，充分认识高速公路行业在社会主义现代化建设中的重要地位和作用，认识自己所从事工作的意义，从而树立起远大的理想和信念，形成正确的人生观、世界观和荣辱观，增强做好公路"建、管、养、征"的自豪感，忠于职守，爱岗敬业，在高速公路工作岗位上做出成绩来。同时，还要引导职工树立质量意识、服务意识和协作意识，增强职业道德，使业已形成"团结协作，以路为业、精心养护、依法管理、服务社会、确保畅通"的公路职业道德逐渐由"他律"内化为"自律"。

在人力资源开发培训中，要把思想政治教育与文化知识、业务技能培训同步进行，把职业道德教育贯穿于培训活动的始终，使职工既有过硬的业务本领，又有良好的精神状态，把职工队伍综合素质提高到一个新台阶。

二、加强职业技能教育，提高综合素质

技术、技巧、知识、能力是职业服务的工具，对技术的精益求精，对知识的不断充实，业务能力的不断提高，都直接关系到职业服务的质量。现代公路工作是一门技术性很强的工作，掌握与本职工作有关的专业知识和技能，才能胜任工作，一是要抓好管理人员教育；二是要抓好技术人员教育；三是要抓好一线技术工人教育；四是要抓好收费队伍教育。

三、加大教育资金投放力度，努力拓宽培训路子

没有资金，教育就无可谈起。高速公路管理者要以建设"学习型高速公路"为契机，要尽量多想些办法，多渠道筹措资金，确保教育培训专项基金得到落实。同时，要加强经费的管理和使用，做好规划，精打细算，提高资金使用效益。高速公路的跨越式发展需要各方面面向未来的人才，职工的培训也应与时俱进，不断创新培训的内容、形式、手段和方法，努力拓宽培训路子：①要准确划分培训的层次，确定各层的培训对象，做到"因材施教"，并不断提高职工的学历档次；②要认真制定各层的培训内容、方法，以及短、长期的发展规划，做到"能适用，有余地，可发展"，明确培训目标，保证培训质量；③要建立人才培养动态信息库,搞好培训对象的动态调查和信息反馈,及时调整培训策略;④要加强对培训本身的研讨,努力实现培训体制、机制、手段和方法的创新,不断探索培训目标、手段和方法与公路发展相匹配的有效途径。

四、坚持机制创新,形成良好的人才工作环境

创新是一个民族的灵魂,也是高速公路发展的不竭源泉,因循守旧是没有出路的。高速公路部门要不懈改革,锐意创新,不断完善用人体系,建立一套科学、规范、公平、公开、长效的用人机制,努力营造一个尊重知识、吸引人才、人尽其才的良好环境。

1. 完善选用机制。坚持公开、公正、竞争、择优的原则,扩大识人、选人渠道,打破论资排辈的传统模式,确保把优秀人才选拔出来,量才使用,用其所长。

2. 完善聘用机制,变"人才归我管理"为"人才为我所用"。对新进人员实行人事代理制,逐步实现由"单位人"向"社会人"转变。鼓励以岗位聘用、项目聘用、任务聘用和人才租赁等方式引进优秀人才,实现全员聘用管理的目标。

3. 完善流动机制,实行人员能进能出。在引进高级专业人员和择优吸收研究生、大学生充实高速公路技术队伍的同时,要多渠道分流富余人员,实现干部能上能下的目标。

4. 完善激励机制。在人才的选拔任用上,坚持"能者上、平者让、庸者下"的原则。在人才待遇上,要通过制定科学合理的、以知识为基础的、生产要素参与分配的办法,实现一流人才、一流业绩与一流报酬挂钩。加强精神鼓励,运用职称晋升、委以重任、技术交流等方式,满足人才的成就感和荣誉感。在人才的奖励上,积极推行统一协调的多元奖励制度,坚持精神奖励和物质奖励相结合,充分发挥经济利益和社会荣誉双重激励作用;坚持奖励与惩戒相结合,做到奖罚分明,实现有效激励。通过上述机制的创新,激发人才潜能,激活人才创新力,促进人才素质的提高。

人力资源开发是一项长期而复杂的工作,不是一朝一夕即能完成的。在新的历史时期,要使高速公路部门在激烈的市场竞争中具有真正的优势和实力,必须加强人才的培养与开发工作。坚持人才与高速公路事业协调、统筹发展,充分发挥主观能动性,找出适合强化人才培养和开发的措施,建立起富有生机和活力的高速公路人才体系,努力开创高速公路工作新局面,进一步推动高速公路事业实现和谐发展、持续发展和健康发展。

第七节　　建立健全高速公路资产运营法律法规体系

　　健全法规体系是规范高速公路基础设施国有资产管理的重要基础。国外一些市场经济非常发达的国家,其法规体系都比较健全,在高速公路基础设施的投入、运营、收益和监督管理方面也是如此。这些国家不但有公路基本法,如日本和英国的《公路法》,还有各种各样的专门法规,如美国的《联邦公路资助法》和《公路税收法案》,英国的《道路交通法》和《车辆国内税法》,法国的《高速公路特许经营法》,德国的《长距离道路法》等等。可以说,公路基础设施资产形成使用和管理所涉及的各种关系都可依法调整。依法治国是我国大政方针,高速公路基础设施国有资产的管理也应依法进行,交通主管部门要依法行政。但总体上看,我国与高速公路基础设施国有资产管理有关的法律法规还很不完善,尤其是立法层次总体偏低:除《公路法》外,在高速公路基础设施的投入、运营、收益和监督管理方面,主要是以部门或地方规章为依据。因此,建立健全法规体系,夯实高速公路基础设施国有资产管理的法律基础,就成为构筑和完善我国高速公路基础设施国有资产管理体制、建立完整的高速公路资产管理体系的重要工作之一。

附录1 高速公路运营单位固定资产管理办法

第一章 总则

第一条 目的

固定资产管理的目的是"用好、养好、修好、管好"固定资产。高速公路资产管理的主要任务就是保障高速公路资产的安全完整,使高速公路各项功能达到最佳的状态和实现最高的运行效率,为路段管理公司提供先进适用的高速公路附属设备、技术装备等并保证其正常运转,使各收费站完成征收工作,提供路政、交警、养护实时路况信息和求救信息,保障道路安全畅通,实现高速公路最合理、最有效的整体运作能力,提升整体经济效益,以保证高速公路经营目标的实现。

第二条 定义与范围

固定资产指使用期限超过一年单价2 000元以上的房屋、建筑物机器、机械,运输管理以及其他与生产、经营有关的设备、工具、器具等。机电设备(成套设备),其中任一组成部分只要单价超过2 000元即可视为固定资产;其他办公设备可根据其性质,只要使用期限超过一年单价1 000元或500元以上为固定资产。

本规则所称高速公路资产包括:(1)高速公路路产(包括绿化);(2)施工设备:清扫车、压路机、洒水车、路缘机、平地机等;(3)机电设备:通信系统、监控系统、收费系统、数据传输设备、紧急电话系统、车道控制器、控制中心设备等;(4)运输设备:巡逻车、工程抢险车、拖车、轿车等;(5)房屋及建筑物:管理处办公房屋、收费站房屋、车库等;(6)办公室家具、电器。

本规则所涉及特殊资产是指本身具有易损耗,技术上的升级带来易贬值,运营与管理特殊性;除道路及构筑物、房屋及建筑物以外的其他机电资产,包括通信系统、监控系统、收费系统和电源系统等。

①高速公路通信系统包括干线通信(微波、光纤等)、移动通信、程控交换、紧急和指令电话等系统设备。主要完成下列任务:根据规定的技术要求确保全系统数据、命令、图形及语音信箱传输的及时性与准确性。

②高速公路监控系统包括信息采集(主干线和匝道)、中心监控及信息显示、电子监视等系统设备。主要完成实时采集、记录和显示交通流量数据、事故信息、气象信息,并据此判断各路段的交通状况,发布交通控制信息,对全线交通状况进行控制和调度。

③高速公路收费系统包括出入口检测和收费控制设施,具体由路段收费中心、收费站、收费车道三层系统组成。主要功能:收费口交通量统计和车型分类,按标准收取道路通行费并发放收据,汇总、整理收费的有关数据和交通量数据,传输到上一级计算机和监控中心进行处理,并根据监控中心发布的命令,对出入高速公路的车辆进行调解和控制。

④高速公路电子系统包括交、直流供电、接地系统和路面供电系统等设施。其主要功能:按照规定的技术要求,不间断地对机房内部设施和场外终端安全供电。

因机电系统涉及电子通讯、计算机、电视摄像、录像广播器材等大量固定资产,由于技术方面的原因,现代管理系统实际上是多学科构成的系统集成,因此,构成现代管理系统的固定资产形成了集成资产系统。对于特殊性公路资产如机电设备等可将每一个系统视为一个整体,其中一台机器设备可作为一个零部件,作为费用列支。

第三条　会计科目列账原则

固定资产,耐用年数在二年以下,不具生产性,未超过一定金额者应以费用科目列账,而不得以固定资产科目列账。

第四条　管理部门

高速公路资产按下列类别,由各高速公路管理处指定部门负责管理,其管理及保养细则由各管理部门会同使用部门制定。

(一)高速公路的大中修和日常养护(包括绿化)由养护部门负责管理。

(二)房屋及建筑物等由总办公室负责管理。

(三)机电设备等由信息部门负责管理。

第五条　编号

固定资产取得后,即归管理部门管理,并会同会计部门依其类别及会计科目统驭关系,予以分类编号并贴粘样签。

第六条　移交

人员移交时,对于固定资产应依人事管理规则相关规定详列清册办理移交。

第七条　捐赠资产

如果单位有接受捐赠的固定资产,应以捐赠时资产转移单上注明的金额为记账依据,如果没有有关的数据,则由财务人员会同有关专业技术人员在上级业务部门的指导下予以估价,在记账时可记入其他收入或生产基金科目。

第八条　出租或外借处理

对于出租的资产,产生的收益应当统一纳入单位预算,统一核算,统一管理,加强风险与成本控制,保证资产的保值增值。原则上不允许出借现象出现,因特殊情况确需出借的,应报上级部门批准,并做好出借手续,注明归还期限、保持原状、附属设备明细、损害赔偿等条款,保证资产安全完整。

第二章　采购制度

第九条　招标采购制度

执行固定资产招标采购制度,从购进环节有效管理固定资产。加强支出管理,维护国家利益和社会公共利益。公司应提高执行招标采购制度的自觉性,对采购目录上单位价值在1万元以上或单位价值虽不足1万元但全年累计采购额在5万元以上的固定资产,坚决严格执行招标采购,杜绝擅自采购,自觉接受监管,以节约资金,加强固定资产管理。

第十条　自行采购制度

基层单位应设立由办公室、财务部门等人员组成的资产采购小组,负责1万元以下固定资产及低值易耗品的采购工作。采购小组应广泛收集财产质量、价格等市场信息,从价格、质量、信誉等方面择优选择供货单位。采购小组的决定应形成书面意见,并作为固定资产购置的原始凭证之一。采购时索要准确的规格型号、使用年限及报废残值等数据,便于登记管理。

第十一条　审批规范

基层单位每年年底应按需编制下年度固定资产预算上报公司,由公司审核编制年度固定资产总预算报董事会审批,具体由公司预算管理制度加以规范。

第十二条　采购审批程序

基层单位新增固定资产必须报公司审批同意。各单位应填制"固定资产购置申报表"向公司申请报批,获批后可由公司采购小组采购后划拨基层单位,也可拨给专项资金由基层单位自行购置。

第三章　资产登记与建账

第十三条　资产登记

根据固定资产的性质,确定使用人员,并做好相应的领用登记手续及相关责任制度,确定相关责任人员,保证资产的正常使用、维护及保养;财务人员应在购进时及时登记入固定资产明细账簿,按照规格型号进行分类和编号,建立固定资产卡片,卡片上可增加记载资产所处位置、使用部门或人员、保管部门或人员等,以掌握各项资产异动状况。

第十四条　固定资产的内部转移制度

运输设备、机械设备、机电设备等固定资产在公司内相互拨转时应由移出部门填写"固定资产移转单"一式四联会管理部门签章后,送移入部门签认(管理部门不同时,要加印一联会移入管理部门同时签认),第一联送管理部门(管理部门不同者,影印联送移入管理部门转记入"固定资产登记卡"),第二联送会计部门,第三联送移入部门,第四联送移出部门。

第四章　资产的使用及处置

第十五条　维护与管理

基层单位应加强固定资产的维护和管理,使之处于良好状态。固定资产不得擅自出售、出租、出借。在固定资产管理中使用不当,保管不慎造成的损失,相关责任人要承担赔偿责任。已投保的固定资产,基层单位要及时向保险公司索赔。

第十六条　减损处理

房屋及建筑物、运输设备、机械设备、机电设备等因减损拟报废者,应由使用部门填具"固定资产减损单"一式四联,注明减损原因,送管理部门及会计部门签注处理意见后呈报(总)经理,经核准后,第一联送管理部门转记入"固定资产登记卡",第二联连同有关资料送会计部门据以向主管机关办理报备、抵押权变更及解除保险等手续,第三联自存。该减损资产因体积巨大必须就地处理或拆除时,则第四联送委托部门凭以办理,减损资产于拆移前或拆移后无法缴库时,管理部门或使用部门应妥为保管,上项减损资产已缴库者由资材仓库保管处理。

第五章　资产清查与报告

第十七条　固定资产的不定期清查制度

对固定资产进行定期不定期的盘点,此项工作由固定资产主管人牵头,由财务、保管部门进行实地盘点。不定期开展财务清理、财产抽查工作,在此基础上每年进行一次固定资产全面盘点,基层单位自查,主管部门复查或抽查,财政部门组织核查,或委托中介机构核查。财务部门会同资产管理部门所进行的全面资产清查,可采用实地盘点法,按《固定资产分类及代码》表,逐项逐台(件)建立资产卡片,粘贴管理标签,将固定资产账目与资产卡片、实物核对,不重不漏。盘点后,由资产管理部门填制"固定资产盘点表",相关人员签字。无论盘盈盘亏均属于管理漏洞,应查明原因,除自然不可抗力导致的盘亏,其他原因造成的账实不符,具体负责人员应承担相关的责任。通过资产清查,全面、准确地掌握资产的实物量、价值量及运行状况等信息,及时提供准确、完整的资产统计报告,资产清查和财务报表。针对清查中发现的问题及时查明原因并做相应账务处理,堵塞漏洞,加强管理,兑现奖惩。

第十八条　日常检查

保管部门应及时检查资产状况,订立各项资产的保养作业规范,并督促使用部门按规范执行维护工作。如果是价值很大或十分重要的资产,还可以入财产保险,一旦出现资产非正常损毁,在确定了相应的责任人员的赔偿后,还有保险公司的赔偿,可最大限度地减少资产损失。

第六章　高速公路企业资产管理体制

第十九条　实行三级管理体制

①公司层次(三级)的机电设备管理

高速公路公司领导层根据企业发展战略进行安全设施、通讯设施、监控设施、收费设施等资产引进、购置的招投标等决策。加强设备的采购、建造管理。根据高速公路运营管理的需要制定设备的建造、开发和采购计划。加强对高速公路资产预算、采购、验收、使用、维护、处置等全过程的财务监管力度,从制度上保证固定资产业务操作合理化、规范化与高效率,堵住财务管理漏洞,保证账务处理及时准确,实物安全完整。

②路段层次(二级)的机电设备管理

路段层次的机电设备管理是管理的重点。在路段公司领导下,以各监控分中心为主,会同综合计划、财务、人事等部门组织实施设备的改造、备品备件采购保存、人员培训等工作。

加强同各征管所、路政、交警、养护等部门之间的横向协调,避免脱节与内耗,优化资源的配置,在系统正常使用的条件下,实现最合理、最有效的运作能力,提高效益。

落实备品备件保障制度的贯彻执行,实现各路段备品、备件统一应急调配功能。做好零备件、维修机具的采购、保管和使用工作。

③现场(一级)机电设备管理

针对设备工作现场的运行特点,高速公路资产的具体操作者(使用人)负责有效地按规程操作设备正常运行,保证工作场所的正常秩序;保持监控室、机房、车道内设备和操作台安全完整;检查系统是否运行正常,使整个系统运行优质、低耗、高效、安全地展开。

第二十条　实行分级分类管理,责任到人

建立标准化、精细化的管理标准,确保管理无死角。建立健全责任制度,各级负责人(或财产使用人)根据内部管理制度负责所属固定资产的安全完好,订立考核指标,并根据完好情况兑现奖惩。

有关考核指标如下:

$$设备完好率 = \frac{主要设备完好数}{全部机电设备完好数} \times 100\%$$

$$网络畅通率 = \frac{通信网络畅通数}{全部通信网络总条数} \times 100\%$$

$$设备故障率 = \frac{主要设备故障停机时间}{主要设备正常运行时间} \times 100\%$$

$$计划维修率 = \frac{计划维修企业项数}{全部维修企业项数} \times 100\%$$

$$突发故障率 = \frac{突发故障项数}{全部故障项数} \times 100\%$$

$$维修费用率 = \frac{全部维修费用}{运行总费用} \times 100\%$$

$$设备使用率 = \frac{设备实际使用数}{设备实际拥有数} \times 100\%$$

固定资产实行分级管理制度,财务部门管账,资产管理部门管卡,使用部门管物。财务部门负责固定资产的价值核算,设置专职或兼职的资产核算、稽查岗位,设置固定资产总账、明细账;管理部门组织资产的数量核算,资产领用要有台账、有卡片、有出入库手续,根据收发情况及时调整卡片,保证账、卡、物相符。

第二十一条　加强预算管理,细化费用定额标准

深入开展预算管理与资产管理相结合工作,从源头上控制资产的形成。固定资产采购要有全年预算,实行定额管理。定额由财务部门、固定资产管理部门、使用部门根据项目办制定的定额标准,年初根据基层部门上报计划的具体情况,制定资产配置数量和费用标准,并跟踪计划定额执行情况,每个季度根据固定资产的使用情况调整预算。定额指标与经济责任考核相结合,制定相关资产管理奖惩措施。开源节流,大力推进闲置设备租赁工作,提高固定资产使用效率。财务人员要严格执行会计制度,将租赁收入纳入单位预算管理,防止国有资产流失。

第二十二条　简化管理手续,重新划分固定资产与低值易耗品

安全设施、通讯设施、监控设施等资产中,单位价值较高但极易损坏的经营专用资产划入低值易耗品,并采取一次摊销方法将其价值计入当期营业成本。由于工作的特殊性,高速公路需要大量的生产生活通用资产,如电脑、通讯工具、摄像照相器材、电视机、电话等,即使单位价值低于2 000元也应作为固定资产管理,防止国有资产流失。

第二十三条　建立资产管理信息系统,实现各级信息共享

一般情况下高速公路资产数据基本上都是静态数、账面数,实际资产变动状况没有得到及时、准确的反映。单一的手工核算已不能适应形势发展需要,利用计算机信息技术和会计电算化技术建立资产数据库,自动生成明细账、分析报表,可以有效降低管理成本,提高工作效率,对固定资产实施动态、实时的管理,实现信息交换,资源共享,共同监管,使固定资产核算与管理更加高效、快捷、科学、规范和现代化;使用财务软件——固定资产模块或专门为固定资产清查开发的会计软件,深入挖掘和充分利用软件,以发挥其应有的作用。建立区域范围高速公路固定资产动态监管信息系统,及时将资产变动信息录入管理信息系统,切实加强各基层单位固定资产静态与动态管理。

第七章 固定资产折旧

第二十四条 加强特殊固定资产折旧管理

高速公路全年开通,安全设施、通讯设施、监控设施等特殊资产使用频率较高,为了更加真实地反映固定资产的使用状况,适当缩短折旧年限,以便及时回收投资。项目办下属各公路管理处的安全设施、通讯设施的折旧年限为10年,监控设施和收费设施的折旧年限为8年(后附有关复印件),财务部门应会同资产使用部门根据各年资产清查的实际情况适当缩短折旧年限,并报上级财政部门批准。

为简化会计处理,特殊固定资产可采取年限法计提折旧,其折旧额计入当年经营成本。

第二十五条 建立退役固定资产评估、拍卖、捐赠机制

清退下来仍具有实用价值的特殊固定资产应按正常渠道进入拍卖行,经评估、竞价拍卖后尽量为单位争取最大利益,减少损失;也可将有民用价值的特殊固定资产做捐赠处理。财务部门应入账,核算固定资产清理损益。

附录 2 高速公路运营单位固定资产表格

表一:高速公路运营单位固定资产表、单检索

表二:高速公路运营单位固定资产目录

表三:高速公路运营单位固定资产折旧目录

表四:高速公路运营单位固定资产购置申报表 1~5 联

表五:高速公路运营单位固定资产验收单 1~5 联

表六:高速公路运营固定资产盘点表 1~3 联

表七:高速公路运营单位固定资产清查盘盈、盘亏报告表 1~3 联

表八:高速公路运营单位固定资产内部转移单 1~6 联

表九:高速公路运营单位固定资产减损单 1~4 联

表十:高速公路运营单位固定资产报废单 1~4 联

表十一:高速公路运营单位固定资产处置申报审批表 1~4 联

表十二:固定资产卡片

参考文献

1. [美]史蒂文·科恩、罗纳德·布兰德:《政府全面质量管理》,中国人民大学出版社 2002 年版。

2. [美]T. L. 萨蒂:《层次分析法——在资源分配、管理和冲突分析中的应用》,许树柏等译,北京煤炭工业出版社 1998 年版。

3. [美]罗伯特·丹哈特:《人组织理论》,华夏出版社 2002 年版。

4. [美]斯蒂格利茨:《经济学》,中国人民大学出版社 1997 年版。

5. 柴秋峰:《浅议加强国有资产运营效益考核之必要》,载《山西统计》2003 年第 12 期。

6. 陈佩如:《浅析高速公路企业营运期的财务管理》,载《科技信息》2006 年第 1 期。

7. 陈盛雷、张宁庆、徐平:《浅谈高速公路服务区运输管理》,载《道路与运输》2005 年第 2 期(总第 198 期)。

8. 董煜:《科学评价国有资产保值增值的新思路》,载《当代经济》2005 年第 8 期。

9. 杜江:《高速公路体制改革的路径》,载《决策咨询》2002 年第 12 期。

10. 杜静:《吉林省高速公路服务区发展现状与未来设想》,载《经济视角》2005 年第 9 期(B)。

11. 樊建强、徐海成:《高速公路产业化及其产业属性探析》,载《长安大学学报(社会科学版)》2005 年第 4 期。

12. E. G. 菲吕博腾、S. 佩乔维奇:《产权与经济理论:近期文献的一个综述》,《财产权利与制度变迁》(中译本),上海三联书店 1994 年版。

13. 费章凤:《试析中国国有资产营运机构治理模式的变革》,载《生产力研究》2007 年第 7 期。

14. 高速公路丛书委员会:《高速公路运营管理》,人民交通出版社 2003 年版。

15. 高卫东:《中国公路经营权存在的问题及对策分析》,载《内蒙古科技与经济》2005 年第 8 期。

16. 古尚宣:《构建新型公路资产管理体制　确保我国公路可持续发展》,载《交通财会》2004 年第 5 期。

17. 郭超、樊建强:《高速公路管理体制现状与改革》,载《长安大学学报(社会科学版)》2006 年第 3 期。

18. 韩斌、唐东东:《浅谈对经营性收费公路和非经营性收费公路的几点认识》,载《交通财会》2002 年第 5 期(总第 178 期)。

19. 贺启印:《无形资产运营评价指标浅析》,载《财会月刊》2007 年第 18 期。

20. 黄长江:《高速公路公司财务评价指标设置的构想》,载《交通财会》2005 年第 6 期。

21. 黄贤畅:《论经营性国有资产管理体制的立法完善》,载《广东社会科学》2005 年第 1 期。

22. 贾大波:《高速公路管理运作模式的探讨》,载《山西交通科技》2005 年第 10 期。

23. 贾淑俊:《我国公路国有资产管理模式的探讨》,载《科学之友》2007 年 5 月。

24. 金绮丽:《当代中国高速公路管理体制的现状及改善对策研究》,吉林大学硕士论文,2004 年。

25. 雷良海、郭迎华:《国有资产经营绩效评价模型及应用研究》,载《上海理工大学学报》2000 年第 2 期。

26. 李飞:《高速公路经营公司公路资产折旧的探讨》,载《投资与理财》2007 年第 7 期。

27. 李海虹:《公路施工企业经营绩效考核体系的建立》,载《广东交通职业技术学院学报》2005 年第 3 期。

28. 李红霞、张宇:《资产减值准备对盈余管理的影响——基于"东北高速的剖析"》,载《科技与管理》2008 年第 1 期。

29. 李平:《交通运输与 GDP 增长的关系分析与政策建议》,载《中国经贸导刊》2005 年第 13 期。

  30. 李晓峰:《中国高速公路管理体制模式选择研究》,载《交通世界》2005
年第 1 期。

  31. 李延洛、赵海艨:《国有大中型公路运输企业建立企业内部财务指标评
估系统初探》,载《交通财会》1997 年第 12 期。

  32. 李友俊、彭晓红、马振祥、蔡勇:《国有资产经营效益的综合评价》,载
《大庆石油学院学报》1998 年第 3 期。

  33. 李增基:《公路资产管理问题的探讨》,载《交通财会》2005 年第 8 期
(总第 217 期)。

  34. 梁小平:《高速公路服务区环境管理体系探讨》,载《中外公路》2004 年
第 2 期。

  35. 林敏晖:《关于高速公路管理体制设置方案的探索》,载《引进与咨询》
2003 年第 3 期。

  36. 林仪辉、沈荣:《关于高速公路资产经营管理的几点思考》,载《宁波工
程学院学报》2007 年第 2 期。

  37. 刘峰:《高速公路建设项目后评价研究初探》,载《生产力研究》2006 年
10 月。

  38. 刘慧、谢琴:《试论国有资本运营保值增值目标的实现》,载《黑龙江社
会科学》2004 年第 3 期。

  39. 刘少才:《西欧高速公路服务区见闻》,载《道路交通管理》2005 年
第 10 期。

  40. 刘运哲:《公路建设项目后评价指标研究》,载《长沙交通学院学报》
1995 年第 9 期。

  41. 刘伟清主编:《高速公路营运管理专业知识与实务》,2006 年版。

  42. 龙敏、沈新华、郑莉:《高速公路经营权估价理论与方法综述》,载《重庆
交通学院学报(社科版)》2007 年第 3 期。

  43. 卢毅、李庆瑞、黄建华、黄红星:《构建高速公路国有资产管理体系的探
讨》,载《长沙理工大学学报(社会科学版)》2008 年第 1 期。

  44. 马骏:《构建我国高速公路管理体制的设想》,载《综合运输》2000 年
第 8 期。

45.《马克思恩格斯选集》第 2 卷,人民出版社 1995 年版。

46.《马克思恩格斯全集》第 13 卷,人民出版社 1962 年版。

47.《马克思恩格斯全集》第 1 卷,人民出版社 1956 年版。

48. 孟祥茹:《高速公路客运业集约化经营的探讨》,载《广西交通科技》2000 年第 2 期。

49. 钱春萍、郑见:《财务分析》,中国物价出版社 2003 年版。

50. 蔡成果:《京津塘高速公路社会效益评价模型及方法研究》,载《湖南大学学报(社会科学版)》2001 年第 12 期。

51. 钱洁:《现代公共组织效率析论》,载《行政论坛》2004 年 9 月。

52. 秦建军:《高速公路基层管理部门的固定资产管理》,载《辽宁经济》2008 年第 3 期。

53. 史兰兴:《公路经营企业固定资产折旧综述》,载《交通财会》2006 年第 9 期(总 230 期)。

54. 税常峰、贾元华、李兴华:《高速公路后评价中社会效益的定量化方法研究》,载《交通运输系统工程与信息》2005 年第 5 期。

55. 苏金玲:《公路国有资产的特性分析》,载《科技咨询导报》2007 年第 3 期。

56. 唐可、曾洁芳:《高速公路企业运营效益绩效评价分析》,载《内蒙古科技与经济》2007 年第 15 期(总第 145 期)。

57. 唐现杰、王翀:《商业企业经营资本运营绩效评价指标体系的构建》,载《商业会计》2007 年第 1 期。

58. 田志龙、李金洋:《一种合适的中国电信企业转型绩效评价体系》,载《武汉理工大学学报(信息与管理工程版)》2006 年 4 月第 28 卷第 4 期。

59. 王春晖、曾胜男:《交通资产管理的形成与发展综述》,载《道路交通与安全》2007 年第 5 期。

60. 王鸿:《新的制度解释:国有资产管理体系的框架安排》,载《审计研究》2006 年第 4 期。

61. 王葵:《公路部门固定资产管理中存在的问题及管理建议》,载《交通财会》2008 年 5 月(总 250 期)。

62. 王良勇:《广东省高速公路服务区经营管理的实践与发展构想》,载《广东交通职业技术学院学报》2004 年 3 月。

63. 王文锦等:《高速公路引入专业管理公司运作模式研究》,载《交通企业管理》2002 年第 10 期(总 170 期)。

64. 王小珍:《行政事业单位国有资产管理存在的问题及对策分析》,载《中共太原市委党校学报》2008 年第 3 期。

65. 王云泉:《高速公路经营企业运作中存在的问题及对策》,载《山东经济》2003 年第 3 期。

66. 王再力:《市场经济条件下高速公路运营管理体制研究》,吉林大学硕士论文,2007 年。

67. 王兆君:《国有森林资源资产运营效益评价模型研究》,载《中国软科学》2006 年第 11 期。

68. 吴俊培、张青:《政府职能部门与事业组织的效率边界和预算资助问题》,载《当代财经》2007 年第 7 期。

69. 郗恩崇:《公路经济学》,人民交通出版社 1999 年版。

70. 谢蒙萌、赵玮:《高速公路经营管理方式及组织结构设置探讨》,《交通科技》2006 年 3 月 3 日。

71. 徐井岗:《论高速公路服务区运营与管理》,载《城市道桥与防洪》2004 年第 5 期。

72. 徐静:《高速公路服务区建设》,载《工程建设与档案》2005 年第 3 期。

73. 杨飞:《全面实施规模化、集约化、连锁化,打造宁波职教品牌,全力服务区域经济》,载《中等职业教育》2005 年第 22 期。

74. 杨永华、周国光、俸芳、冯利荣:《公路经营企业财务管理和会计制度创新问题研究》(交通会计学会 2003 年度补助科研课题研究项目成果缩写版,课题合同编号 03 - 03)。

75. 叶小斌:《公路基础设施分级管理模式探讨》,载《经济师》2007 年第 12 期。

76. 员聪峰:《论公路事业单位固定资产的核算和管理》,载《政策探索》2006 年第 12 期。

77. 岳修庆、张建:《浅谈高速公路服务区的管理》,载《岱宗学刊》2003 年第 3 期。

78. 曾永兴:《试论我国高速公路经营市场化变革》,载《湖南冶金职业技术学院学报》2006 年第 1 期。

79. 张金榜:《我国高速公路管理体制研究》,长安大学硕士论文,2005 年。

80. 张瑞彩:《浅谈高速公路财务管理存在的问题及对策》,载《经济论坛》2007 年第 12 期。

81. 张文杰、孙美芳:《事业单位固定资产计提折旧问题思考》,载《辽宁经济》2008 年第 6 期。

82. 赵芍:《我国高速公路管理体制创新研究》,载《科技创业月刊》2004 年第 8 期。

83. 郑本金:《浅析高速公路建设的财务管理》,载《时代经贸》2008 年第 99 期。

84. 中华人民共和国交通部:《高速公路公司财务管理办法》,财工字［1997］59 号。

85. 中华人民共和国交通部:《交通部行业财务指标管理办法》,2002 年 9 月 24 日。

86. 周春喜、章建民:《试论高速公路经营权的评估》,载《价格理论与实践》2004 年第 7 期。

87. 周国光:《高速公路经营管理》,人民交通出版社 2005 年版。

88. 周国光:《完善高速公路特许经营管理的政策研究》,载《交通企业管理》2007 年第 1 期。

89. 国文清:《高速公路管理》,人民交通出版社 1996 年版。

90. 邹志云、毛保华、郭志勇:《公路交通资产管理系统框架研究》,载《华中科技大学学报》2005 年第 6 期。

91. 曾江洪主编:《高速公路运营管理指南》,2006 年 6 月。

92. Coase, R. H. (1960), "The Problem of Social Cost", *Journal of Law and Economics*, Vol. 3.

93. Demsetz, Harold (1967), "Toward a Theory of Property Rights", *The American Economic Review*, Vol. 57, No. 2, Papers and Proceeding of the Seventy-Ninth Annual Meeting of the American Economic Association.

94. Grossman, S. and Hart, O. (1986), "The Costs and Benefits of Ownership: A Theory of Lateral and Vertical Integration", *Journal of Political Economy*, Vol. 94.